SENDAI DESIGN LEAGUE
卒業設計日本一決定戦
2009
Official Book

CONTENTS

せんだいデザインリーグ 2009
卒業設計日本一決定戦
OFFICIAL BOOK

COMPETITION

4　大会趣旨
　　天晴れ＿ ついに出展数 500 を超えた日本一決定戦
　　文：本江 正茂（アドバイザリーボード）

6　総評
　　リアリティと社会性のはざまで
　　文：難波 和彦（審査員長）

8　開催概要 / 出展者情報

9　**FINALIST ファイナリスト・入賞作品**

　　日本一
10　ID081「Re: edit... Characteristic Puzzle」石黒 卓 / 北海道大学

　　日本二
16　ID050「触れたい都市」千葉 美幸 / 京都大学

　　日本三
20　ID165「THICKNESS WALL」卯月 裕貴 / 東京理科大学

　　特別賞
24　ID328「下宿都市」池田 隆志 / 京都大学
26　ID515「キラキラーわたしにとっての自然」大野 麻衣 / 法政大学

　　ファイナリスト 5 作品
28　ID182「人と都市の間」橋本 健 / 法政大学
29　ID208「小さく世界を拡大表示してみる。」牧野 正幸 / 神戸芸術工科大学
30　ID226「でっかいマドとながいドマ」鈴木 健史 / 名古屋工業大学
31　ID585「消失と現出」高山 祐毅 / 東京理科大学
32　ID656「THE SCARS OF WAR －戦争という傷跡と記憶」鈴木 舞 / 昭和女子大学

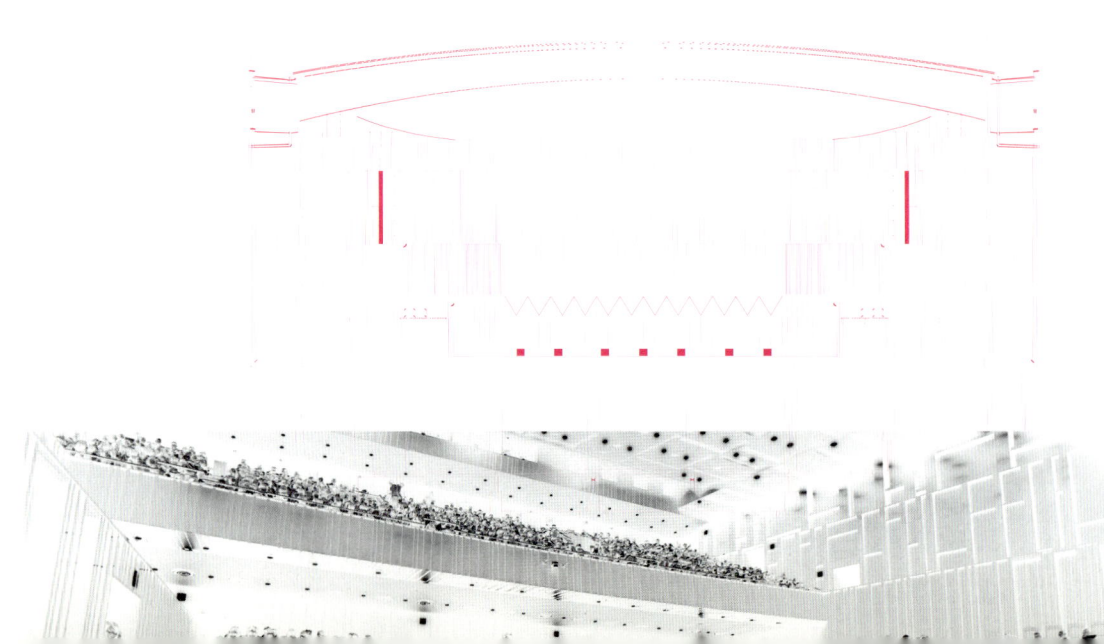

33	**PROCESS** 審査過程
34	予選
35	予選投票集計結果
38	ボーダーラインを浮沈した作品たち コメント：堀口 徹
41	2009 今年の傾向 コメント：予選審査員
50	セミファイナル セミファイナル投票集計結果
52	ファイナリスト選出のためのディスカッション審査
	ファイナル（公開審査） プレゼンテーションと質疑応答
58	ID050「触れたい都市」千葉 美幸
60	ID081「Re: edit... Characteristic Puzzle」石黒 卓
62	ID165「THICKNESS WALL」卯月 裕貴
64	ID182「人と都市の間」橋本 健
66	ID208「小さく世界を拡大表示してみる。」牧野 正幸
68	ID226「でっかいマドとながいドマ」鈴木 健史
70	ID328「下宿都市」池田 隆志
72	ID515「キラキラ—わたしにとっての自然」大野 麻衣
74	ID585「消失と現出」高山 祐毅
76	ID656「THE SCARS OF WAR —戦争という傷跡と記憶」鈴木 舞
78	各賞決定のためのファイナル・ディスカッション
89	**JURY-COMMENTATOR** 審査員・コメンテータ／予選審査員
	審査員……それぞれの卒業設計
90	難波 和彦「卒業設計も、卒業式もなかった年」
91	妹島 和世「卒業設計の思い出」
92	梅林 克「基調低音としての卒業設計」
93	平田 晃久「結び目をほどくような感覚」
94	五十嵐 太郎「卒計を提出した後のはなし」
	コメンテータ／予選審査員……2009年卒業設計日本一決定戦に寄せて
95	石田 壽一／小野田 泰明／櫻井 一弥
96	竹内 昌義／槻橋 修／中田 千彦
97	馬場 正尊／堀口 徹／本江 正茂／厳 爽

EXHIBITION

98	7年目の日本一決定戦 __ 春の祭典 文：清水 有（せんだいメディアテーク学芸員）
100	Gallery Tour ギャラリーツアー 「市民」へ、そして「未来の建築家」へ—「せんだいメディアテーク」と「せんだいデザインリーグ 卒業設計日本一決定戦」 ガイド：清水 有（せんだいメディアテーク学芸員）
106	もうひとつの真実……梱包日本一・ウラ日本一決定戦 リポート：櫻井 一弥（予選審査員） 外装まで美しくあれ！「梱包日本一決定戦」
107	サテライト会場での「ウラ日本一決定戦」
109	**EXHIBITOR** 出展者・作品一覧
154	INDEX 索引
	APPENDIX 付篇
156	ファイナリスト一問一答インタビュー
158	過去の入賞作品（2003-2008）
159	仙台建築都市学生会議とは？

COMPETITION

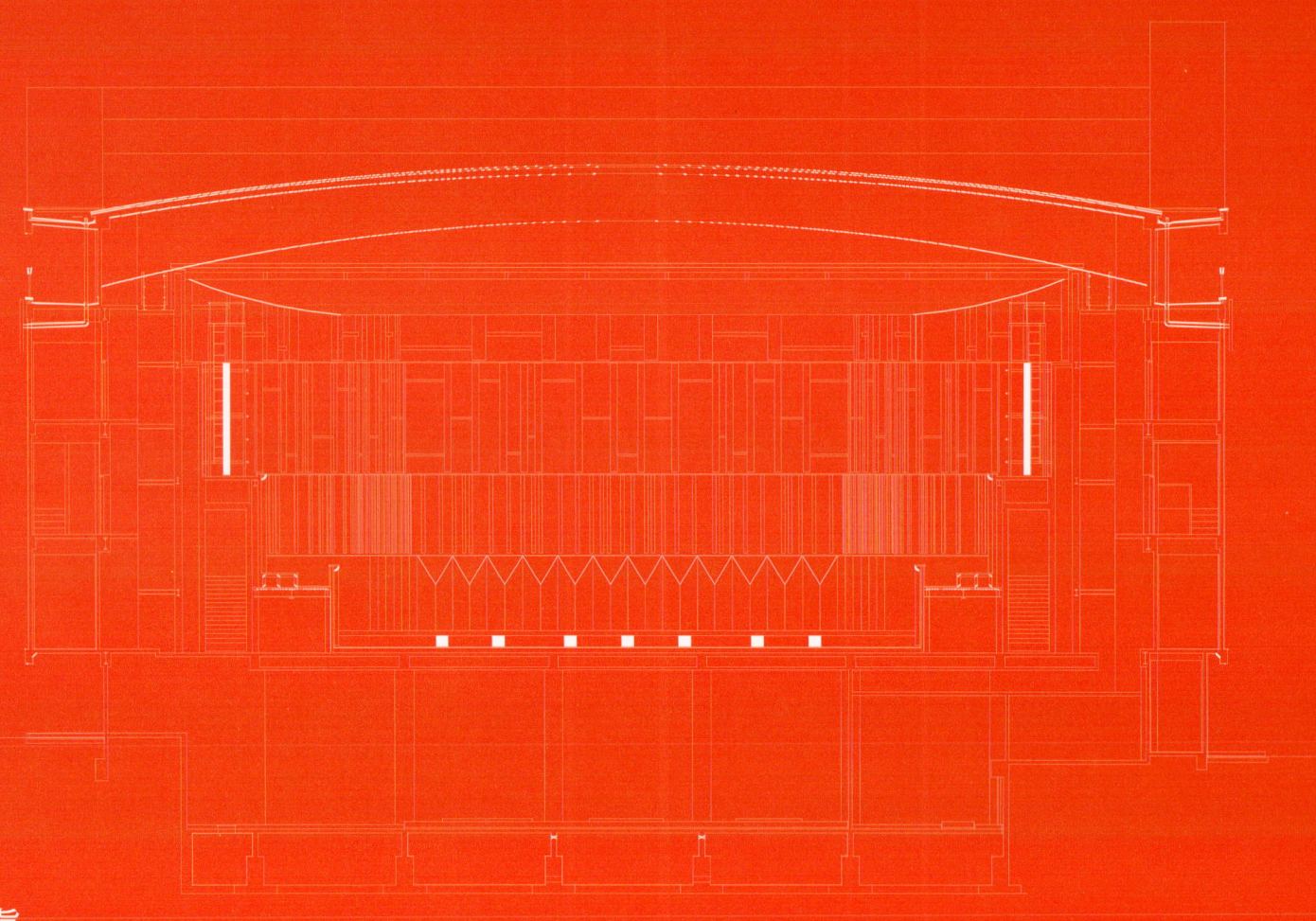

大 会 趣 旨

天晴れ
　まだ肌寒い3月の第一日曜日。498点の模型と527点ずつのパネルとポートフォリオが静かな緊張を漲らせながら、せんだいメディアテークの5階と6階のギャラリー・フロアを埋め尽くしていた。
　学生の作品であることをさておいたとしても、これほど密度の高い建築の展覧会はあるまい。1階のオープンスクエアの受付には整然と長い行列ができている。大きな手荷物が全国各地からの来場者であることを物語る。
　ファイナル審査会場は、阿部仁史（アドバイザリーボード*¹）の手によって改修された『東北大学百周年記念会館川内萩ホール』。押し寄せた来場者で1,235

天晴れ ___ ついに出展数 500 を超えた日本一決定戦

席はたちまち札止めとなる。紅色鮮やかなコンサートホールの舞台に立つファイナリストたちの声は、格別の響きをもって祝祭の昂揚感を高める。『せんだいメディアテーク』のあちこちに用意された同時中継のスクリーンにも、無数の視線が注がれている。テーマの社会性、敷地の意味、創意の所在、テクニカルなチェック、作者の意図を越えた深読み。タフな質疑が続く。明暗を分ける一言。違和感と共感。票が割れる。票決。

「日本一は北海道大学の石黒卓さん、ID081『Re:edit...Characteristic Puzzle』に決まりました」。

卒業設計日本一の栄冠は7回目にしてついに東京・京都の二大都市を離れた。天晴れ。

卒業設計は言葉を求めている

建築を学べる大学は広く全国各地にある。しかしそれゆえに、学生たちが一堂に会し互いの学びの成果を確かめ合う機会など、望むべくもなかった。建築を学んだ者なら誰もが知っているように、卒業設計には驚くほどのエネルギーが注がれる。だが、「大学での評価」はえてして淡泊に終わってしまう。卒業設計は、もっと言葉を求めていた。

「せんだいデザインリーグ卒業設計日本一決定戦」が拓いたのは、学生たちが卒業設計に込めた力を存分に解放し、全国に散らばる同世代のライバルたちと共に持てる限りの力を発揮し合える場であった。それは同時に、日本の建築設計教育の水準が、大学の枠を超えて生々しく剥き出しになる場所でもあるのだ。

公平性（学校推薦不問の自由参加）、公開性（公開討論による透明な審査）、求心性（誰もが認める会場と審査員）。これら3つのシンプルな原則が「せんだい」を支えてきた。これからも変わることはない。いまや「せんだい」は展覧会と公開審査というライブイベントにとどまらず、多様なメディアへ展開している。オフィシャルブックは過剰なほどの詳細さをもって、審査のプロセスをきっちりと記録し伝える。会場の熱い空気をリアルに伝えた昨年の試みが好評を博し、今年もテレビ（仙台放送）で特別番組が放映された。すでに2,200冊を超えたポートフォリオのアーカイブと共に受賞作を展示する「ギャラリー・間」での『卒業設計日本一展』と、その巡回展も多くの来場者を集めている。

世界的な経済危機にもかかわらず、そして卒業設計をめぐるイベントが各地で開催されるようになってもなお、作品数が過去最大となったことは、「せんだい」への期待と信頼の証にほかならない。

運営主体である仙台建築都市学生会議は経験を蓄積・継承し、運営の主軸となる3年生を経験者である大学院生がサポートする好循環も生まれてきた。多くの人々の協力を得ながら、これからも期待と信頼に応えていきたい。

仙台建築都市学生会議アドバイザリーボード
本江 正茂
Masashige Motoe

註　＊1 アドバイザリーボード：仙台建築都市学生会議アドバイザリーボード。仙台建築都市学生会議と定期的に情報交換を行なう。また、学生会議の関係する企画事業の運営に関して必要なアドバイス等を行なう。阿部仁史（UCLAの建築学科チェアマン）、東北大学の小野田泰明教授、石田壽一教授、五十嵐太郎准教授、本江正茂准教授、堀口徹助教、東北工業大学の槻橋修講師、東北芸術工科大学の竹内昌義教授、馬場正尊准教授、宮城大学の中田千彦准教授から構成される。

総評

偶然と必然のせめぎ合い

　せんだいメディアテークに着くと、すでに入口には開場を待つ長蛇の列ができていた。審査はどのような手順で行なわれるのか要領を得ないまま、裏口から審査員控スペースに入ると、「せんだいデザインリーグ2009」実行委員の多数の学生たちに囲まれて、審査員、予選審査員、その他の関係教員が集まっていた。「予選審査によって絞り込まれた104作品の中から推薦作を選んでほしい」という指示があり、2人の学生アテンダントに付き添われて展示会場に入る。僕は最初から集合住宅と商業建築を中心に選ぼうと決めていたが、それでも2時間で推薦作を選ぶのは大変である。審査員5人が選んだ作品は多種多様で、そこからファイナル審査に進む10作品を選ぶ作業も一仕事である。審査員全員がまるで魚市場の「競り」にかけるように候補作品を選んでいく。こうした多重の手続きによって、優れた作品が残ることは間違いないだろう。しかし同じくらい優れた作品が見落とされたのではないかという一抹の不安は残った。公開（ファイナル）審査においても、出展者や審査員のわずかな視点の違いや議論のすれ違いによって、判断が大きく動くのが感じられた。僕には「せんだいデザインリーグ2009卒業設計日本一決定戦」（以下、日本一決定戦）の一日が、偶然と必然がせめぎ合うドラマチックな「マイクロ・ヒストリー（小歴史）」のように感じられた。

日本一決定戦と東京大学の講評会

　東京大学に赴任した2004年に、僕は安田講堂で卒業設計公開講評会を企画した。せんだいメディアテークで日本一決定戦が始まった翌年である。「せんだい」に対する競争意識から始めた行事だった。3年後に、この公開講評会は東京工業大学、東京藝術大学、東京大学の3大学合同講評会へと発展し、今年で3回目を迎えている。今後はさらに、東京地区の大学を巻き込んだ合同公開講評会へ拡大させることも計画されている。最近では、全国各地で同じような卒業設計の公開講評会が開催されるようになった。各地を転戦しながら、審査荒らしをしてまわるような学生も現れたと聞く。こうした拡散状況のなかでも、今年の応募者数は昨年以上に増えたことからすれば、「せんだい」の日本一決定戦が、名実共に「日本一」であることは全国的に認められたのではないかと思う。今後は全国で開催される公開講評会の連絡会議を組織し、リーグ戦のようなネットワークを組むことができれば、さらに盛り上がるのではないだろうか。

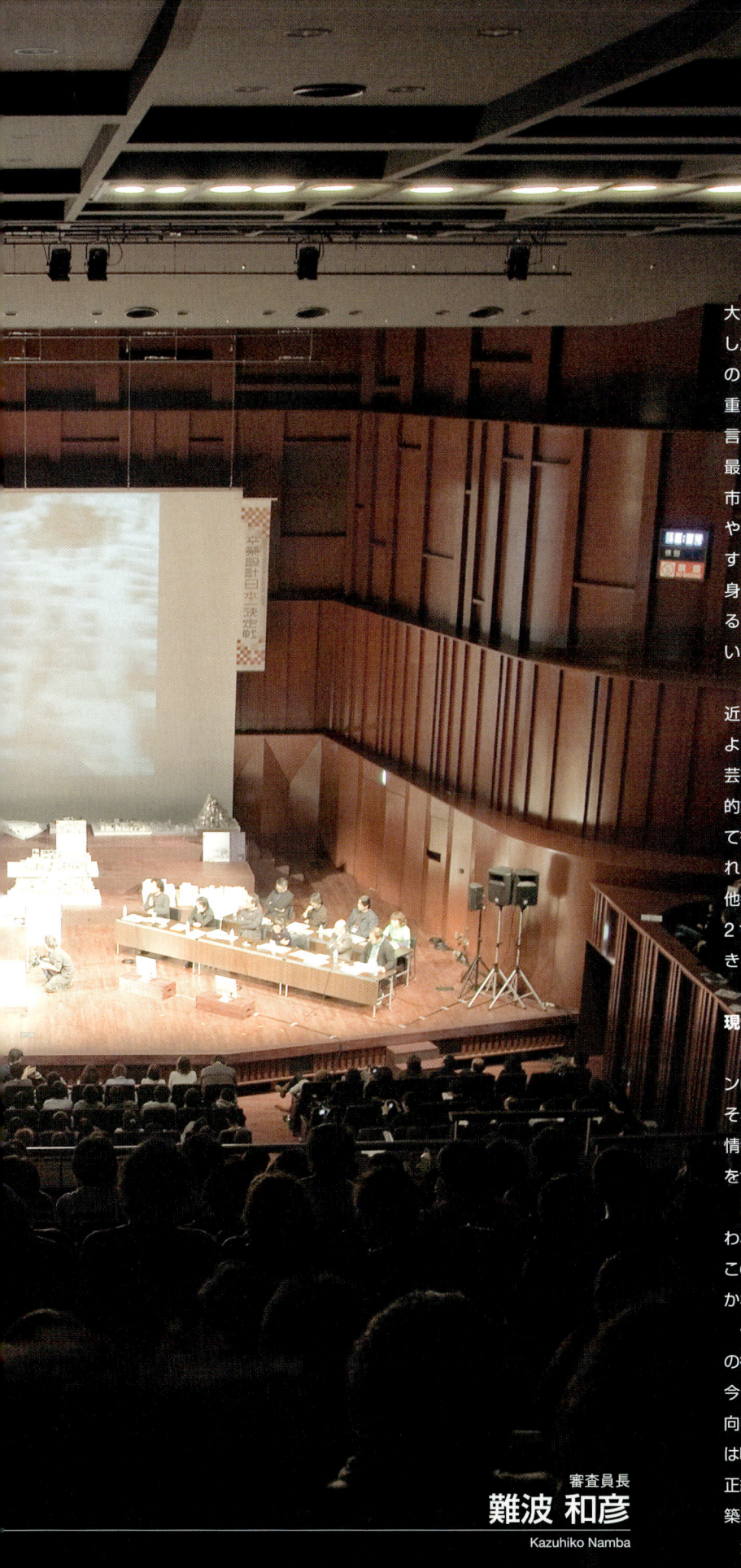

現代は、実社会で要求される建築が、きわめて複雑で高性能になっている。大学において、そのレベルの設計教育を達成することはほとんど不可能である。したがって大学を卒業する時点で、そのまま社会的に通用するようなリアリティのある建築を設計することは不可能である。僕の考えでは、卒業設計において重視すべき点は、リアリティよりもアイディアだと思う。アイディアとは、一言で言うなら、問題を解決することではなく、新しい問題を提起することである。最近の卒業設計には、2つの大きな傾向があるように思う。ひとつは、現代都市の中に潜在する問題を探り出し、それを解決しようとする建築である。建築や都市が置かれた社会的な状況の分析から、建築的アイディアを導き出そうとする方向の建築といってもよい。もうひとつは、個人的なイマジネーションや身体性から発想する建築である。自分の空間体験を出発点に、それを掘り下げることによって、普遍性のある建築へと展開させようとする方向といってもいいだろう。

これまでの卒業設計は、前者の発想にもとづく案が圧倒的に多かったが、最近になって、個人的な発想から建築を生み出そうとする傾向が強くなっているように思う。今年もいくつかの案にそのような傾向が見られた。しかしながら、芸術作品であれば、個人的発想に留めることも可能だが、建築は本質的に社会的な存在である。建築においては、個人的なアイディアは、社会的な条件によって徹底的に鍛えられなければならない。逆にいえば、社会的な問題から発想されたアイディアは、個人の発想の範疇に引き寄せられ共感を得られなければ、他者に対して説得力を持つことはできないということでもある。優れた作品は、2つの傾向が統合された案である。今年の日本一に、その典型を見ることができると思う。

現代社会への視点……新自由主義時代の都市と建築

現代はグローバリゼーションの時代だといわれている。グローバリゼーションは、1980年代から始まる全世界的な新自由主義政策によってもたらされた。それは、政府による規制をできるだけ排除し、インターネットをはじめとする情報技術によって全世界を結びつけることを通して、生産と消費ネットワークを世界中に拡大しようとする潮流である。

国内において、新自由主義政策は、それまで国家や地方公共団体によって担われていた公共的な活動を民営化し、公共建築を民間に委ねることを決定した。この結果、公共建築も資本主義の渦の中に投げ入れられ、商業建築と同列に置かれるようになった。

住居についても同様である。かつて公共住宅の供給は、政府や地方公共団体の役割だったが、住宅都市整備公団は独立行政法人都市再生機構へと再編され、今や住宅供給は完全に民間に任されるようになっている。このような社会の動向を見れば、これからの建築の主要テーマが、集合住宅と商業建築にあることは明らかである。これまで、この2つのビルディング・タイプ（建物類型）は、正統的な建築として認められなかった。しかし現在では、住居と商業建築が建築家の取り組む重要なテーマになったのである。

資本主義が全世界に浸透するグローバリゼーションの時代においては、都市における集住体[*1]のあり方や、商業建築の公共性が問われることは間違いない。建築がひとつの文化だとすれば、文化さえも資本に取り込まれる時代であることを、僕たちはしっかりと見据えねばならないように思う。

審査員長
難波 和彦
Kazuhiko Namba

註　*1 集住体：単体の住宅ではなく、集まって住む住まいの形態。

Photo by Izuru Echigoya

PROGRAM 2009　●開催概要

開催日程

ファイナル（公開審査）…2009年3月8日（日）
15:00～20:00
展示期間…2009年3月8日（日）～15（日）
10:00～19:00

会場

ファイナル：東北大学百周年記念会館 川内萩ホール
ファイナル中継：せんだいメディアテーク
1F　オープンスクエア
5F　ギャラリー3300
6F　ギャラリー4200
7F　スタジオシアター

展覧会：せんだいメディアテーク
5F　ギャラリー3300
6F　ギャラリー4200

ファイナル審査員・コメンテータ

審査員長…難波 和彦
審査員…妹島 和世／梅林 克／平田 晃久／五十嵐 太郎
司会
槻橋 修
コメンテータ
石田 壽一／馬場 正尊／堀口 徹
メディアテーク1F 中継会場コメンテータ
竹内 昌義／中田 千彦／櫻井 一弥
メディアテーク7F 中継会場コメンテータ
本江 正茂／鈴木 茜

賞

日本一　1点（賞金10万円・盾・賞状）
日本二　1点（賞金5万円・盾・賞状）
日本三　1点（賞金3万円・盾・賞状）
特別賞　2点（賞状）

審査方法

予選
3月7日（土）PM 会場：せんだいメディアテーク
全出展作品から上位100作品（本年度は104作品）を選出。審査員が会場を巡回しながら審査。各審査員は100票をめやすに投票し、展示作品を表示するカードに投票された目印のシールをスタッフが貼り付ける。得票数をもとに、協議の上で予選通過作品を決定。
予選審査員
五十嵐 太郎(青)／小野田 泰明(水色)／櫻井 一弥(ピンク)／竹内 昌義(オレンジ)／槻橋 修(赤)／中田 千彦(黒)／堀口 徹(黄色)／本江 正茂(紫)／厳 爽(緑)
※（　）内はシールの色

セミファイナル
3月8日（日）AM 会場：せんだいメディアテーク
予選通過作品から上位10作品を選出。審査員が会場を巡回しながら予選通過104作品を中心に審査。各審査員は3点票…10作品、1点票…20作品をめやすに投票し、展示作品表示カードに投票された目印のシールをスタッフが貼り付ける。得票数をもとに、協議の上でファイナル進出作品を決定。
セミファイナル審査員
難波 和彦(金)／妹島 和世(銀)／梅林 克(黒)／平田 晃久(オレンジ)／五十嵐 太郎(青)／槻橋 修(赤)／石田 壽一(ピンク)／馬場 正尊(水色)
※（　）内はシールの色

ファイナル
3月8日（日）PM 会場：東北大学百周年記念会館 川内萩ホール
10作品から日本一、日本二、日本三、特別賞の各賞を決定。ファイナリストと審査員の公開討論により進行。ファイナリスト10名はプレゼンテーションを行ない、それをもとに質疑応答、ディスカッションを経て入賞作品を決定する。（プレゼンテーション：一人5分、質疑応答：一人8分、ディスカッション：70分）

応募規定

応募日程
2009年1月12日（月）応募登録開始
2月12日（木）応募登録締切
3月3日（火）、4日（水）、5日（木）出展作品受付
応募資格
大学で都市・建築デザインの卒業設計を行なっている学生。
※出展作品は2008年度に制作された卒業設計に限る。
登録方法
せんだいデザインリーグ2009公式Webサイト上の応募登録フォームにて応募登録（3段階）を受付。

必要提出物
・パネル
A1サイズ1枚、縦横自由。
スチレンボード等を使用しパネル化したもの（5mm厚）。
表面右上に「ID番号」（応募登録時に発行）を記載。

・ポートフォリオ
卒業設計のみをA3サイズのクリアファイル1冊にまとめたもの。
表紙（1ページ目）に「ID番号」を記載。

・模型
卒業設計用に作成したもの。
※パネル、ポートフォリオは返却しない

主催

仙台建築都市学生会議
せんだいメディアテーク

詳細および最新情報
せんだいデザインリーグ公式Webサイト
http://gakuseikaigi.com/nihon1/

DATA2009　●出展者情報

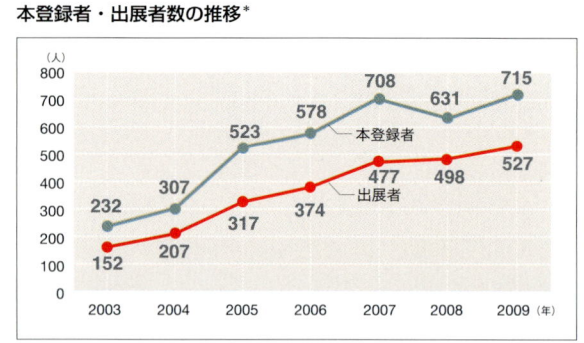

本登録者・出展者数の推移*

本登録者：2003年 232／2004年 307／2005年 523／2006年 578／2007年 708／2008年 631／2009年 715
出展者：2003年 152／2004年 207／2005年 317／2006年 374／2007年 477／2008年 498／2009年 527

*本登録者は、応募受付後、出展申込みをした者、出展者は展示会場に実際に搬入し展示された者

8位（ファイナリスト=1人）：
愛知淑徳大学（特別賞）／神戸大学（特別賞）／東北芸術工科大学（特別賞）／武蔵野美術大学（特別賞）／大阪芸術大学／京都工芸繊維大学／近畿大学／慶應義塾大学／神戸芸術工科大学／昭和女子大学／東海大学／東京工業大学／山口大学

**2003-2009の全ファイナリストの統計。順位は受賞に関係なく、ファイナリストの数による。同人数の場合は、上位入賞者の多い順、50音順に表示。

ファイナリストの出身大学**

順位	大学名	日本一	日本二	日本三	特別賞	未受賞	合計＝ファイナリスト（人）
1	京都大学	2	1	2	1	3	9
2	東京理科大学			1	2	5	8
3	東京大学	2	1	1		2	6
3	芝浦工業大学			1		5	6
4	早稲田大学			1	2	2	5
5	法政大学				1	3	4
6	工学院大学		2			1	3
6	筑波大学		1			2	3
6	明治大学				2	1	3
7	多摩美術大学	1				1	2
7	北海道大学	1				1	2
7	武蔵工業大学	1			1		2
7	大阪大学		2				2
7	日本大学			1	1		2
7	東北大学					2	2
7	名古屋工業大学					2	2
7	横浜国立大学					2	2

FINALIST
ファイナリスト・入賞作品

081 Suguru Ishiguro

050 Miyuki Chiba

165 Hirotaka Uzuki

328 Takashi Ikeda

515 Mai Ohno

182 Ken Hashimoto

208 Masayuki Makino

226 Takeshi Suzuki

585 Yuki Takayama

656 Mai Suzuki

Photos by Nobuaki Nakagawa & Izuru Echigoya

081
Suguru Ishiguro

日本一

北海道大学 工学部環境社会工学系
建築都市コース
石黒 卓

Re:edit...
Characteristic
Puzzle

住宅地の再構成による集合住宅の提案です。10m四方のピースで空間を切り取り、そのピースを集めることによってできる新しい住宅地の風景を提案します。

Re:edit... Characteristic Puzzle

住宅地の再構成による集合住宅の提案。
１０ｍ四方のピースで空間を切り取り・集めることでできる新しい住宅地の風景を提案する。

普段何気なく暮らしているまちで、体感している空間は様々に変化しながら連続している。

朝、玄関を出てから電車に揺られて出勤し、デスクに座って仕事をする、お気に入りの場所で食事を摂り、帰りに商店街で買い物をして、見慣れた住宅地を通って家に着く。
そんな空間の体験を1本の線で考えると都市は網の目のようになる。

そんな都市と住戸の空間の連続性を考える。

THEME
住戸　　都市

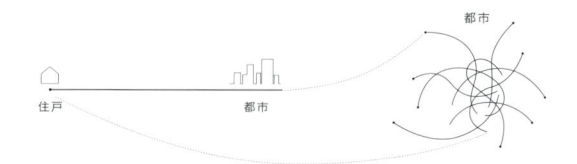

それぞれに特徴を持ちながらも、どこか均質化した空間の連続が、特徴のない風景を感じさせるならば、空間の断片を切り取り、集めることで、そのまちをまた違った角度から見たような、新しい風景を作り出せるのではないかと考えた。

新たなルールを持ち込みながらも、風景や活動はまちになじんでいく、そんな建築を目指した。

CONCEPT
住戸　　都市

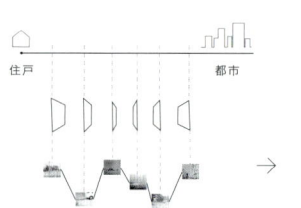

まちにある実際の空間を１０ｍ×１０ｍのピースで切り取り、隣合わせる。

思いがけない空間が隣り合ったり、建築の手前と奥、表と裏が容易に反転する。
予期せぬ空間が連続が、まちの風景をつくっていく。

あなたのまちではどんなピースを切り取りますか？

そこにはまた違った風景ができるはず。

METHOD
10m　1 PIECE　10m

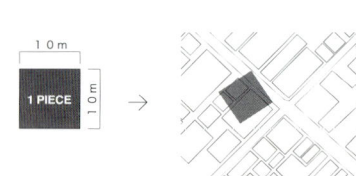

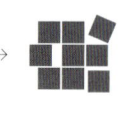

site map

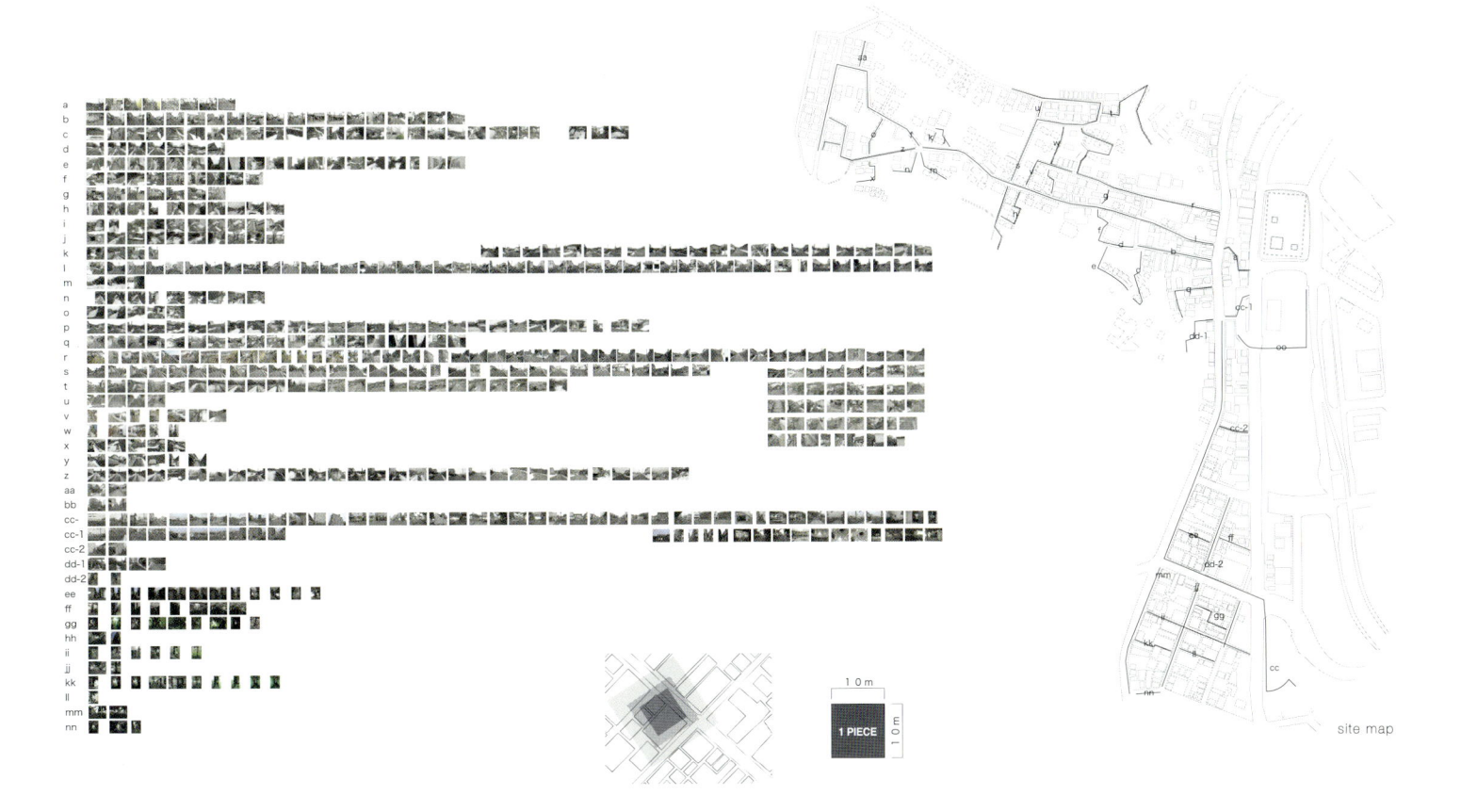

1 PIECE
10m

風景の変化を10m置きに移り変わる分節と捉え、1辺10mの正方形を単位として切り取るピースの大きさを規定することとした。

site map

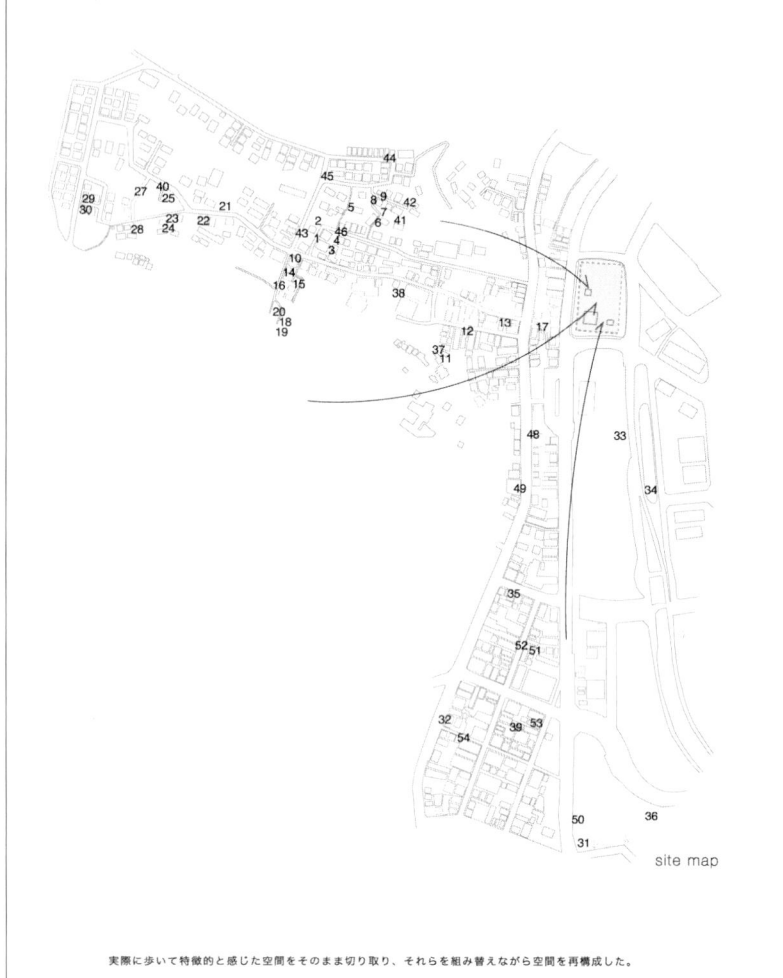

実際に歩いて特徴的と感じた空間をそのまま切り取り、それらを組み替えながら空間を再構成した。

54 SPOT

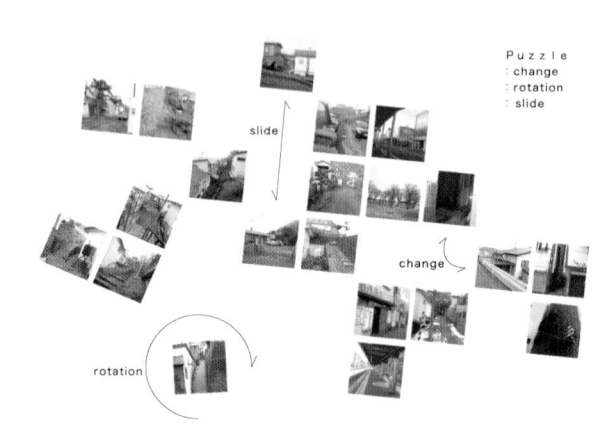

Puzzle
: change
: rotation
: slide

54 PIECE

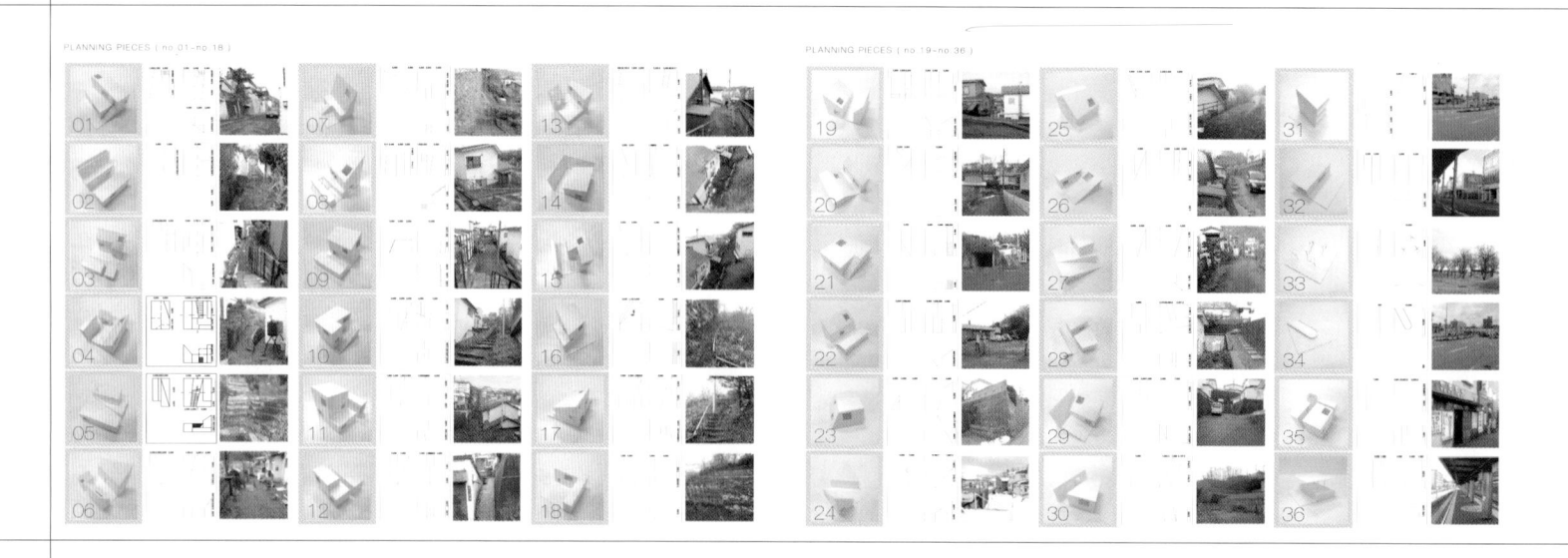

PLANNING PIECES [no.01-no.18]

PLANNING PIECES [no.19-no.36]

PLANNING PIECES (no.37–no.54)

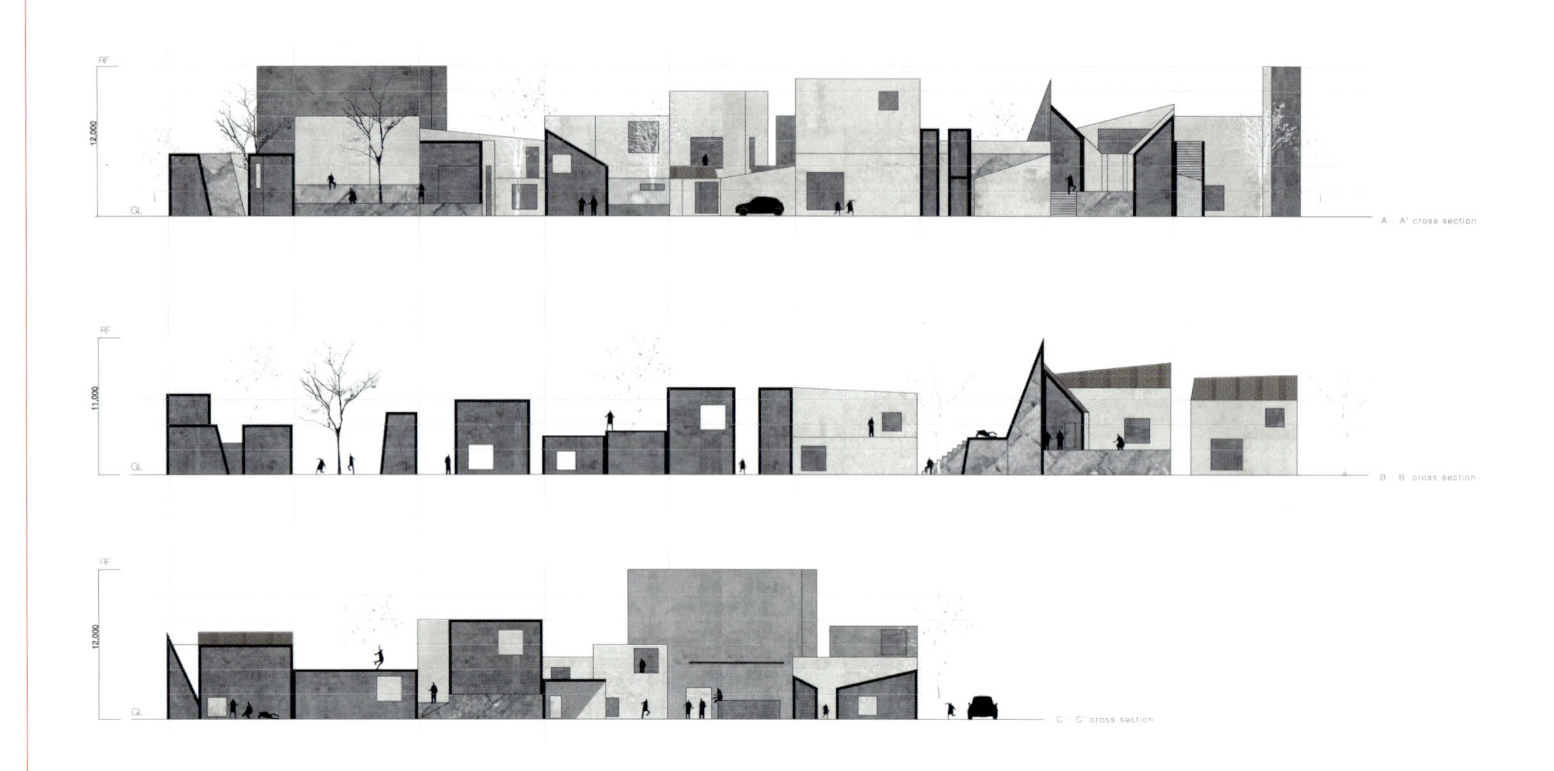

Cross Section (scale=1/300)

Ground Floor Plan

審査講評

　都市郊外の既存住宅地を、1つのルールにもとづいて再編集し、新しい住宅地として再生させようとする試みである。

　まず、緩やかな斜面に沿って広がる既存の住宅地を徹底的に調査し、その中から魅力的だと思われる54カ所の部分を10m角で切り出す。既存住宅地の敷地が、ほぼ10m角に近い単位をもとに展開していることに注目して、このサイズが選ばれている。その上で、隣接する別の敷地内に、切り出した10m角、54カ所の断片を編集し、相互の関係を調整しながら、新しい住宅地としてまとめあげていく。既存の住宅地には、時間をかけて成熟した「空間の質」が埋め込まれている。とりわけ斜面地に展開する住宅地域においては、細やかな調整の重なりによって、計画的につくり出すことは困難なほど、繊細な「空間の質」が生み出されているだろう。設計者は、日頃から見慣れた住宅地を、建築家の目を通して微細に観察し、リゾーム（根茎）的な空間が見出された部分を、その質を壊さないように切り取っていく。ここでの設計の作業とは、空間の質を発見し、それを注意深く切り取り、相互の関係を調整しながら組み合わせ、コラージュのようにまとめあげることである。新たにデザインされた住宅地には、どこかで見たことがあるような懐かしさをたたえながら、まったく新しい空間が展開している。

　ゼロから出発するのでもなく、何かをコピーするのでもない。発見と編集の作業に、建築家としての新しい役割を見出そうとする、一種のアルゴリズム[*1]にも似た、ユニークな試みである。

（難波 和彦）

註　*1 アルゴリズム：数学、コンピュータ、言語学などの分野において、問題を解くための処理手順を定式化したもの。

050
Miyuki Chiba

日本二

京都大学 工学部建築学科
千葉 美幸

触れたい都市

人間と、都市と、建築と、もっと柔らかな関係を。そそり立つ都市の高層建築の壁面を砕く。新たに現れる環境としての3次元的空間。私たちは、くずおれた建築の膝にのぼり、背中に掻き付き、その頬にキスをする。

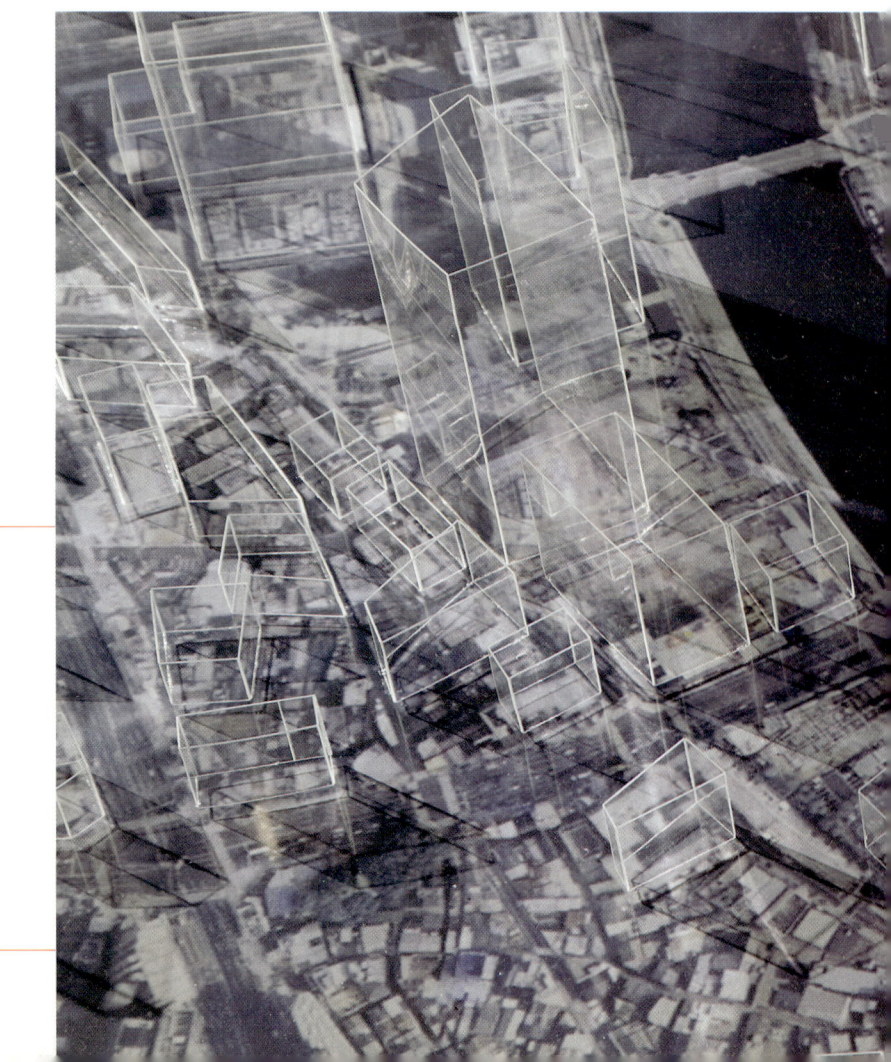

Integration body

17

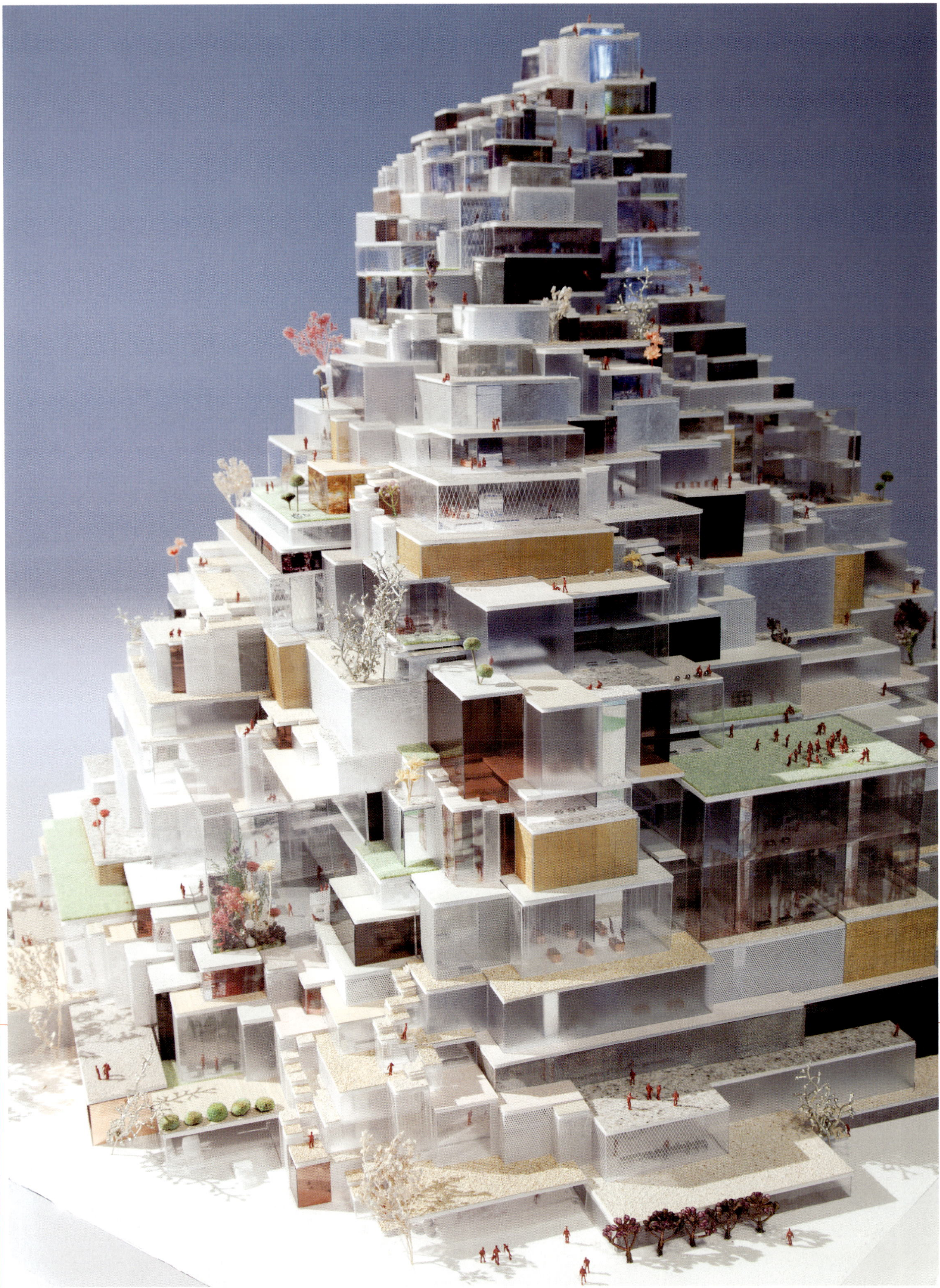

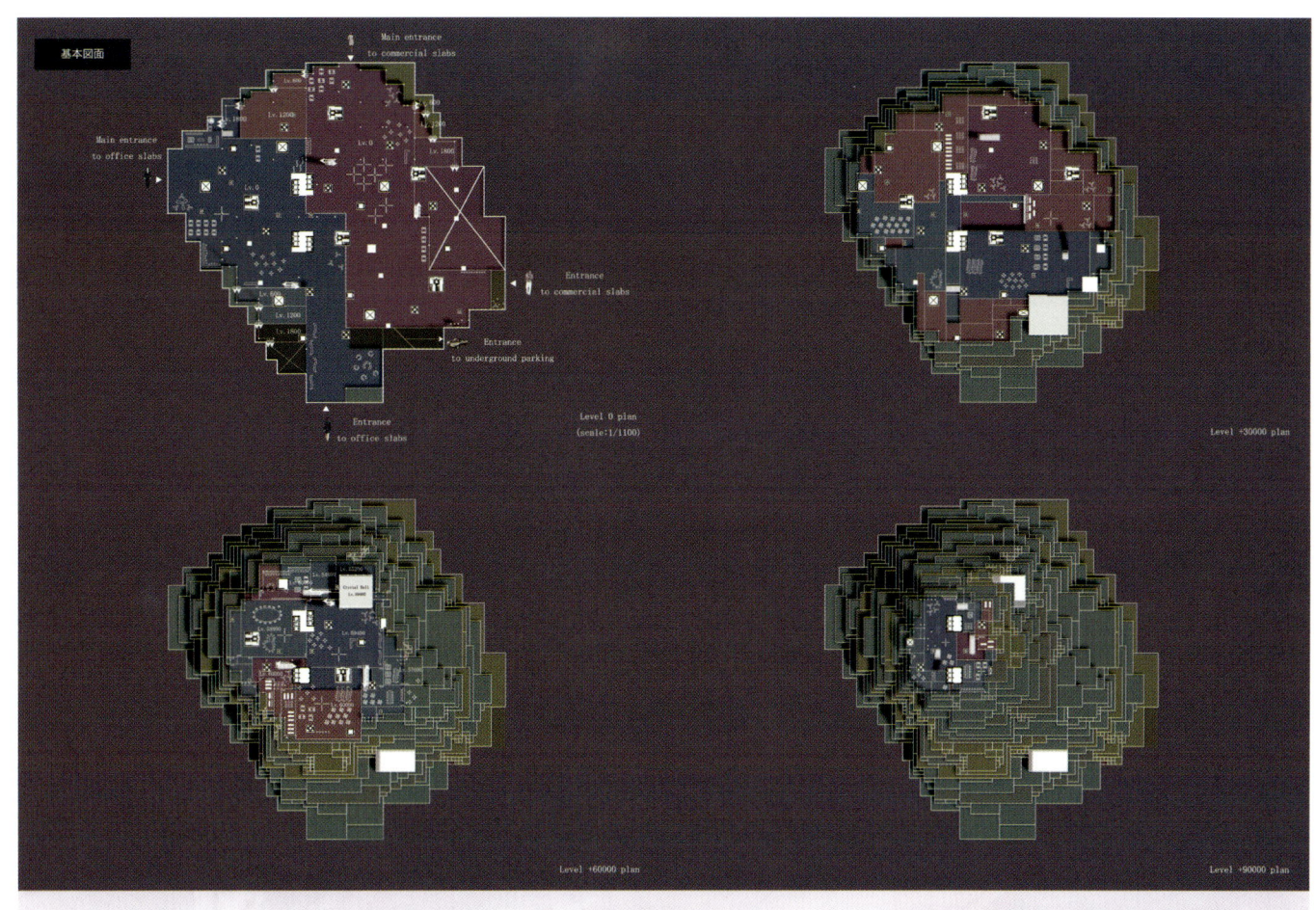

審査講評

たいへん力強く、美しいプロジェクトでした。構想がそのまま伝わってきました。

これをまとめるのにいろいろ苦しいことがあっただろうと思いますが、それでも、「ものすごく幸せな時間だったのだろうなあ」とうらやましかったです。日本一と争って日本二になりました。すばらしいプロジェクトだと思ったのですが、私も最終的にこの案を日本二に選びました。その理由が何なのか、自分でもなかなかわからなくて、いろいろ考えたのですが、たぶん、作品の持つリアリティのバランスなんだと思います。こういうプロジェクトだったら、たとえば普通の超高層ビルの大きさではなくもっともっと異常に大きいとか、たとえばコアとか何かによってビルのシステムが通常の超高層建築とまったく違うものであるとか、たとえばどう使えばよいか見当もつかないような巨大なスペースが内部にあるとか、とにかく今までのビルともっと違ったものにしてしまってよかったのではないかと思いました。

そうなると、今の作品とはまったく異なる塊になったような気がします。

「まだまだ、いろいろな可能性が考えられるのだなあ」とエネルギーをもらいました。

（妹島 和世）

165
Hirotaka Uzuki

日本三

東京理科大学 理工学部建築学科
卯月 裕貴

THICKNESS WALL

通常、壁は隣室との間に一様な厚さで存在する。人は開口部を見たときに、自分を囲む壁の厚さを認識する。壁を不均一な厚みにすることによって、そこに違う「厚さ」が存在するとき、今まで抱いていた隣室との距離感は揺らぎ、自己認識の中の壁厚は変化し続ける。

21

1:400 A-A' SECTION

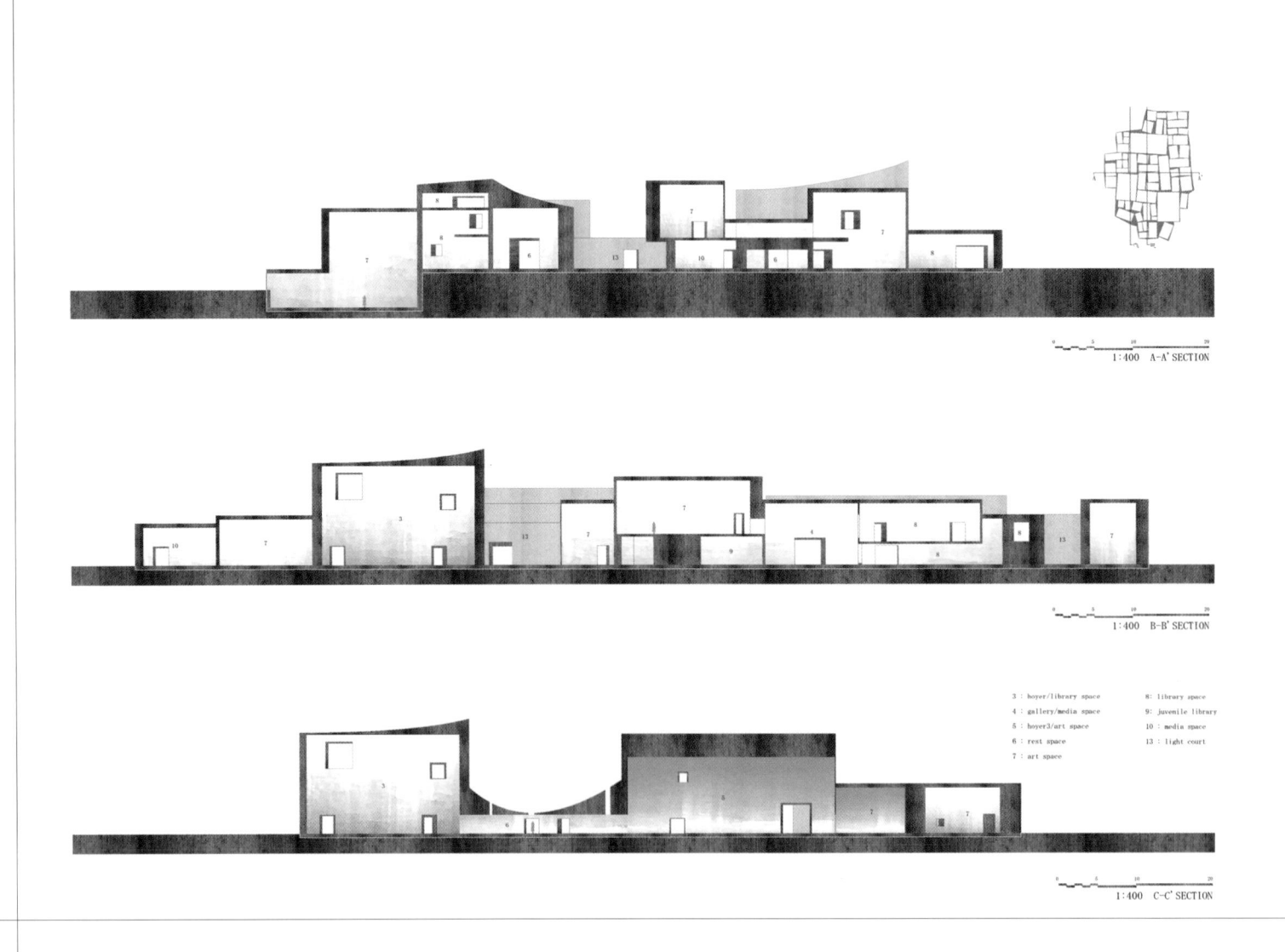

1:400 B-B' SECTION

3 : hoyer/library space
4 : gallery/media space
5 : hoyer3/art space
6 : rest space
7 : art space
8 : library space
9 : juvenile library
10 : media space
13 : light court

1:400 C-C' SECTION

審　査
講　評

　遺跡のフットプリントのような力強いプラン（平面図）と模型の内観写真のリリカル（叙情的）で軽やかな風情とのギャップにまず目を引かれた。
　僕としては当初、同じような傾向を持った、もう少し造形的な光の空間を内包する『消失と現出』（ID585 高山案）のほうにより強く印象づけられた。しかし、読み込んでみると「方形の内部空間の『不均一』から生まれる壁の薄／厚」という操作ダイアグラムが明確で、それによって全体が規定されるこの卯月案のほうが、想定できる範囲で光の空間のバリエーションを集めてきたように見える高山案（ID585）より、形態操作がスムーズであるようだ。
　審査途上、「建築をつくる上でのパラメータ（媒介変数）が少なすぎる」との指摘や、もっと突っ込んで言えば社会性の欠如が問題視されたが（それは、出展作全体に言えたことだけれど……。）、卯月くんのつくり出したダイアグラムの力強さがその批判を押さえ込んだように思う。ダイアグラムはモノを駆動する力があり、建築を生み出す「触媒」もしくは「係数」である。ダイアグラムから自己生成的に最適解に向けて立ち現れる建築は、現代建築のめざすべき極北である。彼がそれを敏感に感じ取っていることは間違いないだろう。そのダイアグラムにどれだけの「射程距離」があるのか、いかに多様なモノを内包し、処理する能力を有するのかが、計画の中で語り尽くされることで、そのダイアグラムの良否が確認されるし、結果としてそこから社会性もわき出してくるだろう。そういう意味で、現計画の彼のダイアグラムをみると、その可能性を感知はできるが、その性能を十全に発揮できているとは言い難い（ゆえに、日本三に留まったのだろうと僕は理解している）。具体的には、メディアテークという「何でもあり」の建物ではなく、もう少し処理するには難しい（与条件が多くなる）、たとえば集合住宅や複合文化施設などに、このダイアグラムが耐えうるかを見せてほしかった（僕は使えると思う）。
　「夢想したモノと現実とのストラグル（葛藤）」を卒業設計に求めるのは少し酷ではあるけれど、彼ならできる。彼が一人の建築家として戦場に立ったとき、必ずや「強い建築」をつくってくれるに違いないと思うのである。大いに期待したい。

（梅林　克）

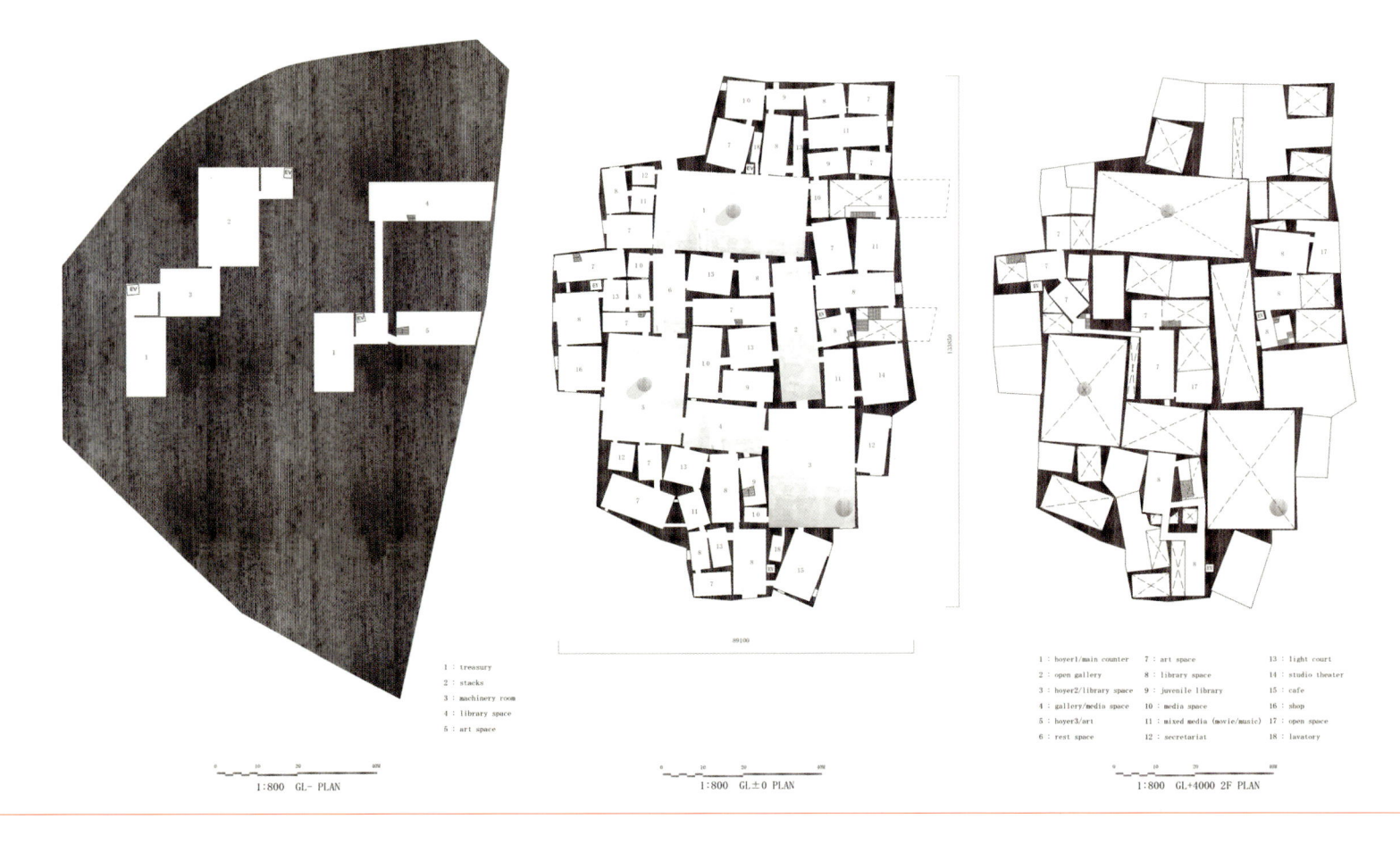

328
Takashi Ikeda

特別賞

京都大学 工学部建築学科
池田 隆志

下宿都市

一人暮しの部屋は、ひとつの小宇宙だ。敷きっ放しの布団、脱ぎ散らかした洋服、部屋一杯のマンガ本の中で、僕らは毎日暮らしている。そんな部屋が無限に膨らんでいったら、どんな建築になるだろう。学生がつくる巨大な下宿。

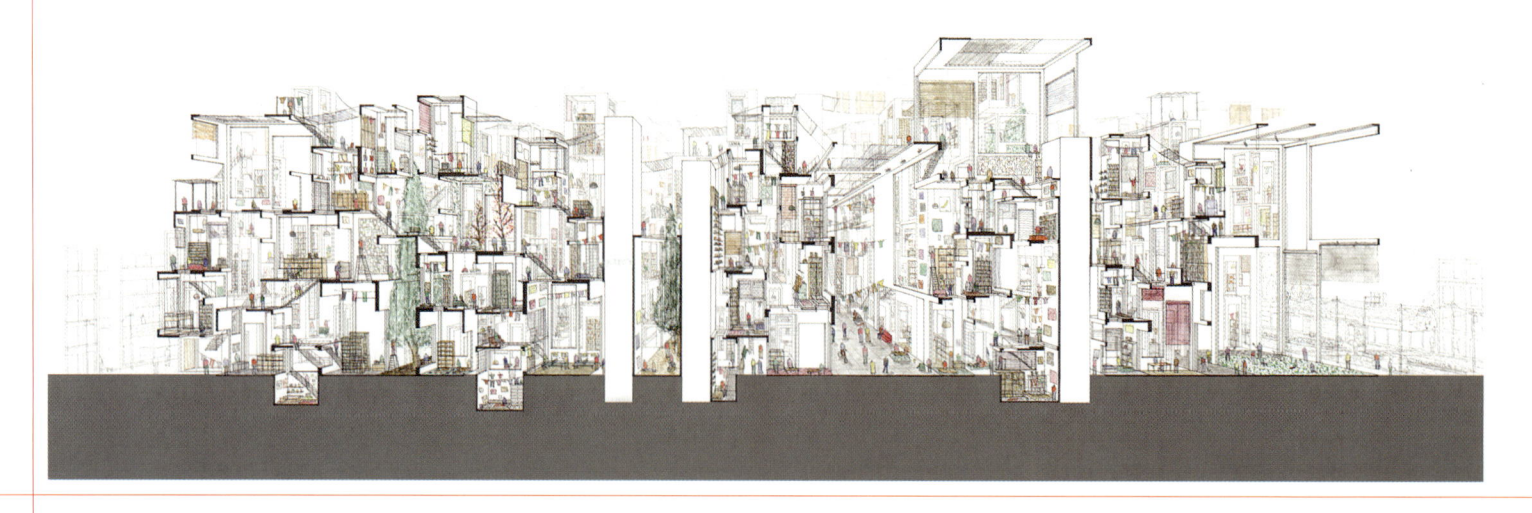

生活感に埋もれていく建築

僕らが実際住む部屋は、雑誌に載るようなオシャレな部屋じゃない。
敷きっぱなしの布団、ほったらかしの洗濯物、読み散らかしたマンガ本のなかで、僕らは毎日暮らしている。
でも汚いからこそ、一人暮らしの部屋は気持ちいい。それは自分でつくりあげる小さな城のようなものだ。
そんな部屋が、どんどん増えて、ぐちゃぐちゃに混ざっていって、膨らんでいったらどうなるんだろう？
人や家具やモノがどんどん部屋からはみ出して、やがては生活が建築を覆い尽くしてしまうんじゃないだろうか。
京都・百万遍に、学生が勝手につくりあげる巨大な下宿。

きれいな家 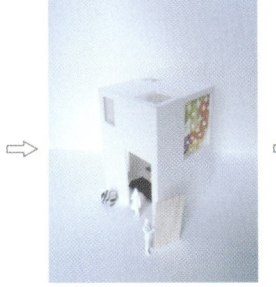 → 窓が大きくなり、ドアがなくなって、家具がはみ出てくる → 壁や屋根がほとんど姿を消す。建築が家具に埋もれていく。

審査講評

　思考実験のように、ごく雑多なシーンまでも表現した模型が圧倒的な力を放っている。驚いたことに、この巨大な模型を作者自身が一人でつくり上げたのだという。そこに費やされた膨大なエネルギーのみを賞賛したいのではない。興味深いのは、そこまでの集中力を可能にした、彼のまなざしの向かう先である。僕は、この模型制作が、自然物を模写する行為に似ていたのではないかと想像する。すぐれた模写は、描く行為そのものの中で半ば無意識的に行なわれる発見、対象物としての自然の中に何らかの成り立ちを見出す視線なしには不可能である。この模型からも、作者の視線は、雑多な生活を寄せ集めた総体が形づくる、ある秩序へと向かっていることが感じられる。その意味で、これはすぐれて建築的な思考の産物である。彼の非言語的な発見は、表現の中で充分に言語化・方法化されていなかったがゆえに、直喩的に見えなくもない。しかしその直喩は、建築がかすかなきっかけのようなものにまで後退した、「見たことのないシーンの模写」になりえており、充分に刺激的である。

（平田 晃久）

515
Mai Ohno

特別賞

法政大学 工学部建築学科
大野 麻衣

キラキラ
―わたしにとっての自然

わたしは「キラキラ」という概念がとても好きです。それはとても感覚的な「わたしの解釈する自然」のようでもあり、その「キラキラ」をつくり出していくような空間を建築化したいと考えました。

審査講評

大野麻衣は、珊瑚礁やノートルダム大聖堂など、「わたしの好きなキラキラ」を4つ挙げることから設計をドライブ（展開）させていく。続いて、「キラキラ」の場所として新宿区大久保を敷地に選び、「キラキラ」の機能として図書館や託児所などをプログラムとし、感覚を客観的に共有するためのルール設定として、セル・オートマトン*1のシステムによって形態を生成させる。彼女は構造、工法、素材にも言及し、私性を建築化すべく論理的な手続きを踏む。こうした一連の作業を試みたことは、高く評価できる。ただし、その流れはまだ完璧ではなく、破綻している箇所も少なくない。とはいえ、結果的に自分の好きなものを全力で押し通していく迫力が、論理との齟齬の隙間に独特の世界性を生み出す。空間が素晴らしいというタイプの作品ではない。だが、「大久保に、この施設は意外に悪くない」と思わせる。プラス、マイナス、そしてプラス。せいぜい三段重ねのプロセスで終わる卒計に対し、五段、六段と積みあげるパワー。後日、大野案を批判する学生の声を多く聞いたが、これは議論されず記憶に残らない優等生ではない。嫌われるほどの個性を獲得した「特別」賞である。

（五十嵐 太郎）

註 *1 セル・オートマトン：無限に広がる格子状のセル（細胞のような単位）で構成され、規則に従って自動的に動く、コンピュータの計算機能・アルゴリズム処理をモデル化したもの。各セルの内部には数種類の状態があり、不連続的な時間経過と共に状態が変化する。

182
Ken Hashimoto

ファイナリスト

法政大学 工学部建築学科
橋本 健

人と都市の間

建築と都市の間を反転の操作によってつくり出す。反転の操作は「都市のボリューム（塊）の反転」（大きな道路に面したところに大きな建物が、細い道路に面したところに小さな建物が建てられるという、現在のすり鉢状になった都市の断面を反転させ、丘状のものとすること）「住宅と余白の反転」（建物の建っているところと建っていないところを反転する）「車道と歩道の反転」の3種類を行なった。建築に敷地が持つ記憶を内在させ、都市をつくるように建築をつくる。

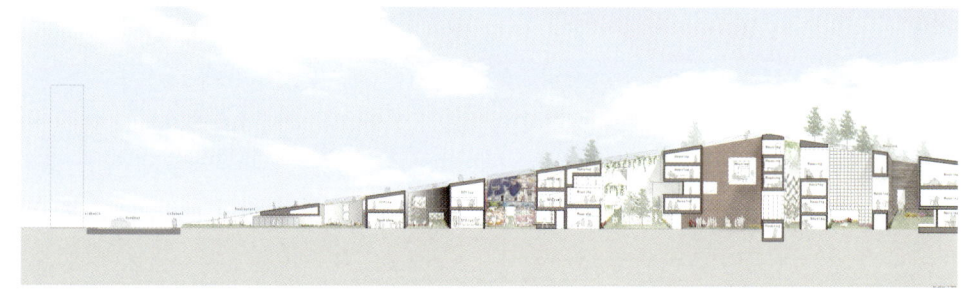

審査講評

　地球上のあらゆる生物は長く膨大な進化の過程を生き残ってきた精鋭たちである。とはいえ、「現存する種が最善で、これ以上の形はありえない」というわけではない。生物の進化はシニシズム*1とは無縁なのだ。この作品は、私たちの住む都市や建築においても同じことが言えることを思い出させてくれる。街路と建築が通常とは全く反転された街。そんな一見ばかげた想定が、「その実、意外にありえるものだ」という提案である。単に「ありえる」だけではなく、今までの街にはない利点を備えている。現実の街に立つ建物の大部分が互いのボリュームで眺望を阻害し合っていることを考えれば、はじめから空に向かって開かれたこの街の構造は合理的である。やや方法論に偏りすぎなきらいもあるが、提案された空間そのものが魅力的で、可能性を秘めている。何よりも、私たちがすでに知っている現実をよりよくしようとする、無謀だが志のある提案に拍手を送りたい。

（平田 晃久）

註　*1 シニシズム：社会風習や道徳・理念などに対して逃避的・嘲笑的な態度をとる。キニク学派の主張。

208
Masayuki Makino

ファイナリスト

神戸芸術工科大学 デザイン学部
環境・建築デザイン学科

牧野 正幸

小さく世界を拡大表示してみる。

小さく世界を拡大表示してみた。

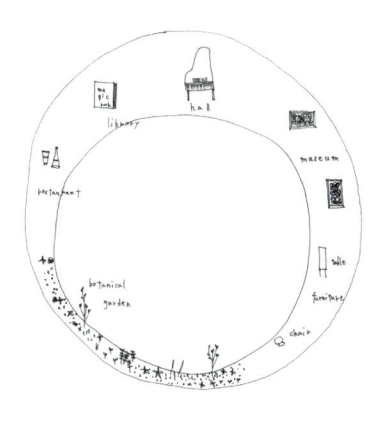

審査講評

　この作品で提示された場は、歪んで段差のある複数の円が、同心円状に重なり合うことで形成される緩やかなすり鉢状の地形であり、透過性のある薄い1枚の膜で覆われた直径180mの巨大なワンルームの建築である。躓きから階高にいたる多様な段差と、歪んだ円どうしのズレが生む多様な奥行きとの掛け合わせによってさまざまなスケール感が共存する不思議な場である。

　個人の身体に近いスケール感が、円周をなぞるにつれて段差や奥行きが増幅され、いつの間にか、集団の身体レベルのスケール感をもつ劇場のような大空間に「拡大」されてしまう。特定の機能空間を区画するのではなく、この「スケールのグラデーション」とでも言うべき空間構成に誘発されて、人々の多様な「行為」が生まれてまとまり、それぞれの「場」の意味を生み出していく。

　場をつくる操作パラメータ（媒介変数）を段差と奥行きに限定してしまったことで作品の抽象性を維持しているが、逆にリアルな場所としての共感を生み出せなかったのが悔やまれる。しかしながら両極端な事象を連続したものとして捉えようとする視点や、連続しつつも差異に富むランドスケープから機能空間を発生させるという問題設定は、充分におもしろいと思った。　　（堀口　徹）

226
Takeshi Suzuki

ファイナリスト

名古屋工業大学 工学部
建築・デザイン工学科
鈴木 健史

でっかいマドと
ながいドマ

開け放つことのない建築は外部からの情報、外部への情報を遮断している。大きなマドに人が住み着き、レイヤー（層）状にシーンが重なり、「見られる」ことで住人が反応を起こす。

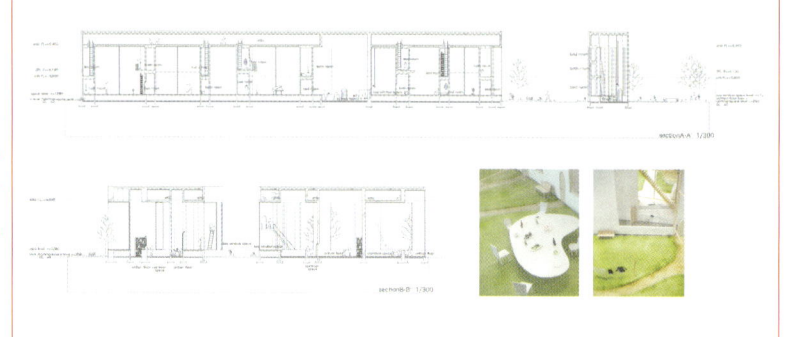

審査講評

　模型が魅力的で、セミファイナル審査での得票数は最も多かった。細長い街路のような隙間が住居化され、その薄い空間には不釣り合いの、大きな窓が壁の中に切り取られている。そのアンバランスさが的確に表現された模型は、審査員の心を掴んでいたと思う。「薄っぺらの住居を透過して、都市と住居の断面が同一の窓に収められる」という仕掛けは、まるで新しい都市への視線のようで、示唆的に見えていた。

　ファイナル審査のプレゼンテーションではその点について充分に語られず、「それが深読みだったのかもしれない」と審査員に思わせたのは痛かった。また、プライベート（私的スペース）とパブリック（公共性の高いスペース）の中間に挿入された細長い土間の存在理由が明快に語られていない。そこは個と社会がコネクトする（つながる）、この作品の見せ場のはず。これらの魅力を充分に引き出せなかった原因は敷地の設定にある。この薄く細長い、街路のような建築の魅力を生かす敷地設定はいくらでもあっただろう。それを凡庸な市街地に設定したのが悔やまれる。卒業設計に与えられた最大の自由は敷地の選定だ。その敷地の持つ文脈（状況や背景）や風景を作品にいかに取り入れるかが、案の強度につながっていく。日本一との端的な差が、たとえばそこにあった。

（馬場 正尊）

585
Yuki Takayama

ファイナリスト

東京理科大学 理工学部建築学科
高山 祐毅

消失と現出

ついには消え去る境界。そしてそこに現れる世界。それは、「東京」から解放される瞬間。

plan(1:500)

1F　　2F

審査講評

　建築で起こる現象に焦点を絞り、それを執拗に追い求めた作品だ。差し込む光の見え方、空間や物質の現れ方や消え方が綿密に計算され、そのシークエンス（連続性）がデザインされている。おそらく、この建築は美しいだろう。

　しかし、まずこの建築が存在する必然性が問われる。ビルディングタイプをアートセンターとしているものの、空間と機能の関係性は希薄で「まあ、とりあえずアートセンターにでもしとこうか」という印象を審査員一同に持たれていた。これが建築である以上、意味の構築は避けられない。また、この建築が相手にしているのは光と風景のみで、パラメータ（媒介変数）が少な過ぎるのは気になった。審査段階で作品同士の比較が始まったとき、より複雑な問題を建築で受け止め解決しようとする作品に議論が集まるし、それが作品の強度にもつながっていく。この作品にもっと語ってほしかったのは、美しさの先にある（かもしれない）社会へのコミットメント（関わり合うこと）や人間全体への訴えかけだった。それを獲得できれば、この作品はさらに魅力的なものになった。

（馬場 正尊）

656
Mai Suzuki

ファイナリスト

昭和女子大学 生活科学部生活環境学科
鈴木 舞

THE SCARS OF WAR
―戦争という傷跡と記憶

傷はいつか癒えて 跡形もなく消えてゆく そしてみんな忘れてゆく
だけど もし その傷が傷跡としてずっとこの先 残るとしたら
その傷は 忘れたくても忘れられない記憶となって
人々の心に深く刻まれてゆくかもしれない

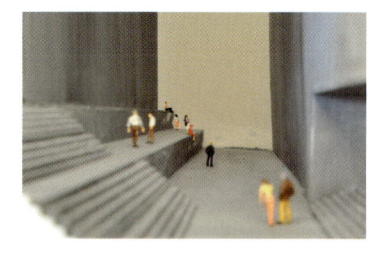

審査講評

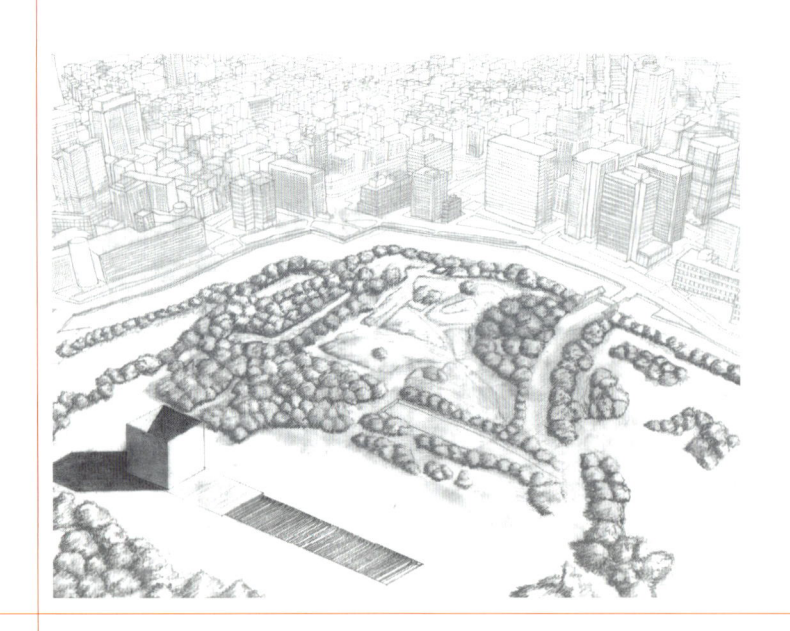

太平洋戦争終結を歴史の分水嶺に定めた、大戦の傷跡と記憶を巡る戦争資料館。この案の魅力は、階段状に地下空間を下降上昇する一筋の明快な「進路」と、その軸に直交する、重層的な「記憶の書庫」からなる建築構成である。戦争という条理を超えた限界状況の傷跡と記憶を、今日、追体験する装置の可能性を考える上では、建築空間の魅力に加え、「案を成立させる言説的解釈をいかに組み立てるのか」という手続きにおいての批評性が大切だ。惜しむらくは、鈴木案の批評性の論拠がやや薄弱である。特に以下の2点が気になる。まず、太平洋戦争を分水嶺とした起点認識の論拠。次に、戦争なるイデオロギーに関わる主題に取り組む上での認識のあまりのナイーブさ、ノンシャラン*1度である。江戸・東京をつなぐ近代国家の成長に関わる戦禍の傷跡と記憶の相対化を目論む批評空間であれば、時間軸と出来事の相関性に対する、より拡張された解釈の提示が必要であろう。

（石田 壽一）

註　*1 ノンシャラン：語源はフランス語で、のんき、無頓着、怠惰など。冷静な批判力を有する抵抗者としての用語もある。

PROCESS
審査過程

527 → 104

104 → 10

10 → 5

527 → 104

Preliminary round
予選
2009.03.07.PM
せんだいメディアテーク
5・6階ギャラリー

公開審査の前日の予選審査では、全出展数527作品の中から、セミファイナルの審査対象となる作品が、上位100作品をめどに選出された。アドバイザリーボードを中心にした9名の予選審査員は、まず、せんだいメディアテークの展覧会場を個々に巡って審査し、それぞれ100票をめどに投票。予選審査員の指示で、学生アテンドはそれぞれに決められた色のシールを、作品の前に備えられた投票カードに貼り付けていく。投票の集計結果をもとに、審査員全員で、もう一度会場を巡回し、1つ1つの作品を確認。獲得票数からみてボーダーライン上にある作品については、より深い議論が重ねられた。結果、合計104の作品が予選を通過。展覧会場の該当作品には、目印として赤い花が付けられた。

Photo by Nobuaki Nakagawa.

予選投票集計結果

合計	ID	氏名	五十嵐	小野田	櫻井	竹内	機橋	中田	堀口	本江	厳
9	200	新田 真弓	1	1	1	1	1	1	1	1	1
9	656	鈴木 舞	1	1	1	1	1	1	1	1	1
8	226	鈴木 健史	1	1	1	1	1	1	1	1	
8	373	林 真弓	1	1	1	1	1	1	1		1
8	651	岩見 勇輝	1	1	1	1	1	1	1	1	
7	050	千葉 美幸	1		1	1	1	1	1	1	
7	081	石黒 卓		1	1	1	1	1	1	1	
7	092	岡 慶一郎	1		1	1	1	1	1	1	
7	094	加藤 拓郎	1		1		1	1	1	1	1
7	145	木村 香奈江	1	1	1		1	1	1	1	
7	448	萩原 盛之	1	1	1	1	1	1		1	
7	481	矢崎 亮大	1	1	1	1		1	1	1	
7	511	福元 彩		1	1	1	1	1	1	1	
7	515	大野 麻衣	1	1	1		1	1	1	1	
7	530	黒田 良太		1	1	1	1	1	1	1	
		鈴木 芽久美									
7	552	佐伯 周一	1	1	1	1	1		1	1	
7	661	鎌谷 潤	1	1	1	1	1		1	1	
7	690	稲田 真一	1	1	1	1		1	1	1	
7	716	谷口 幸平			1	1	1	1	1	1	1
6	008	夏目 将平		1	1		1	1		1	1
6	011	内藤 まみ		1		1	1	1	1	1	
6	054	吉岡 祐馬	1	1		1	1	1	1		
6	105	若松 堅太郎		1	1	1	1	1	1		
6	124	塚前 亜季子		1		1	1	1	1	1	
6	151	美濃 孝		1		1	1	1	1	1	
6	159	濱野 真由美		1	1		1	1	1	1	
6	162	寺嶋 利治	1	1		1	1		1	1	
6	165	卯月 裕貴	1		1	1	1		1	1	
6	181	井手口 航		1	1	1	1	1	1		
6	194	関野 有希子			1	1	1	1	1	1	
6	206	大中 愛子	1		1	1	1	1		1	
6	208	牧野 正幸	1	1	1		1	1		1	
6	234	今城 瞬	1	1		1	1	1	1		
6	259	米倉 夏	1	1	1	1	1			1	
6	280	藤田 幸男	1	1	1	1		1		1	
6	328	池田 隆志	1		1	1	1	1		1	
6	329	加藤 夏美	1			1	1	1	1	1	
6	364	片山 馨介	1			1	1	1	1	1	
6	389	脇本 夏子		1	1	1		1	1	1	
6	423	北林 さなえ	1	1	1		1		1	1	
6	521	須藤 周平		1		1	1	1	1	1	
6	551	谷口 勇貴	1	1		1	1		1	1	
6	585	高山 祐毅			1	1	1	1	1	1	
6	727	徳永 真丈	1			1	1	1	1	1	
5	001	阿部 真理子	1				1	1	1	1	
5	006	榮家 志保		1			1	1	1	1	
5	025	伊藤 周平	1	1			1		1	1	
5	041	後藤 侑希	1				1	1	1	1	
5	044	影山 榮一	1				1	1	1	1	
5	058	柿添 宏									
5	128	板谷 慎				1		1	1	1	1
5	138	畑 和博			1		1	1	1	1	
5	186	金城 春野					1	1	1	1	1

合計	ID	氏名	五十嵐	小野田	櫻井	竹内	機橋	中田	堀口	本江	厳
5	207	内山 昌太	1	1	1		1		1		
5	210	堀川 塁	1	1	1	1			1		
5	225	平川 紘司			1		1		1	1	1
5	229	小松 拓郎	1				1			1	1
5	249	仁居 智子	1			1	1	1		1	
5	276	政所 顕吾	1		1		1		1		1
5	306	木村 敬義	1		1		1	1	1		
5	349	柳樂 和哉	1		1		1	1	1		
5	366	植木 貞彦	1			1	1		1	1	
5	376	太田 健裕				1		1	1	1	1
5	384	的場 弘之	1		1		1		1	1	
5	400	渕上 貴代	1	1			1		1	1	
5	409	花原 裕美子			1		1	1	1	1	
5	466	山野 健太			1		1	1	1	1	
5	470	和気 聡志		1		1	1	1	1		
5	526	相馬 里陽	1		1		1		1	1	
5	604	中島 弘陽			1		1	1	1	1	
5	618	羽村 祐毅	1		1		1		1	1	
5	666	工藤 聡志	1		1		1	1	1		
5	686	荒木田 ちぐさ	1		1	1		1	1		
4	020	生駒 寿文	1				1		1	1	
4	063	二階堂 将		1	1	1			1		
4	088	田代 直人	1	1						1	1
		山岸 勇太									
		山﨑 康弘									
4	091	藤本 由香利			1		1	1	1		
4	106	藤巻 芳貴		1	1		1		1		
4	158	高橋 卓			1			1	1	1	
4	170	正木 和美	1		1		1		1		
4	179	新森 雄大	1		1		1		1		
4	182	橋本 健					1	1	1	1	
4	185	木曽川 剛士		1	1		1				1
4	197	矢野 龍太	1		1		1		1		
4	236	赤池 友季子			1		1		1		1
4	254	寳崎 祥太			1	1		1		1	
4	268	小林 加奈			1		1	1	1		
4	278	寺尾 准		1			1	1		1	
4	298	高坂 直人			1		1	1	1		
4	320	佐藤 仁哉	1				1		1	1	
4	394	国松 えり	1				1	1	1		
4	405	奥田 裕史			1		1	1	1		
4	480	小畠 卓也		1			1		1	1	
4	553	高藤 千尋			1		1		1	1	
4	689	杉山 浩太			1		1	1	1		
4	705	石黒 裕子	1	1			1		1		
4	732	吉丸 貴一郎	1				1		1	1	
4	754	三上 裕貴		1			1		1	1	
3	004	椎橋 亮	1			1					1
3	010	坪山 励				1			1		1
3	026	井口 陽介				1		1	1		
3	029	磯部 陽一	1				1			1	
3	061	福田 悦子					1	1	1		
3	062	古市 のぞみ	1	1							1
3	079	狩野 輝彦			1				1		1

合計	ID	氏名	五十嵐	小野田	櫻井	竹内	槻橋	中田	堀口	本江	厳
3	095	藤本 篤				1				1	1
3	099	桑原 和宏			1					1	1
3	142	久永 雅幸		1	1			1			
3	146	渡邉 拓也		1	1					1	
3	157	徳田 直之	1	1						1	
3	203	園田 啓介		1	1					1	
3	213	土床 拓也		1	1					1	
3	214	山内 祥吾				1	1	1			
3	242	菊地 悠介				1		1		1	
3	246	小林 啓明	1	1				1			
3	248	米盛 琴絵									1
3	281	波多野 現				1	1	1			
3	284	松島 雄太			1		1			1	
3	297	向井 正伸		1	1					1	
3	300	山本 悠介				1		1		1	
3	305	小林 輝之	1				1			1	
3	337	木下 一穂		1		1				1	
3	410	小澤 賢人	1	1						1	
		川崎 正博									
		國分 足人									
3	439	片岡 翔	1	1						1	
		野海 彩樹									
		安藤 広海									
3	493	今村 謙人				1		1		1	
3	504	川松 寛之			1			1	1		
3	561	大谷 洋介		1			1		1		
3	564	福島 巧也			1			1		1	
3	580	田中 祐太				1		1		1	
3	584	野津 佑紀				1		1		1	
3	590	関島 毅		1	1	1					
3	603	髭 貴政		1							
3	631	近藤 哲朗			1			1		1	
		長野 楓									
3	654	福岡 はすか				1		1		1	
3	675	小沼 慶典	1			1		1			
3	676	笠原 弘幹		1	1					1	
3	692	島崎 和也		1	1			1			
3	714	沖本 貴史			1		1	1			
3	715	上阪 亜沙美			1	1			1		
3	751	中村 洋志				1	1			1	
3	766	菱田 哲也		1	1	1					
3	776	岩寺 静香		1	1	1					
2	027	丹野 宏柄	1	1							
2	028	山田 康介		1	1						
2	048	小笹 雄一郎			1	1					
2	071	遠藤 孝弘			1			1			
2	080	所 芳昭	1			1					
2	087	鷲見 晴香	1	1							
2	102	芝山 雅子				1	1				
2	103	朽木 健二		1						1	
2	111	横田 純				1	1				
2	114	吉川 晃司	1	1							
2	123	伊藤 愛									
2	132	原田 雄次				1		1			

合計	ID	氏名	五十嵐	小野田	櫻井	竹内	槻橋	中田	堀口	本江	厳
2	134	畑端 直翔			1			1			
2	137	柿内 裕之	1				1				1
2	167	阿部 秀彦	1								1
2	171	千葉 光	1								1
2	204	吉澤 健一			1						1
2	211	滝谷 大輔			1						1
2	216	北川 裕一郎			1						1
2	221	皆川 豪								1	1
2	223	寺町 直峰		1				1			
2	224	清水 忠昭	1				1				
2	255	山本 航一	1		1						
		佐川 貴康									
		砂越 陽介									
2	256	今和泉 拓			1						1
2	265	佐藤 久子			1						1
2	288	小林 勇介			1						1
2	293	永野 真義				1	1				
2	302	鈴木 高敏		1							1
2	308	上園 宗也	1								1
2	316	武曽 雅嗣		1							1
2	339	姉小路 優美			1						1
2	346	溝渕 祥子			1	1					
2	355	川上 真誠							1	1	
2	356	永山 裕喜			1						1
2	383	真鍋 友理				1	1				
2	386	増田 晋		1	1						
2	392	鈴木 泰地		1							1
2	401	郡川 和加子	1								1
2	441	太田 潤	1	1							
2	443	増田 隼人		1		1					
2	488	幾留 温							1	1	
2	501	湯原 彰一	1								1
2	502	吉田 甫	1							1	
2	507	佐々木 望			1		1				
2	514	亀田 康全		1							1
2	519	野崎 尊	1								1
2	538	龍神 勇佑	1			1					
2	560	三木 真平	1	1							
2	565	神野 和幸			1						1
2	569	山田 愛		1							1
2	579	占部 安朗		1							1
2	581	濱田 くみ			1	1					
2	583	田中 修平		1							1
2	586	巣木 大輔							1	1	
2	587	須田 悠子	1				1				
		田附 昌也									
		前田 大輔									
2	610	三塚 悠		1							1
2	619	星 優希				1					1
2	622	田島 智久			1	1					
2	623	今村 怜子			1						1
2	626	中森 雄規					1				1
2	634	原田 智弘			1						1
2	641	二本柳 真里江				1			1		

合計	ID	氏名	五十嵐	小野田	櫻井	竹内	棚橋	中田	堀口	本江	巌
2	646	飯塚 さとみ						1			1
2	663	竹津 友香			1	1					
2	699	和泉 里沙							1		1
2	703	梶木 仁美			1			1			
2	706	谷口 誠規				1				1	
2	708	飯田 雄介	1							1	
2	746	宮重 達也				1		1			
1	013	青山 翼	1								
1	016	小野寺 美幸						1			
1	018	千葉 麻里江						1			
1	021	福本 遼							1		
1	023	斉藤 祐太						1			
1	031	森 純平						1			
1	038	日比野 圭祐				1					
1	043	山田 浩子				1					
1	053	岡 杉香						1			
1	057	西野 安香					1				
		畑中 真美									
		藤原 海									
1	085	椎川 恵太					1				
1	098	阪本 大賀		1							
1	117	筆野 望						1			
1	120	奥田 沙希		1							
1	122	四宮 健次							1		
1	129	緒方 洋平	1								
		金光 宏泰									
		和知 力嗣									
1	164	渡邉 純矢	1								
1	166	麻生 合歓				1					
1	168	金澤 潤						1			
1	169	国居 郁子	1								
1	174	和田 郁子						1			
1	175	黒田 潤一									1
1	187	田中 理恵				1					
1	193	森脇 由梨奈				1					
1	198	酒井 麻央									1
1	219	松本 透子				1					
1	238	小久保 亮佑						1			
1	244	出村 由貴子						1			
1	245	櫛田 由貴									
1	247	高木 秀太									1
1	258	竹森 恒平	1								
1	262	山中 浩太郎					1				
1	264	下大薗 将人		1							
1	267	寺西 正貴						1			
1	279	桑原 優									1
1	283	岩田 香奈			1						
1	289	細谷 脩太郎					1				
1	299	香川 翔勲					1				
1	301	相場 奈津子					1				
1	322	浮須 隆		1							
1	335	石井 健太									1
1	340	杉原 里菜									1
1	341	小泉 祥典	1								
1	348	原 一樹	1								
1	363	鈴木 康紘		1							
1	365	河合 雄介	1								
1	381	関谷 要				1					
1	390	蔵本 恭之									1
1	395	大田 聡				1					
1	402	江崎 舞	1								
1	403	田村 直己				1					
1	411	佐藤 謙太郎	1								
1	414	福原 一真				1					
1	422	小澤 良太									1
1	428	上原 正悟						1			
1	433	福口 朋子									1
1	442	二井 賢治郎						1			
1	446	坂根 みなほ			1						
1	459	斧田 裕太							1		
1	461	岡 友明						1			
1	463	宮崎 唯				1					
1	487	森 豊		1							
1	497	保科 渉				1					
1	500	渡辺 奈津子				1					
1	520	福田 和貴子						1			
1	536	齊藤 裕幸				1					
1	540	外崎 晃洋				1					
1	541	水口 朝博						1			
1	543	和田 翔太	1								
1	548	長尾 裕介									1
1	554	三浦 鏡介									
1	566	高橋 明史						1			
1	575	岸田 祥									1
1	591	上野 正明		1							
1	594	東條 巌						1			
1	595	塩入 勇生				1					
1	600	宮本 裕一								1	
1	606	勝又 啓太									
1	612	小清水 遥				1					
1	632	鶴崎 洋志				1					
1	648	宮城島 崇人				1					
1	662	松本 新吾									
1	665	寺岡 俊太郎						1			
1	669	木野田 千晴						1			
1	671	加藤 ユウ									
1	677	田村 潤一郎	1								
1	691	米山 夢衣				1					
1	693	藤川 裕子				1					
1	712	堀田 竜士								1	
1	725	鈴木 雅也	1								
1	733	高橋 伸明				1					
1	770	日野 晃太朗						1			

| 897 | | 得票総数 | 100 | 99 | 100 | 100 | 99 | 100 | 100 | 100 | 99 |

※色数字IDは予選通過者。※得票0票は未掲載。

| 少得票ながら予選通過

029—3—elephant
北海道の三日月湖沿いのランドスケープに挿入されたモニュメント。移りゆき消えゆく地形や風景の記録を刻む静かな建築。控えめながら力強い作品で、風景としてリアリティが感じられる。あとからじわじわと効いてくる残響のような魅力が後に評価された。

061—3—その窓はやがて道になる
渦巻き状に内と外が折り重なる商業文化施設。プログラムの設定に必然性が感じられないため票を集まらなかった。しかし、外から内にいくにしたがって、窓が小さくなっていくことによって生まれる不思議な奥行き感と、その空間体験のおもしろさが徐々に共感を生み始めて浮上。

062—3—島を遊牧する学校
漁村の離島にある小学校。集落全体に根を張るように引き延ばされた細長いプランが特徴的。果たして小学校として充分に機能し得るかどうか、プランニングには疑問が残るものの、過疎が進む漁村に人々をつなぎ止めるランドスケープ・エレメントとして小学校を位置づけた点がおもしろい。

095—3—別れ路
山里に計画された火葬場。模型からは空間的魅力が伝わりにくいため票を集めなかったが、平面計画に表現された内部のシークエンシャル（場面展開する）な空間体験のおもしろさが徐々に発見されて浮上。建物外観やアプローチのランドスケープ、さらに模型表現にもそのおもしろさが表現されていればと思うと少々残念。

146—3—深遠体
三重になった壁を1枚、2枚、3枚といろいろなめくり方をすることで、空間に奥行きとつながりを生み出す。壁面に限定した単純な操作ながらも多様な空間体験が生まれている点が評価された。壁が主題なのであれば、テクスチュア（素材感）や陰影の効果に対する配慮や、それを伝える模型表現ができていればもう少し上位に行けたか？

157—3—遊刑地
渋谷のスクランブル交差点に文化施設を建て、そのファサード（建築物の正面）に留置場の独房を貼り付ける提案。独房に囲まれた文化施設は、プログラム的にも空間的にも工夫に乏しいのが残念だが、「ファサードを埋め尽くした独房のつくり出す風景が想像力を掻き立てる」ということで予選通過。

246—3—名前の無い場所へ続く道
橋を交差点のような建築にする提案。周辺の文化施設へのアプローチ空間をチューブ状に引き伸ばし、寄せ集めた「ジャンクション空間」を構築。用途とデザインを結びつける必然性があまり理解できない。しかし、緩やかな起伏のある地形とチューブ状構築物がつくる空間は、意外と魅力的で評価された。

281—3—small world
UAE、ドバイの空港の計画。複数の単純な「リング」が重なり合う構成から出発し、ターミナル内部の旅客動線と飛行機を包み込むゲート部分の変形を調整しながら、徐々に最終形を導き出している。パネルとポートフォリオのみの展示だったため魅力が伝わりにくかったが、模型写真に表現されたターミナル内部は、なかなかダイナミックで魅力的な空間構成になっている。ぜひとも模型が見たかった。

300—3—orange
子どものための短期滞在型施設。身体性に訴える洞窟的空間を模索。起伏に富んだ壁面に囲まれた中庭空間が魅力的だが、その外周にある室内空間が意外と平凡。四角い箱で閉じたデザインにした点も、逆に多様に展開され得る空間の可能性を抑圧していたのではないか。模型（特に生き生きとした様を見せる人形たち）のつくり方は絶品。

337—3—ココロとカラダが動く
脳と体のための複合施設。テニスコート、ランニングトラック、サッカー場、プールといった平らなスポーツ競技場を、起伏に富んだ床面の連続帯とランドスケープで囲い込む構成。スポーツのプログラムが平らな地面で、文化施設のプログラムが起伏に富んだ地面という意外な事実を発見している。地形と建築の組み合わせ方が、実は非常に巧妙でうまい。

410—3—ランドマークリゾーム
浅草の隅田川上に概念的なランドマーク空間を構想する提案。都市スケールの風力分布シミュレーションなど、いろいろなリサーチや分析をやっているのが評価されて浮上した。が、結局、これが何なのか、都市空間や生活様式にどんな効果をもたらし得る場所なのかが、伝わりにくいままである。

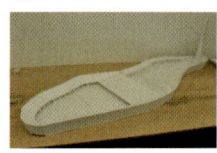

ボーダーラインを浮沈した作品たち

堀口 徹（予選審査員）

投票の後、再検討されて予選通過作品は決まる。ここでは、予選のボーダーラインを浮き沈みした作品について審査員のコメントを紹介する。

凡例　ID—得票数—作品タイトル（サブタイトルは省略）

561—3—ANAGRAM
3つの高層棟が微妙に角度をもって並び建つ孤独な単身者のための集合住宅。大小さまざまな開閉窓により、隣棟住戸との心理的な距離を調節できるようになっており、その心理的距離の操作が、建物ファサードとしても現れるところがおもしろい。

564—3—煙突のある風景
亡くなった祖母への思いから生まれた火葬場の計画。空に聳えるくびれた煙突(たたずまい)の佇いがなんとも言えず愛らしい雰囲気を醸し出している。煙突と対比的に、くびれたリング上に回廊を設けることによって、屹立する煙突と周辺の自然環境とを中和させている。静かながら、力強い意志を感じる作品。

714—3—揺れるように記憶する
「本が空間を埋め尽くす」系の作品は近年の流行であるが、壁面を本で埋め尽くす作品が多いのに対して、この案は一貫して床面すべてを本で埋め尽くしている。構造要素に邪魔されない、ひたすらに広い「ブック・ランドスケープ(床)」の迫力が、激しく踊るようなトップライトの「シーリング・スケープ(屋根)」との対比も相俟って、見る側の想像力を掻き立てる。しかしながら、そのことがすぐには伝わりにくい模型表現になっているのが悔やまれる。

715—3—case
1枚の仮想的なメンブレイン(膜)が、住宅での生活シーンや身体所作に応じて変形して住空間を構成するという提案。単一家族のための住宅として計画されているが、二世帯住宅や集合住宅など、より多様な主体(人々)が関わるプログラムとして取り組んだほうが、メンブレインの形態生成というコンセプトを発展させることができたのではないか。

751—3—Long Ring Long Land
木材を使った模型の造形力や、生活シーンの作り込みは雰囲気充分だが、肝心の個々の空間の魅力を探求しきっていないのが充分な支持を得られなかった要因。タワーと低層部の関係、小規模な建物のボリュームと外部とが入り組んだ分散配置になっていることなど、模型を作り込む前に、まずは平面計画や断面的な空間構成にもっと挑んでほしかった!

776—3—OUTSCALE HUMANSCALE からのはじまり
4段階の異なる規格の十字柱を構造体とする大規模ビルの提案。同一、あるいは類似する要素の反復により、均質な空間と、差異に富んだ空間とが共存する不思議な空間が生まれている。

114—2—廃墟は生き続ける
『つくばセンタービル』(1983年)が、設計者・磯崎新のドローイングに描かれた廃墟に至るまでの変遷を、仮想的にシミュレーションするという、コンセプチュアル(概念的)な作品。言説としての建築に挑むというテーマを設定した数少ない作品。五十嵐氏が評価。

308—2—再生医療都市
ローレンツ・アトラクタ[*1]のダイアグラムがそのまま実体化され、それも高層建築として、さらには再生医療センターとして立ち上げる提案。他に類を見ない発想と模型の造形力で予選通過。

386—2—セイカツノカタチ
コア[*2]とスラブ(水平材)で構成される高層集合住宅に、空間的な多様性を与えようという試み。地味ながら重要なテーマである。コアとスラブという原則を貫きながら、コアの分散配置(コアには縦動線以外にも、水まわりなどいくつかの機能空間が与えられている)とヴォイド(吹き抜け)によるスラブの切り欠き、そして室内の開口部といった複数のパラメータ(媒介変数)を操作することで、多様な空間を実現している点が評価された。

392—2—気配
彫刻家・リチャード・セラの彫刻作品のような模型が展示されているが、実は、スノコを使った実物大インスタレーション作品である。この手の作品につきものではあるが、実物大構築物の現場の迫力がより伝わってくるような表現方法を探してほしかった。でも現場の迫力と労力を想像しつつ予選通過を決定。

441—2—建築家の楽譜・音楽家の図面
建築と音楽の関係を探求するという作品。『横浜港大さん橋国際客船ターミナル』(2002年、A.Z. Polo&F. Moussavi 設計。デコンストラクティヴィズムの延長)や『住吉の長屋』(1976年、安藤忠雄設計。ミニマル)という、ある意味で両極端の建築作品を音楽的に解析。また解析手法を反転させ、クラシック音楽の作曲家・吉松隆の音楽を集合住宅として建築的に再構築。でき上がった空間に魅力が足りなければ、上位には行けない。でも音楽解析を空間生成に応用するという、他にないテーマ設定が支持された。

514—2—様相の明滅
既存建物の間の外部空間にスポンジ状の構築物を充填した作品。既存建物の存在感が前面に出ているのが不可解。既存建物を残した「充填的増築」ではなく、スポンジ状の空間だけで勝負してほしかった。スポンジを構成するユニットもきちんと設計されていた点が評価された。

581—2—老人と小さな都市の中で
高齢者のための居住施設の提案。個室から共有空間までの間にいくつもの層状の空間を挿入し、設定を変更することで、入居者が他者との距離感をさまざまに調整できる場所となっている。施設の全体構成と個々の個室の細かいプランニングとの両方を丁寧に考えているところが評価された。

註:
[*1] ローレンツ・アトラクタ:アメリカの気象学者エドワード・ローレンツが、大気の対流現象を研究するために提案したモデル(1963年)。
[*2] コア:オフィスビルなどで、階段、エレベータなどの縦動線や、トイレなどの設備スペースを、建物各階の一定の位置に集中して配置するのがコア・システム方式。この動線や設備スペースがコア・スペース。

得票は多かったのに選外

011—6—drapes house
線路跡地の細長い敷地に沿ってうねる2枚の壁の間に、集合住宅を設ける提案。敷地選定の着眼点と造形がマッチしているところから注目を集めたが、細長い建築だからこそできる居住空間の可能性に挑むことなく、慣れ親しんだ生活要素を造形の中に押し込んでいるため支持率が持続しなかった。よく考えてみると、異様なまでに長く連続する単体の建築である必然性も見出しにくかった。

006—5—ほどかれ
床と天井を消去し、壁だけの積層によって建築を構想。模型としては魅力的に見えるが、床と天井をなくすことで生まれる空間の可能性が充分に探求されていないし、消去した床と天井に置き換わる建築要素の定義がきちんとされていないことが、充分な評価につながらなかった要因か。また「都市全体に拡げる」というスケール設定も疑問視された。出発点がおもしろいだけにもったいない。

041—5—人の為の森、森の為の建築
山肌の地形に沿って折れながら連続する1枚の壁に居住空間を設けた滞在型施設。質感の表現にすぐれた模型の迫力が目を引くが、居住空間が意外と単調。内部と外部をダイナミックに組み合わせるなど、地形と壁面がつくる空間の可能性をもっと探求してほしかった。

229—5—或る街の残像
東京・新宿の闇市の猥雑さを維持したまま中層建築を考える提案。漆黒の模型はなかなかの迫力。でも密集市街地の環境の悪さを増幅させているだけにも思える。猥雑さの維持と、防災性、構造的補強、経済価値などとを両立させる提案であってほしかった。

604—5—官庁×象徴×中心
官公庁建築に対する批判的建築。官公庁に対する批評的な視点として象徴性のみを取り出しているが、民営化など、公的サービスを供給する主体の多様化といった問題も考えた場合、官公庁の空間構成や利用者構成にも積極的に踏み込む必要があるのではないか。その上で改めて象徴性の意味を問うような内容がほしかった。

666—5—都市という地形
行儀よく立ち並ぶビル街に対する強烈な批判。ワンフロアくらいの厚みのあるプレートが、掘り返した干ばつ地のように地面から躍り上がり、ランドスケープともビルともつかない地形をつくっている。しかしながら、結果として生まれた斜めの地盤と一体化した建築が、緑化やスロープ庭園程度にしか翻案されていないのがもったいない。

686—5—futon
くしゃくしゃに丸めた紙がつくり出す襞(ひだ)状の空間を住宅に変換してみようという作品。夥

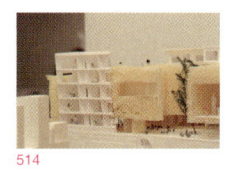

しい数を折り畳まれた内部空間だけじゃなく、ボコボコした外皮（外装）も身体を使ってよじ登れるランドスケープとして読み解いているところはセンスあり。くしゃくしゃにした紙を拡げた皺ひだ状のパネルの表現も可愛いらしい。いわゆる「癒し系」作品。でも建築的リアリティに多少とも歩み寄ろうという態度は必要。今後に期待。

020—4—50%
木材を使った大きな模型のリアルな表現は、実物に肉薄するものがあり、迫力満点。材木置き場のような場所に、ホームレス的な住み手を想定し、そこに置かれている資材の構成を自由に入れ替えながら生活空間を創造するというシナリオ。生活力の衰えた住み手に空間創造への過度な期待をかけるよりは、アーティスト・川俣正的なアートとして割り切ったほうがよかったようにも思える。

088—4—遊休の上のパレット
浦安の港湾にあるドックヤード（造船所）の倉庫のリノベーション（改修）。市街につながる陸地側ではなく、海側にパブリック（公共の）なインターフェイス[*3]を集約させた点がユニーク。既存の倉庫などを細かく作り込んだ模型に迫力はあるものの、肝心の新規挿入プログラムのリアリティと空間的な魅力に不満が残る。

179—4—厩舎と家
ホースセラピーのための入居施設。馬場を囲む壁に個室ユニットが、複数挿入されている。プログラム設定はおもしろいが、馬の空間も人間の空間もいまひとつ魅力的とは言えないため予選通過ならず。そもそもホースセラピーのための施設としては、入居者に期待し過ぎているところも少々疑問。

182—4—人と都市の間
予選通過とはならなかったものの、ご存じの通り、審査員平田晃久氏がファイナリストとしてすくい上げた作品。

185—4—flow・stock
鋼材の価格変動や入手の困難性といった経済変動を可視化する、鉄板を使ったランドアート。「でも結局は、鉄板資材置き場の魅力向上程度の意味合いしか見出せない」と思われた点が、支持率低下につながった。建設資材の流通ルートまで問題意識を拡げた点がユニークなだけに少々もったいない。

197—4—装飾と物質
エクスパンドメタル[*4]という2次元的エレメントを夥しく重ね合わせることで、3次元的な奥行きを生み出す空間実験。高密度に重なり合う中心部には異様な「空間のエッセンス」が凝縮されているが、重なりの密度が低くなる外周部に近づくにしたがって、単なるオフィスフロアのように単調な空間になっているのが残念。

254—4—『つぼみ』
屋根と壁が区別なく農地から連続して立ち上がる集合農家の提案。農業と生活の距離を縮めたいというテーマ設定は共感できるが、農業と生活の距離の縮め方とは、そもそも物理的で、直截的なやり方ではないのではないか？ また、農地を建築で囲い込むことで、逆に、周辺の地形と切り離すという結果になっている。テーマと解法に矛盾があるように思えるところがいまひとつ。

320—4—躍動する住宅
建築スケールの巨大稼働収納で戸建て住宅と外部空間の関係をシャッフルする提案。この操作を、住宅街全体に展開するというスケール設定に疑問が残る。外部空間でやろうとしていることと、内部空間でやろうとしていることの整理が不充分だったのか。むしろオフィスや学校といったプログラムで展開する方法もあったのではないか？

553—4—羽包み—ハグクミ
不透明な壁面の内装や外装の質感にこだわった模型は迫力がある。しかし、内部空間と外部空間の境界をきちんと定義していないことが支持率低下につながった。「内外の境界面をどこにどのように設定するか」という問題は建築の本質の1つでもあり、また最もおもしろい問題でもある。恐れずに内外をきちんと定義すべし。（出展者全員に言えることです！）

689—4—洞窟のようなビル群
乱立する高層ビル群を90度寝かせて、ボリューム（塊）とヴォイド（空き）を互いに重ね合わせるという発想が独創的。しかしながら、ボリューム内部と隙間の空間が、意外とどれも無個性で魅力に欠けているのが残念。

732—4—線ヲ刻ム
ドローイングによるドローイングのための思索的作品。すべて鉛筆手描きで2.5次元の編み物のような空間が表現されている。ドローイング作品ということになると、やはり建築家・D.リベスキンドの描いた『チャンバーワークス』や、P.アイゼンマンの描いた『ハウスⅥ』などのような批評性が感じられないと、卒業設計としての迫力には欠けるような気がする。1枚のドローイングが建築に新しい感性をもたらすことも事実だと思うだけに悔やまれる。

註：
*3 インターフェイス：別の種類のもの同士を結びつけるときの接触部分、境界部分。
*4 エクスパンドメタル：金属の板材を網目（菱型）状に機械加工した材料。

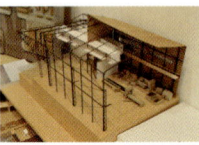

Preliminary round

ボーダーラインを浮沈した作品たち

Photos (pp.38-40) by TEAM SDL09.

2009 今年の傾向

個別審査と投票を終えた審査員に、投票とは関係なく、今年の出展作品の中から気になった作品を3つずつ挙げてもらった。2009年の出展作品の傾向と審査に対する予選審査員それぞれの視座がうかがえる。

時間経過で用途が変わる建築

076 サンカクスケール
岸 孝也
国士舘大学

東京タワーに関する提案は、3～4作品あった。テレビ放映開始50周年ということで、よくテレビに登場していたこともあり、今年らしいと思って選んだ。他の案に比べて、設計はあまりうまくないと思うが、東京タワーが横倒しになって、別の構築物になるというビジョンで、バカバカしく微笑ましい。

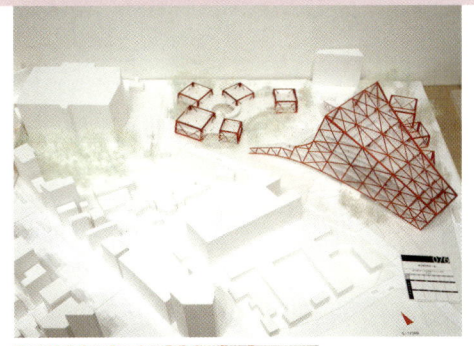

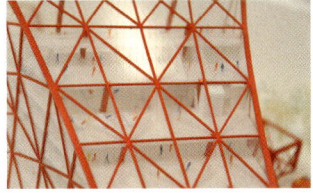

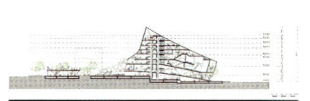

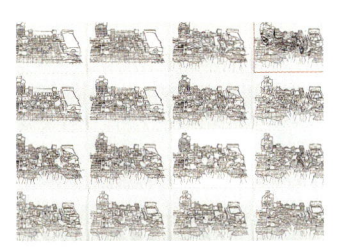

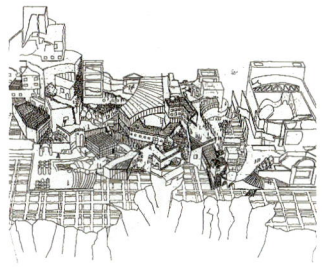

114 廃墟は生き続ける
吉川 晃司
筑波大学

コンセプチュアルな案に対する応援の意味を込めて選んだ。磯崎新設計のつくばセンタービルがモティーフ。廃墟になったイメージを磯崎自身が既に描いているが、それをさらにシミュレーションして、廃墟になり、増築され、また壊れ……と繰り返されていく案。ホテルが集合住宅になったり、広場が図書館になったり、プログラムも入れ替わる。コンピュータ・シミュレーション感覚で操作している。

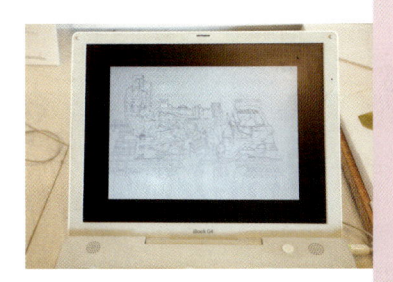

159 塔の目、うつるもの、物語
濱野 真由美
大阪大学

最初、灯台だったものが、戦争が起きて灯台守がいなくなり、博士が住んで天文台になる……というストーリーに従って、時間の流れと共に1つの塔の意味が変わっていく。ボックスは、画家マルセル・デュシャン風で、昨年の日本二・斧澤案を思わせる。がんばってプレゼンテーションし、自分の世界をつくろうとしている。

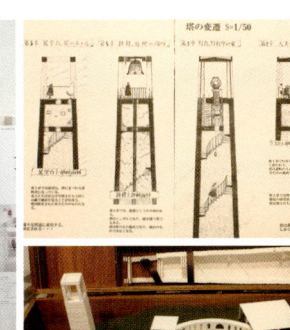

五十嵐 太郎

今年は、論議を呼ぶような変な案が少ない。大学内の審査段階で見て楽しみにしていた問題作が出展されなかったのが残念。コンセプチュアルな提案がもう少しあってもいいのではないか。時間の流れと共に建物の使い方が変わる、という案から選んだ。

Photos by Izuru Echigoya.

小野田 泰明

オフィシャルブックなどで昨年までの傾向と対策を考えて出してくる案が当たり前のようになっている。2巡めを迎えて、今後どう生き残っていくかが、この大会にも問われている。072は説教するための案、481・581は施設にふさわしいプランニングができている案として、選んだ。

他者にどう伝えるか

072
coLLierY
橋本 克也
大阪工業大学

月と人間がこの建築を使って関係するという案はおもしろそうなのに、それが伝わるプレゼンテーションになっていないのがもったいない。まず、図面がダメ。模型やイメージスケッチはうまいのに、それを建築に伝えるダイヤグラム*1が不足している。作者はそのおもしろさがわかっているのだが、それを他者にどう伝えるべきかという努力が足りない。

*1 ダイヤグラム：図式化。その概念を伝えるための図式。

481
programme2 − space with two programmes
矢崎 亮大
室蘭工業大学

コンサートホールと図書館の複合施設。アイディアはよいし、実際にできそうな気がする。内部で「クロスプログラミング」*2が起きそうなところを、平面上ではなく、コンサートがない時に図書館とするというように、施設の内部で実際に起こる出来事をクロスさせているところがよい。ただし、周囲の都市との連結に対する関心がまったくない。また、作者はアクティビティはわかっているが、音そのものがわかっていない。そのあたりを繊細に考えていくと伸びる案。いい発想は、必ず発展させていかなければ、決していい建築にならない。それをしていないのがもったいない。

*2 クロスプログラミング：本来意図していない目的のためにも、その空間を使うこと。

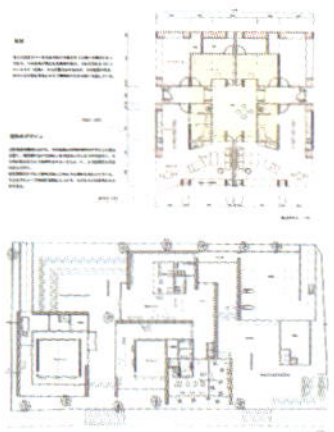

581
老人と小さな都市の中で
濱田 くみ
京都造形芸術大学

高齢者の福祉施設として、平面図をよく考えた、非常に明解な提案。中庭や半屋外空間などプランの調整の仕方はうまいが、周囲と隔絶し、施設単体としてまとめてしまったところがダメ。一度詰めたプランニングを、もう一度解体して、周囲の状況と共にまとめ直せばよかったと思う。一度できたらそれで終わりにせずに、何度も往復運動をしながらプランニングを詰めていくとよかった。

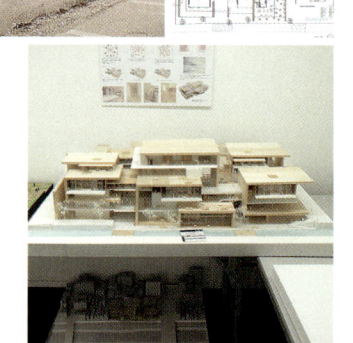

Photos by Izuru Echigoya.

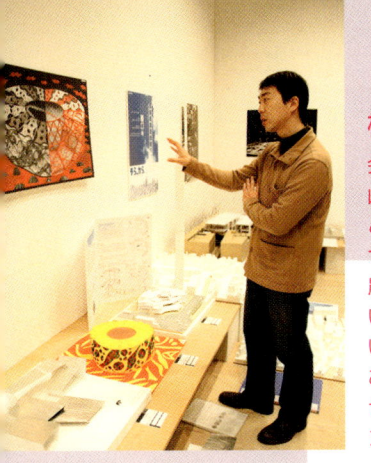

櫻井 一弥

会場全体を見渡すと、緩やかな山状の面を使っている「ヤマ系」とも言うべき形態のものが目についた。トレンドなのか、植物、農業を計画に入れ込もうとしているもの、ニョキニョキ立っているものも昨年同様かなりの数あったようだ。トレンドを意識せず、形態やプレゼンテーションに魅力のあるものを選んだ。

038
覚醒ボディーワールド
日比野 圭祐
愛知産業大学

建築というよりはアート。瞑想空間らしいが、空間そのものよりもこの迫力あるドローイング(パネル)にパワーを感じた。ポートフォリオを見ると、何がなんだかわからないのだが、人間の根源的なものを追求している。模型の黄色が少しポップすぎる傾向があるが、それがかえって、おどろおどろしいドローイングの存在感を際立たせている。

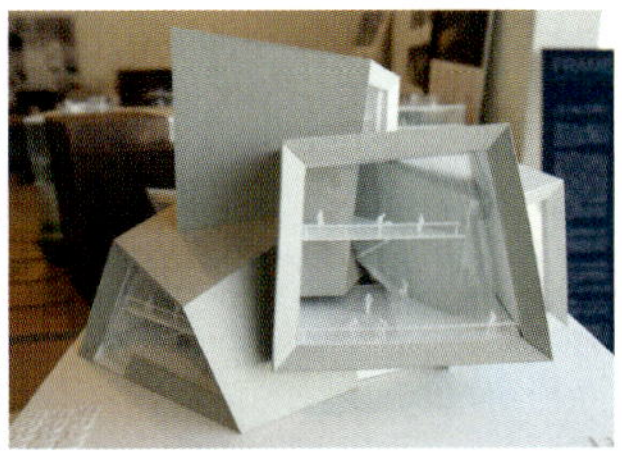

186
FRAME
金城 春野
琉球大学

建物の形態としては新しくはないが、とても玄人好みというか、模型の作り込みが美しく、完成度が高い。プログラムは商業施設だが、あまりプログラムの重要性は感じさせない。むしろ、造形の美しさがあるし、スケール感をちゃんと押さえ込んでいる。大型化する出展模型の中では小さいほうに分類されるが、充分に訴求力のある仕上がりになっている。

551
私がここにいるということ
谷口 勇貴
近畿大学

美しく仕上げられた模型から、形態の持つ圧倒的な力を感じる。
最初、墓だとは思わなかったが、墓地というプログラムは結果的に正解だと思う。アーチ型を追求して到達した建物の形態がすべて。壁面ファサードの植栽など、いろいろな付加価値を考えているようだが、ここでは邪魔に感じる。アーチを使った作品はいくつかあったが、その中で最もアーチの構成を生かした造形力が感じられた。

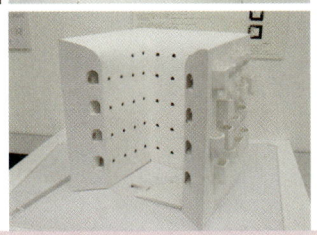

Photos by Nobuaki Nakagawa.

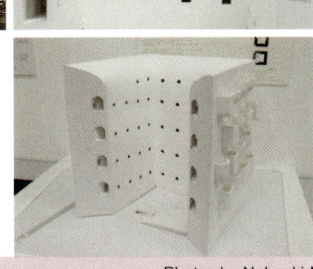

トレンドに迎合しない存在

竹内 昌義

力作は多いが、「こういう建築をつくりたい」という思いのほとばしる案が少ない。規模が大きいことに惑わされやすいが、規模の大きさは重要ではなく、やりたいことがハッキリしているのがいい案。力作でも票が入っていない案は、そのあたりがぶれている印象を与えたのだと思う。やりたいことをちゃんと表現するためには何をすべきかということが、大事なのではないか。
最も一般的に考えられる卒業設計から遠い作品、リアリティのあるスケール感とものとでつくっている案を選んだ。

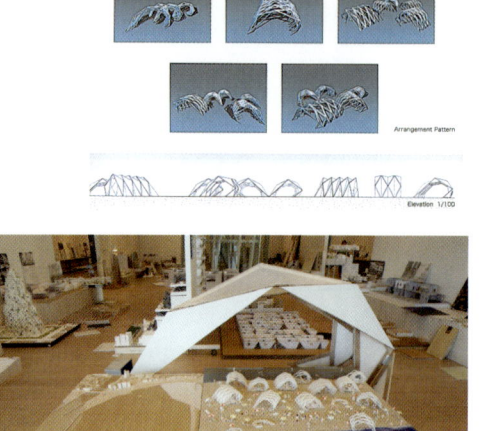

170 yadokari ―都市と海の狭間に棲む
正木 和美
慶應義塾大学

建築は実体のあるものだから、ものをつくる感覚がとても大事。抽象的な概念に置き換えて表現しようとする案が多いが、建築をつくる上ではスケール感、ものの大きさ、「これができたらどうなるだろう」といった実体が、もっと大事だと思う。この案は、実体として、ものづくりを考えている。

278 mid-skin
寺尾 准
桑沢デザイン研究所

実物大でものをつくっている案なので、実物をここに持ってきてくれたらよかったのに、と思う。実際に展示はできないだろうけれど。内部に空間のある「洋服」を着る、という実験的な作品。おバカに見えるけれど、こういうふうに、いろいろなことを実際に試すことが大事。

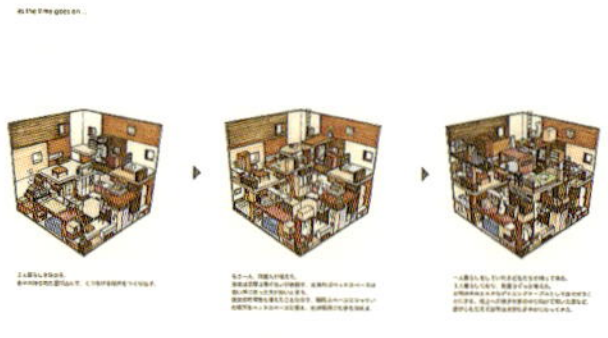

373 mono log house
林 真弓
滋賀県立大学

生活の身近にあるタンスを使って建築をつくる案。身近なモノのスケール感を使って難しい空間をつくろうとしているところがおもしろい。実際には成り立たない案だけれど、1つの世界観がきちんと表現されている。

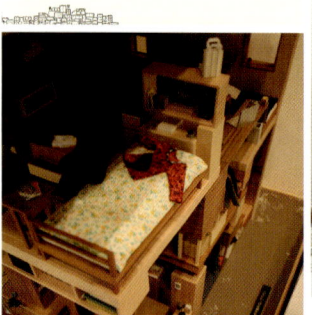

Photos by Izuru Echigoya.

ものづくりのリアリティ

テクニック至上

054
ソトナカ・ソトナカ・ソトナカ
吉岡 祐馬
東京電機大学

エッシャーの幾何学のルールをヒントにして、建築に翻案した作品。粗だったモノが密になっていく。「白→黒」「鳥→雲」のようにゲシュタルト*1的な二項対立の操作ではなく、もう1次元上の幾何学操作によって錯視を呼ぶ手法を取り入れて、うまく空間化している。幾何学的なルールを考える力を持った力強い提案だ。はじめてここに入った人が、一瞬にしてわかる幾何学のルールがあるところがすごい。

*1 ゲシュタルト：ドイツで提唱された視覚上の造形心理。

423
雪のさんかく
北林 さなえ
横浜国立大学

夏と冬の差が激しい北海道の住宅地。編み目になった三角形と入れ子になっている三角形とから構成され、家は半地下。冬の寒さが厳しいため、近隣関係の意味づけが一般的な場所と違う。冬は家にこもりがちなため近隣関係が育たないという。その近隣問題に積極的に取り組もうとしている。メッシュ状のところに氷ができて、光の回廊のようになる。近隣空間のあたたかみが魅力的。

656
THE SCARS OF WAR
―戦争という傷跡と記憶
鈴木 舞
昭和女子大学

戦争に関する図書館。スケール感がよいと思った。無数の本が収蔵され、建物は地下に埋まっている。通常はモニュメントになりがちなテーマだが、この案は、「戦争の原因は自分たちの社会の中にある」ということを感じさせる。この巨大なスケールを感じさせることによって、見る人に、戦争という存在の大きさをリアルに感じさせる。瞑想の雰囲気、自分では背負いきれない量、直接個人の死につながること……。メッセージを建築で伝えている。「戦争という亡霊」を一般化できる案だ。

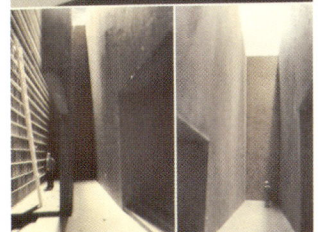

Photos by Izuru Echigoya.

槻橋 修

全体的に、模型が大きくなったので、レベルがとても上がった気がする。激戦ではないだろうか。出展作はもちろんだが、展示の仕方が魅力的で、去年より格段にレベルが上がっている。
出展作を見ると、模型の作り方やパソコンによるCGなど、プレゼンテーションのテクニックは身に付けているように思うが、そのテクニックをもてあましているような印象。論理的に建築を考えて形に結びつけるのではなく、何となくパソコン上で手が動いてできたような感じで、形態の中に意味が封じ込められていないモノが多い。テクニックに案の内容が追いついていない。

中田 千彦

全体的にレベルアップしている。徐々に、「俺の作品を見てくれ」度がアップしている気がする。作品に食いつかれそうなオーラが会場に漂っている。

作品からの強いオーラ

054 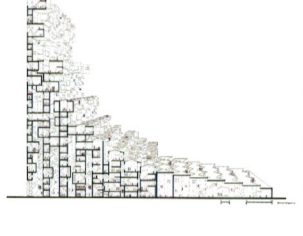 
ソトナカ・ソトナカ・ソトナカ
吉岡 祐馬
東京電機大学

小さな模型を見て、異様だと思った。抽象的、暴力的、図形的。都市との関係を敬遠する印象がうかがえる。その動機はどこかにある。そういう状況はイヤだが、設計することによって、嫌みな形が住み方などを通して、ヒューマンなイメージに急速に近づいている。その方法が新しい。エッシャーの絵が、それぞれのステップで変化していくように、だんだんとヒューマンなイメージを身に付けていくところがおもしろい。

194
Launching Pad 
関野 有希子
東京藝術大学

東京の下町、手工業が衰退する中で、地場の産業をどう盛り立てていくかという提案。それぞれの棟ごとに材料が決まっている物産館のような体裁で、1棟ごとに展示内容にふさわしい形態を与えている。吹き抜けが物干し台のようになっていて、展示品がぶらさがるなど、この町の性格を瞬時にわからせる。間合いのよさをとらえた瞬間芸のような建築。他にも似た作品はあるが、斜陽の感じのモティーフを救済するところがユニーク。

376
ほぐれる屋根の中で
太田 健裕
武蔵工業大学

こういう造形がいいかどうかは疑問。断面を見ると棒状の部材をくっつけて強度を高め、タタミイワシのようにして形態をつくっていく。窪みができたり、空いているところがあったり、光がこぼれたり、木陰ができる。しかしそれは素材と作り方の魅力であって、アイディアではない。建築的な工夫はないが、大きな面積を1つの方法でズケズケやる強引さが気に入った。都市の中に必要な「深い森」という、あまりにベタな問題提起とベタな解答。大人びていなくて、斜に構えていないところがいい。作者のほんとうの意図はわからないが、そんな人がいてもいいか。

Photos by Izuru Echigoya.

堀口 徹

今年から5階と6階の両方が展示に使えることになり、展示の密度が下がるかと思いきや、迫力ある展示になった。ひと通り予選の投票を終えた段階で、投票数100票のうち、30票残ってしまったという結果から、「強く訴えかけてくるもの」と「そうでもないもの」の差は歴然としていたように感じる。ここでは得票数とは関係なく、出展者自身の表現方法や世界観が出ているものを選んだ。

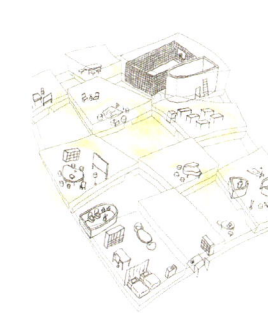

158
小さな丘と小学校
高橋 卓
多摩美術大学

「楽しそうだな」というのが、第1印象。この小学校は、床のない箱をいくつか地面から浮かせて、地形の起伏の上にかぶせている。そして、校庭が教室の中まで侵入してきている。学校全体が校庭であり、校舎でもある。小学校は、自分と違う立場にある他者とはじめて集団で過ごす場所である。この教室では、地面の起伏を残していることで、机を並べるクラスメイトの微妙な存在感が表現されているのではないかと思った。

162
50坪ハウス
寺嶋 利治
名古屋市立大学

住宅の存在する意味、可能性を探ろうとしている作品。人口減少による余剰空間の発生から、今まで自分の周辺になかったような余白や距離感を住宅に落とし込んでいる。
住宅内部・外部の機能が変化していき、墓になるという。他にも生死を扱ったテーマが散見される中、墓の存在を象徴的なモニュメントとしてではなく、生活空間を浸食する要素の1つとして扱っている点は、興味深い。

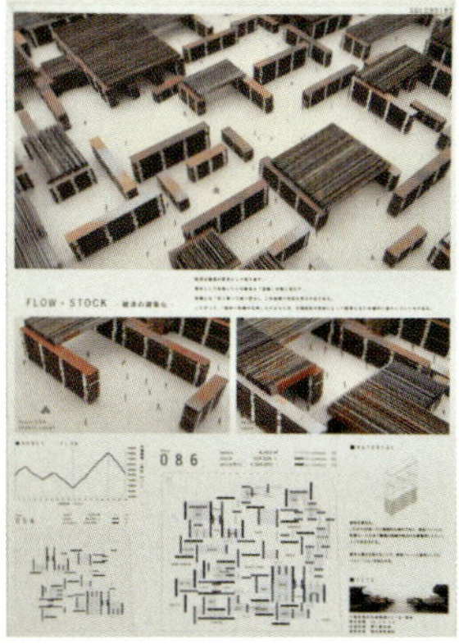

185
flow・stock—経済の空間化
木曽川 剛士
芝浦工業大学

建材のストックにより、「経済」という目に見えないものを可視化する着眼点がおもしろい。資材置場は都市の風景の中からなくなることはない。「在庫」という受動的な場と位置づけられる資材置場を、建材の配置方法の工夫により、能動的な風景としてつくり替えることに挑戦している。建設資材を単なる建築の材料としてのみ捉えるのではなく、経済を風景化する要素としてとらえているのがおもしろい。

あなたの表現する世界観

Photos by Nobuaki Nakagawa.

トータルなイメージづくりを

029
elephant
磯部 陽一
北海道大学

北海道の自然を相手に自然と文明の調停を試みる提案。ぐにゃぐにゃの川を治水して、川と人間との関わりをつくり出す。コンセプトが壮大なわりには、建築的操作が小さい。でも、スケール感と表現のトーンに知的なスマートさを感じる。タイトルの『elephant』は、「群盲象を撫でる」[*1]ということわざや慣用句である「elephant in the room」[*2]から導かれている。

*1: 目の見えない人たちが象の体に触って、それぞれが異なる見当違いの解釈をしたという話から。

*2: 誰の目にも明らかな問題に対して、誰もそれについて語ろうとせず、見て見ぬふりをする。問題を避ける。

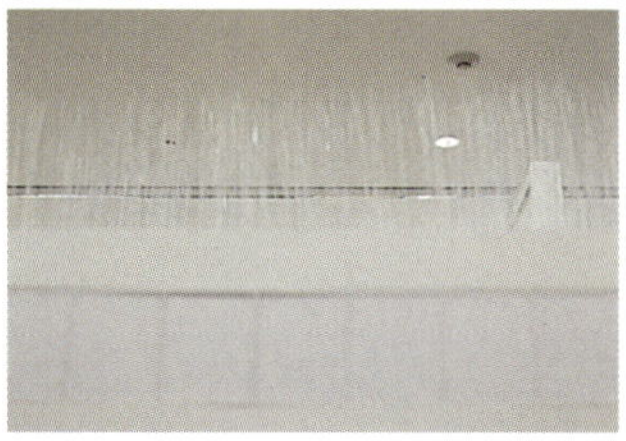

626
白紙の上の白線
中森 雄規
近畿大学

建物ではなく、カーボンロッドで構成するふさふさした毛状の屋上庭園。新しい都市のスカイラインを形成する。屋上の空調機や高架水槽を隠すために、看板や飾りを載せればいいというものではない。この提案のように、都市の屋上に風が吹けばゆらゆらとなびくような輪郭を与えるということは、見て気持ちのいい風景であるし、好感をもって想像できた。

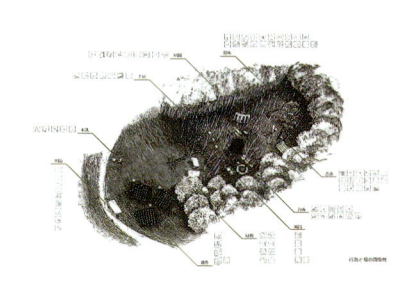

631
家のかけらは星屑となる
近藤 哲朗 / 長野 楓
東京理科大学

住宅の中にあったものが、家具レベルに分解されて、森の斜面に存在するという案。惜しむらくは、想定した森の地形の起伏が単調なことだ。崖や洞のように自然のかすかな手がかりをとらえた空間があれば、獣が生活のために獲得した場所のような、緊迫した存在感が出たかもしれない。「ある行為にふさわしい場所を自然の中にみつけて、いろいろな場所をつくる」という、可能性を感じる提案である。

Photos by Nobuaki Nakagawa.

本江 正茂

会場内には、物量作戦というべきか、「でっかいだけだな」と思わせる模型はたくさんあった。模型だけでなく、パネル、ポートフォリオすべてが連係して、共通するイメージをつくり出しているものに心を魅かれた。たとえば、ポートフォリオの外装に模型を連想させる仕上げがされていると、手に取ってさらに読み込んでみようという気にさせられる。

329
東京の寓話
加藤 夏美
武蔵野大学

票は入れていない。貧困層の住居。最近の現実的な社会問題に取り組もうという姿勢とテーマはいいが、模型と形態の表現には疑問が残る。こんな牢獄のように異様な建築が、都市の中に実際にできたらどうだろう？また、そこに住む貧困層の人々の実情にもう一歩踏み込んで、彼らの明るい将来像やそこへ至るプロセスを描いてほしかった。他人との交流もなさそう。

373
mono log house
林 真弓
滋賀県立大学

模型が印象的で、よく見ると細かいところまで作り込んでいる。モノがあふれる社会において「モノから建築を考える」というコンセプトだが、「人が生まれてから死ぬまでの間に、どのくらいのモノを持つのか」といった問題をどう解釈して反映しているかがわからない。ベスト3には残らないだろうけれど、楽しそうなところがいい。

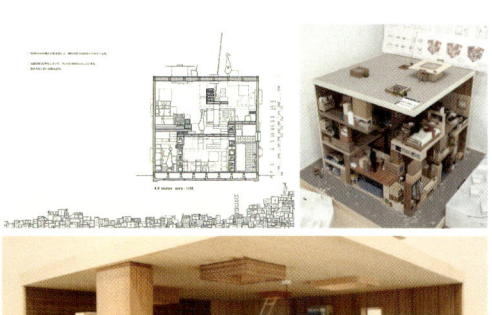

661
バベルの図書館
鎌谷 潤
東京工業大学

図書館だが、建築計画の視点から見ると、機能と形態の関係性に疑問を感じた。「本を読むから閉鎖的な空間に」と、形から入った印象。既存の給水塔のリノベーションをしたというのならわかるが、こういう形態になった理由に説得力がない。

厳 爽（ヤン・シュアン）

去年の入賞者の作品を意識している案が多いように感じた。また、生と死をテーマにした作品が多かったが、まだ人生経験の少ない学生が取り組むテーマとしては重すぎるのではないか。どれも充分に詰め切れていないように思った。その一方で、高齢者向けの福祉施設の案が多い。社会の現実問題に目を向けたところはいいのだが、いずれも表面的な解決に終わっている。今の医療や福祉、高齢者の実情にもっと踏み込んでほしかった。
模型が印象に残った案を選んだ。

もっとテーマを掘り下げて

Photos by Izuru Echigoya.

104 → 10

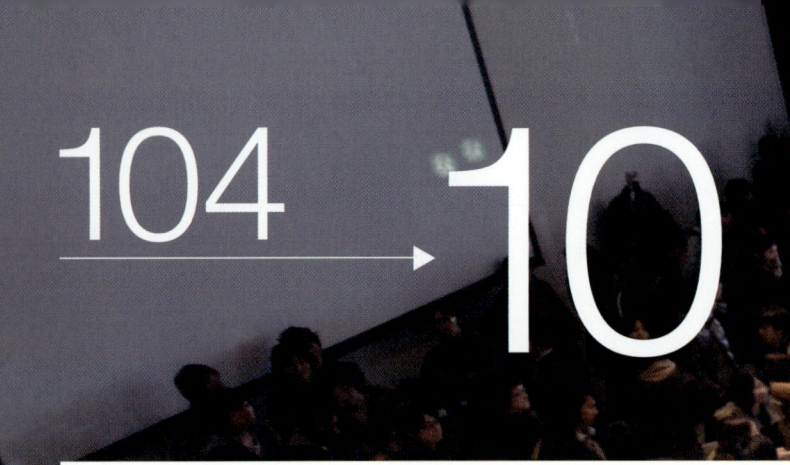

Semi-final round
セミファイナル

セミファイナルは、午後の公開審査（ファイナル）でプレゼンテーションのステージに立つ10組を選ぶための審査だ。各審査員は、それぞれ学生アテンドに案内されて、せんだいメディアテークの5・6階に分かれた展覧会場内を巡回し、前日の予選を通過した104作品を中心として、出展作品全部を一通り確認しながら審査。各審査員は、3点票10票、1点票20票をめやすに投票した。審査員の指示で、学生アテンドはそれぞれの審査員の色のシールを、作品の前に備えられた投票カードに貼り付ける。

投票が終わった審査員は順に6階バックヤードへ。投票の集計がまとまると、集計結果をもとにディスカション審査が始まった。

Photos except as noted by Nobuaki Nakagawa.

セミファイナル投票集計結果

合計	ID	氏名	難波	妹島	梅林	平田	五十嵐	槻橋	石田	馬場
18	226	鈴木 健史	3		3	3		3	3	3
16	373	林 真弓	3		3	1	3	3	3	
15	328	池田 隆志	3	3		3	1	3	1	1
15	656	鈴木 舞	1	1		1	3	3	3	3
13	050	千葉 美幸		3	3	3	3			1
10	521	須藤 周平	3	3		1		1	1	1
9	207	内山 昌太	3				3			3
9	208	牧野 正幸		1		3	1	3		
9	448	萩原 盛之	1		3		1	1		3
9	515	大野 麻衣	3			1	1	1		3
9	716	谷口 幸平	1	1	1				3	3
8	081	石黒 卓	3	3		1		1		
8	092	岡 慶一郎	1	3				1	3	
8	552	佐伯 周一				1		3	3	1
7	423	北林 さなえ	1				3	3		
7	530	黒田 良太 / 鈴木 芽久美	3	1						3
7	585	高山 祐毅			3		1	3		
6	008	夏目 将平				1	1		3	1
6	259	米倉 夏	1			3		1		1
6	329	加藤 夏美	1		1	3			1	
6	384	的場 弘之		3						3
6	661	鎌谷 潤				3	1		1	1
5	054	吉岡 祐馬				1	3	1		
5	058	柿添 宏		1	3	1				
5	105	若松 堅太郎			3	1				1
5	162	寺嶋 利治	1			1	3			
5	165	卯月 裕貴		3		1	1			
5	194	関野 有希子	3	1		1				
5	200	新 真弓				1	1	3		
5	276	政所 顕吾				1		3	1	
5	337	木下 一穂			3		1			1
5	409	花原 裕美子			1	3				1
5	481	矢崎 亮大			1		1	1	1	1
5	651	岩見 勇気					1		1	3
5	727	徳永 真丈	1	1			1	1		1
4	001	阿部 真理子						1		3
4	062	古市 のぞみ					1			3
4	091	藤本 由香利			3			1		
4	094	加藤 拓郎					1	1	1	
4	124	塚前 亜季子	1		1				1	1
4	145	木村 香奈江	1					3		
4	158	高橋 卓				3		1		
4	441	太田 潤		1		3				
4	511	福元 彩						1	3	
4	514	亀田 康全	1					3		
4	618	羽村 祐毅				1	1	1		1
4	705	石黒 裕子			1		3			
3	106	藤巻 芳貴								3
3	159	濱野 真由美					1		1	1
3	181	井手口 航			1			1		1
3	182	橋本 健			3					
3	197	矢野 龍太		3						
3	298	高坂 直人	3							
3	349	柳樂 和哉		3						
3	392	鈴木 泰地	1					1	1	
3	400	渕上 貴代		3						
3	690	稲田 真一			1		1	1		
3	715	上阪 亜沙美	1			1				1
2	029	磯部 陽一		1		1				
2	128	板谷 慎			1	1				
2	210	堀川 塁		1						1

合計	ID	氏名	難波	妹島	梅林	平田	五十嵐	槻橋	石田	馬場
2	236	赤池 友季子	1	1						
2	246	小林 啓明		1	1					
2	249	仁居 智子				1	1			
2	281	波多野 現		1						1
2	364	片山 馨介		1	1					
2	376	太田 健裕	1							1
2	389	脇本 夏子					1	1		
2	470	和気 聡志		1	1					
1	011	内藤 まみ		1						
1	025	伊藤 周平				1				
1	060	渡邊 明弘		1						
1	061	福田 悦子		1						
1	114	吉川 晃司				1				
1	138	畑 和博						1		
1	151	美濃 孝								1
1	170	正木 和美	1							
1	206	大中 愛子				1				
1	225	平川 紘司				1				
1	234	今城 瞬				1				
1	280	藤田 幸男				1				
1	289	細谷 脩太郎			1					
1	306	木村 敬義	1							
1	355	川上 真誠			1					
1	394	国松 えり	1							
1	402	江崎 舞		1						
1	410	小澤 賢人						1		
		川崎 正博								
		國分 足人								
1	480	小畠 卓也	1							
1	526	相馬 里陽					1			
1	551	谷口 勇貴				1				

合計	ID	氏名	難波	妹島	梅林	平田	五十嵐	槻橋	石田	馬場
1	564	福島 巧也			1					
1	569	山田 愛			1					
1	581	濱田 くみ								1
1	692	島崎 和也			1					
1	751	中村 洋志	1							
1	776	岩寺 静香							1	
0	044	影山 榮一								
0	063	二階堂 将								
0	095	藤本 篤								
0	146	渡邉 拓也								
0	157	徳田 直之								
0	186	金城 春野								
0	268	小林 加奈								
0	278	寺尾 准								
0	300	山本 悠介								
0	308	上園 宗也								
0	366	植木 貞彦								
0	386	増田 晋								
0	405	奥田 裕史								
0	466	山野 健太								
0	561	大谷 洋介								
0	714	沖本 貴史								
0	754	三上 裕貴								

		難波	妹島	梅林	平田	五十嵐	槻橋	石田	馬場
	3点票総数	10	10	10	10	10	10	10	10
	1点票総数	20	20	22	20	20	20	20	20
402	得票総数	50	50	52	50	50	50	50	50

※オレンジ色文字IDはファイナリスト。
※青字IDは予選未通過ながらも、得票のあったもの。
※ID182は予選未通過ながらもファイナリストに選出。
※━━ は、ディスカッションの対象となった得点のボーダーライン。

2009.03.08.AM
せんだいメディアテーク
5・6階ギャラリー
6階バックヤード

ファイナリスト選出のためのディスカション審査

本江：それではセミファイナル審査を始めます。議論に上りそうな作品のポートフォリオを床に並べました。得点合計が18点、16点、15点、13点、10点、9点……6点までで22作品。6点未満で審査員から「特に議論に上げたい」という声があったものも脇に並べています。難波さんからID298、妹島さんからID091、ID105、ID165、平田さんよりID158、ID182、ID400、五十嵐さんよりID441が推されて、合わせてちょうど30作品あります。この中からファイナリスト10作品を選びます。

基本的には高い点数順で決めていいんですが、例年のように議論を通して、どの作品の話を聞くべきか、決めていきたいと思います。上から得点順に見ていって、「通過」か「保留」か「落選」の3つに決めます。そして、保留のものを何回か繰り返し検討して、最終的に10作品にしぼります。では、最高18点獲得のID226『でっかいマドとながいドマ』。これは10人に残るでしょうか。

妹島：う～ん。（笑）

本江：迷っているなら保留ですね。次は16点、ID373『mono log house』。モノがびっしり詰まったドールハウスみたいな作品です。これはどうですか。

妹島：う～ん……。

本江：あの、詳しい批評はファイナル審査会場へ行ってからで、10人に残るかどうかという観点を中心にお願いします。

105 日本地方集落高層案

158 小さな丘と小学校

226 でっかいマドとながいドマ

400 オノマトペセンセーション

373 mono log house

328 下宿都市

Photos (pp.52-56models) by TEAM SDL09.

（一同笑）
難波：これは残していいでしょう。
本江：じゃあ ID373 はほぼ通過ですね。次から 15 点、ID328『下宿都市』。
平田：これはいいと思いますよ。
本江：はい、ID328 も通過。次、ID656『THE SCARS OF WAR—戦争という傷跡と記憶』です。地下に掘った戦争図書館です。
梅林：これはいいんじゃない。
平田：微妙じゃないですか。
妹島：じゃ、微妙という線で。
本江：ID656 は保留ですね。次は 13 点、ID050『触れたい都市』、「あなたは高層ビルに触れたことがありますか」という作品です。
妹島：ああ、あっちにあった山みたいな案と比べた方がいいんじゃないですか。
本江：5 点の ID105『日本地方集落高層案』ですね。全体のフォルムが似ていますね。
平田：断面計画的には、ID105 の方が正統派なんですよね。
妹島：そうそう。内部が大きく開いていてね。それに ID105 の方が大きいから、こっちの方がいいかな（笑）。
本江：じゃあ、得点は低いけれども ID105『日本地方集落高層案』ですか。
平田：でも建物としての迫力は ID050 の方があるかな、でもまあ……。
本江：両方残してもいいですよ。……では、ID050『触れたい都市』と ID105『日本地方集落高層案』は、同点で保留としますね。次に 10 点、ID521『聚合住宅—120 人の住む家』です。
妹島：私は選んでもいいと思います。
難波：僕も賛成です。
本江：ということで、ID521『聚合住宅—120 人の住む家』は通過です。次から 9 点、ID207『DOUBLE PLAN』はいかがですか。
平田：少し既視感がないですか。
梅林：う〜ん、僕も通さなくていいです。
本江：では ID207『DOUBLE PLAN』は落選。次に、ID208『小さく世界を拡大表示してみる。』です。

梅林：僕はこれ、いいと思いました。
本江：ID208『小さく世界を拡大表示してみる。』は通過です。次に、ID515『キラキラ—わたしにとっての自然』はどうでしょう。細長い大きな模型で、「セル・オートマトン」という、自然現象を単純化した計算モデルを使ってプランがつくられている作品です。
平田：あまり、これはよくないんじゃないですか。
五十嵐：僕は、これをつくった人の方に興味がありますね。
難波：でも、システムを使って設計している数少ない案だから……。
妹島：じゃあ、とっておきましょうよ。
本江：はい。では、ID515『キラキラ—わたしにとっての自然』は保留ですね。ID448『なにもないところ』です。
梅林：ID448『なにもないところ』と ID208『小さく世界を拡大表示してみる。』は傾向が似ているよね。
本江：ではこの 2 つは、あとで比較しましょう。次は、ID716『地形となりて 森となる 棲みか』です。
平田：これは、造形的にあまりよくないですよ。
妹島：落としていいですよね。
本江：応援する人はいませんか。いませんので落ちます。ここから 8 点、ID081『Re: edit... Characteristic Puzzle』です。
梅林：これはいいですよね。
難波：（うなずく）
本江：はい、ID081 は通過です。次は、ID092『都市のテントに住まう』です。

妹島：かわいいけどね。
梅林：こういう配置の作品は、たくさんあるよね。
本江：では、ID092『都市のテントに住まう』は、ID208『小さく世界を拡大表示してみる。』と ID448『なにもないところ』と同じ傾向の作品として、後ほど再検討します。次に、ID552『コンチク（根築）』はどうですか。
妹島：う〜ん。
本江：推す人がいないと落ちますので、ID552『コンチク（根築）』は落選とします。次から 7 点、ID423『雪のさんかく』です。
妹島：これは落としていいですね。
本江：では ID423『雪のさんかく』は落ちます。ID530『URBAN UPLOADING』です。「実際に山形の旅館を再生する」という作品ですね。
梅林：ちょっと……。
本江：はい、では ID530『URBAN UPLOADING』も落ちます。ID585『消失と現出』です。
梅林：僕はこれ、ええと思うよ。
本江：他の方はいかがですか。
審査員一同：う〜ん。（笑）

207 DOUBLE PLAN

050 触れたい都市

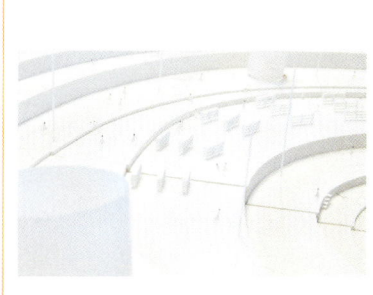

208 小さく世界を拡大表示してみる。

656 THE SCARS OF WAR—戦争という傷跡と記憶

521 聚合住宅—120人の住む家

515 キラキラ—わたしにとっての自然

妹島：じゃあ、保留で。
本江：ID585『消失と現出』は保留にします。ここから6点、ID008『浮島美術館は泳ぐ』。日本は島国です。小さい美術館があちこち動き回って、周囲と建物のつながり方が変わる作品ですね。
審査員一同：あ〜。
五十嵐：いや、残さなくていいんじゃないですか。
梅林：いらないね。
本江：ID008『浮島美術館は泳ぐ』は落選。ID259『少女たちの丘』はいかがでしょう。
審査員一同：う〜ん、落としていいんじゃないの。
本江：ID259『少女たちの丘』は落ちました。次に、ID329『東京の寓話』です。
梅林：これ、僕はいいと思うんですが。
平田：いいと思います。
難波：じゃあ、保留ね。
本江：では、ID329『東京の寓話』は保留。次に、ID384『Mt.Office』。
平田：これはよくわからないよね。断面図には、あまり共感ができなかった。
妹島：(難波氏と顔を見合わせて) これはあんまりね。
難波：(うなずく)
本江：ID384『Mt.Office』は落選です。続いて、ID661『バベルの図書館』です。図書館のタワーです。
平田：これは残しておきましょう。
中田：東工大っぽくなくていいかなと思ったんだけど(『バベルの図書館』の出展者は東京工業大学の学生)。(笑)
審査員一同：どうかな……。

本江：ではID661『バベルの図書館』は保留にします。

本江：6点の作品まで見たところで、繰り上げのID105を含めて15作品が通過・保留になっていますので、まだまだしぼっていかなければなりませんね。ここからは、各審査員の強い推薦により少得点で繰り上がってきた作品を含めて、進めます。あらためて、これは推したい、という作品があれば申告願います。
梅林・妹島：(ID165を指差しながら) これこれこれ。
本江：5点のID165『THICKNESS WALL』、これはキープです。
妹島：ID441も、いいと思います。
本江：4点のID441『建築家の楽譜・音楽家の図面』ですね。ということで、ID165とID441は選外から上がります。
槻橋：あと、ID298『壁中の出来事』は、難波さんが……。
難波：(首を横に振り否定) ……。
妹島：あ、そうなんですか。でもなんかちょっと……。ID091『3月8日天気は晴れ。』は……。
五十嵐：小説がモデルになっている作品。
本江：では、3点のID298『壁中の出来事』は落ちて、4点のID091『3月8日天気は晴れ。』は上がります。
平田：ID182『人と都市の間』は全然票が入ってなかったんですが、いろいろなものが反転している案で、おもしろいですよね。
難波：いいんじゃないですか。
本江：では、「平田推し」ということで、ID182『人と都市の間』は予選未通過ですが、上がります。

本江：あと30分で決めます。ではもう一度、通過・保留にした作品をアタマから見ていって、今度は10作品を選びます。最初に、ID226『でっかいマドとながいドマ』です。
妹島：落ちる。
難波・五十嵐・梅林：(うなずく)
本江：いいですか。応援する人はいませんか。で

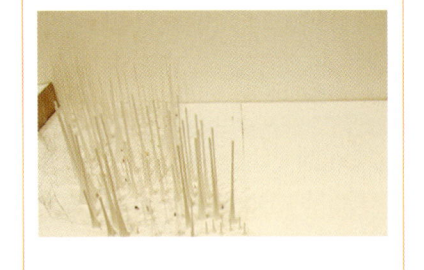

448 なにもないところ

716 地形となりて 森となる 棲みか

092 都市のテントに住まう

081 Re: edit... Characteristic Puzzle

552 コンチク(根築)

423 雪のさんかく

は、ID226『でっかいマドとながいドマ』は最高得点でしたが、落ちます。次に、ID373『mono log house』です。

梅林：いや、ID373よりはID328。ID373は話を聞かんでも、だいたいわかるし……。

本江：はい、では、ID373『mono log house』は落ちて、ID328『下宿都市』が当確です。次に、ID656『THE SCARS OF WAR—戦争という傷跡と記憶』、戦争の図書館です。

平田：図書館だったら、ID661『バベルの図書館』の方がおもしろいと思いますけど。

本江：まあ、2つとも図書館ですが、どうですか。

妹島：2つとも保留にしておいてください。

本江：はい。では保留にします。次は、山状の形態の案2つ。ID050『触れたい都市』とID105『日本地方集落高層案』です。

妹島：たしかにね、ID105の方が難しいことはやってる。

平田：う〜ん。ま、普通に考えるとこうなるんですよね。

梅林：これのプランでは、中心の方はどうなってるんですか。

平田：結局、それがうまく説明しきれてない感じなんですよね。

五十嵐：ID050の別のコンペ（設計競技）応募作品を知っているんですが、これとはまったく表現が違いました。だから、すごく幅のある人ですよね。はじめてCGを使って、このレベルだったらすごい力を持っている。

梅林：じゃあ2つとも選んで、話を比較しながら聞いてみませんか。

本江：2つ選んでもいいですが、ただ、ポストは10席しかないですからね。ではひとまず保留にしておきましょう。次が、ID521『聚合住宅—120人の住む家』です。

平田：これは、妹島さんの集合住宅と似ている……。

妹島：もうちょっとですかね。

本江：では、ID521『聚合住宅—120人の住む家』は落選です。

はい、次は似た傾向の3作品。ID092『都市のテントに住まう』、ちっちゃい標本みたいなテントの作品です。そして、ID208『小さく世界を拡大表示してみる。』とID448『なにもないところ』です。

梅林：ID208はまず、屋根があるか聞いてみたいわ。

（一同笑）

槻橋：ID448は、落としていいと思います。

本江：よろしいでしょうか。では、ID448『なにもないところ』は落選です。ID092『都市のテントに住まう』とID208『小さく世界を拡大表示してみる。』では、どちらがいいですか。

妹島：ID208『小さく世界を拡大表示してみる。』を当確にして。

本江：じゃあID208『小さく世界を拡大表示してみる。』が当確です。

石田：ID092『都市のテントに住まう』は、住居の単位はおもしろいんだけど、関係性に関してはただ置いてるだけなんだよね。

本江：ということで、ID092『都市のテントに住まう』は落選。厳しいですね。次は、ID515『キラキラ—わたしにとっての自然』です。

難波：僕は、つくった人間に興味がありますね。

妹島：あっ、それなら残しましょうね。

五十嵐：この人、おかしそうじゃない、なんか。

竹内：「人間に興味ある」って、今日の殺し文句ですね。

馬場：僕らも見てみたいけど……。

本江：では、ID515『キラキラ—わたしにとっての自然』は当確です。

梅林：なんかへんなのが選ばれたね。（笑）

本江：では、ここでちょっと確認します。現時点で、3つが当確（ID208/328/515）です。それから、似た傾向の作品2つずつが2組で計4作品、保留で残っています。そして、これから見る8作品から、5作品ほど選びたいということです。では、ID081『Re: edit... Characteristic Puzzle』です。

梅林：これはいいんじゃないですか。

難波：うん、いいですね。

本江：では、ID081『Re: edit... Characteristic Puzzle』は通過です。順にいきますよ。ID585『消失と現出』です。

梅林：プランが堅い割に、中がすごくゆったりした感じ。なかなかまとまってますよね。

本江：どうですか。まだキープ？

審査員一同：（合意）

本江：はい。では通るかどうかはわからないですが、まだキープということにします。

妹島：この2作品は決めていいんじゃないかと思うんですが、どうでしょうか。

259 少女たちの丘

585 消失と現出

329 東京の寓話

530 URBAN UPLOADING

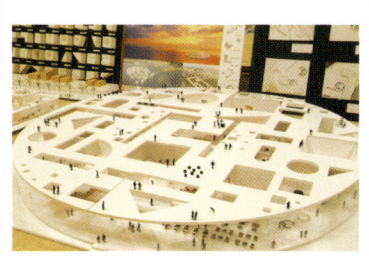

008 浮島美術館は泳ぐ一建物を泳がせるという手法による日本の港空間の再生

384 Mt. Office

55

本江：ID165『THICKNESS WALL』と、ID182『人と都市の間』ですね。これは通していいんじゃないかということですが、どうですか。
梅林：いいんじゃないですか。
難波：はい。
スタッフ：ID182『人と都市の間』は、予選未通過なんですがいいですか。
本江：いいですよ、みなさんがここで選んだので。

本江：今、当選確実が6作品（ID081/165/182/208/328/515）です。似た傾向の作品2組と1つが保留。これから見る4つの中から、2つぐらい選べるとよさそうです。どれがいいでしょうか。
審査員一同：う〜ん。
本江：「あれはどこにいった」という作品があれば、おっしゃってください。ID226『でっかいマドとながいドマ』。なんとなく、落ちてしまったんですが、これを復活させてもいいです。
平田・槻橋：いいですね。
本江：では、ID226を通します。
槻橋：保留のものは、どこですか。
本江：じゃあ、保留の作品をこちらへ集めましょう。あと20分です。では、当確の作品を、おさらいしておきます。ID081『Re: edit... Characteristic Puzzle』、ID165『THICKNESS WALL』、ID182『人と都市の間』、ID208『小さく世界を拡大表示してみる。』、ID226『でっかいマドとながいドマ』、ID328『下宿都市』、ID515『キラキラ―わたしにとっての自然』。以上の7作品が確定ですね。残り（ID050/091/105/329/441/585/656/661）から、あと3作品を決めます。

梅林：こっちの「山のセット」（ID050『触れたい都市』とID105『日本地方集落高層案』）がおもしろい。議論できそうな感じがするよね。
本江：「山対決」?! 2つ残すという選択もありますが、10しか席がないですからね。
妹島：音楽の作品（ID441『建築家の楽譜・音楽家の図面』）……聞きますか。
本江：おもしろいんだろうなあ、これ。
五十嵐：（妹島氏に）個人的には好きだけど、これを選ぶのは賭けだからね、思いっきり外す可能性がある。
（一同笑）

本江：今のところ7つ確定です。あと3つ選びたいです。
槻橋：全体的に、住宅系が多い感じですね。
本江：そうなんです。
梅林：（ID441『建築家の楽譜・音楽家の図面』ポートフォリオを繰りながら、妹島氏に）この音楽の作品、なんか単純にデータスケープ（地理情報をデータ化したもの）みたいになっていて、元の音楽をそのまま写しているだけのことじゃないの？
本江：わからないですね。
槻橋：音符の形がその断面になっているとかじゃないんですかね。

本江：どうですか。今、図書館の案2つ（ID656/661）と、山の案2つ（ID050/105）、それから、あと4つ（ID091/329/441/585）キャラが立った作品が残っています。この中から3つ選んでください。割と行儀のいい作品が残っていますね。
妹島：この辺はね。
梅林：ID091『3月8日天気は晴れ。』かID441『建築家の楽譜・音楽家の図面』で、ええんちゃうん？おもしろそうやん。
本江：ID091かID441ですか。
平田：この2案の対決っていうのは、なんかちょっと軸がずれているような。
（一同笑）
本江：変な軸だけどこれでどうか、というところ

661 バベルの図書館

165 THICKNESS WALL

298 壁中の出来事

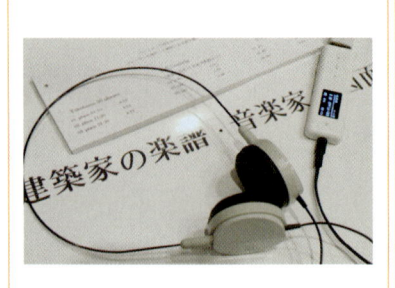

441 建築家の楽譜・音楽家の図面

091 3月8日 天気は晴れ。

182 人と都市の間

です。
平田：このID050『触れたい都市』は、決めていいんじゃないですか。
難波：私もそれは、いいと思います。
本江：ID050『触れたい都市』を通して、ID105『日本地方集落高層案』は落ちる。両方上げますか？
難波：いや、ID050だけで、いいんじゃないですか。

本江：では、ID105『日本地方集落高層案』は落ちて、ID050『触れたい都市』が当確です。あと2作品です。
五十嵐：社会的な施設の作品がないので、ID656『THE SCARS OF WAR―戦争という傷跡と記憶』を残したい気がします。
それから、音楽の作品（ID441）は、今回、確信をもてないので……。
（審査員一同納得）
本江：それでは、ID091『3月8日天気は晴れ。』とID656『THE SCARS OF WAR―戦争という傷跡と記憶』のアタマが出ています。残りを落としてよろしいですか。他の作品も、議論は充分に広がると思いますが、いかがでしょう。
石田：数は今どうなってますか。
本江：これで10です。
審査員一同：これでいいです。
本江：では、ID656『THE SCARS OF WAR―戦争という傷跡と記憶』とID091『3月8日天気は晴れ。』が当確ですね。もう一度ファイナリスト10作品を確認します。ID050『触れたい都市』、ID081『Re:edit... Characteristic Puzzle』、ID091『3月8日天気は晴れ。』、1冊の本から建築をつくる、谷崎潤一郎邸です。それから、ID165『THICKNESS WALL』、ID182『人と都市の間』、ID208『小さく世界を拡大表示してみる。』、ID226『でっかいマドとながいドマ』。なんか微妙な空気ですが、いいですか。それと、ID328『下宿都市』、ID515『キラキラ―わたしにとっての自然』、ID656『THE SCARS OF WAR―戦争という傷跡と記憶』。今、選んだ10作品の中で、「これは、他と似ているから落として、あっちを入れよう」という作品などがあればおっしゃってください。
（審査員一同、個々に検討を開始）

本江：今、敗者復活の議論の中で、ID585『消失と現出』が浮上してきて、ID165『THICKNESS WALL』とID182『人と都市の間』との3つで議論になっています。ID585『消失と現出』が復活しそうですね。
梅林：僕は、ID165がええと思うなあ。
妹島：じゃあ、ID182『人と都市の間』を、落としますか。
小野田：平田さんが推した作品が、落ちちゃうよ。
平田：いや、建築としておもしろい作品と、大きなスケールの作品とは、やっぱり両方あった方がいいんじゃないですか。ID182は画期的だと思うんですよ。ただ、それだけで終わっているのかもしれないですが。
本江：今、三つ巴（みどもえ）の議論になっていますが……。
梅林：ID182『人と都市の間』、ID585『消失と現出』、ID165『THICKNESS WALL』を入れて、ID091『3月8日天気は晴れ。』を落とす。これでええやん。
審査員一同：そうですね。
本江：思いがけない玉突きで、ID091『3月8日天気は晴れ。』が落ちました。

本江：ID585『消失と現出』が浮上しました。
梅林：予選未通過から復活しているのはどれですか。
本江：ここではID182『人と都市の間』だけです。では、めずらしく時間に余裕があるので、もう一度おさらいします。ID050『触れたい都市』、ID081『Re: edit... Characteristic Puzzle』、ID165『THICKNESS WALL』、ID182『人と都市の間』、ID208『小さく世界を拡大表示してみる。』、ID226『でっかいマドとながいドマ』、ID328『下宿都市』、ID515『キラキラ―わたしにとっての自然』、ID585『消失と現出』、ID656『THE SCARS OF WAR―戦争という傷跡と記憶』以上、10作品がファイナリストです。よろしいでしょうか。
審査員一同：はい。いいです。

本江：この10人に選ばれてもプレゼンテーションができない場合は、失格となりますので、その場合の補欠を選んでおきたいと思います。
梅林：じゃあ、最後に落ちたID091『3月8日天気は晴れ。』はどうですか。
本江：では、ID91を補欠1位とします。補欠3位ぐらいまでお願いします。補欠2位は、その前に落ちたID441『建築家の楽譜・音楽家の図面』でどうですか……。では、ID441を補欠2位とします。補欠の3位は滅多にありませんが、一応、決めます。ID329『東京の寓話』かID661『バベルの図書館』かID105『日本地方集落高層案』では、どれがいいでしょうか。
審査員一同：『バベルの図書館』。
本江：では、ID661『バベルの図書館』が補欠の3位です。ご協力ありがとうございました。
審査員一同：（拍手しながら、一様に）すばらしい！
本江：10分繰り上げましたね。

10→5

ファイナル
(公開審査)
プレゼンテーション＆質疑応答

Final round　Presentation>>Q&A

050　触れたい都市
千葉美幸　京都大学

Presentation・プレゼンテーション

みなさんは、高層ビルに触ったことがありますか。仙台にも高くてきれいなビルがたくさんあると思いますが、その壁面や柱に何回触ったことがあるでしょうか。超高層のビルだと入口以外には近づいたことすらないかもしれませんが、自宅やお寺の柱や壁には、もたれかかったり、触ったり、人と建築がつながっているような感覚があります。ヒューマンスケールをはるかに超えた都市には、巨大な壁面があり、私たちはその間を何か見えない力で動かされているような、そんな気がします。休むことも、留まることも、少ししにくくて、私たちと都市との距離は遠く、とても隔たっているように感じます。

そんなところから、「触れたい都市」を考えました。都市化した大建築に登ると、都市にもう少し近づけるんじゃないかと思い、この建築を構想しました。

建築には人が出たり入ったり、人は建築を見たり、建築は人から見られたりします。そして、環境として建築の範囲をもう少し広げると、ただ、通り過ぎる存在としてではなく、そこに佇んだり、漂ったり、うろついたりすることができるんじゃないかと思います。たとえば、背の高い大人が立って歩いていると、それは幼い子どもたちにとっては、全然知らない人です。でも、もしその背の高い人が座ったら、子どもはうれしくて膝に登ったり、抱きついたり、手をつないだりするんじゃないでしょうか。そういうふうに「建築が座ったら」とイメージしました。

敷地は大阪の中之島で、長期にわたって開発が進められているところです。この地域が再開発される時に、どのような高層建築を建てるかということから、この敷地を選びました。昨年秋、京阪中之島線が開通して、地下鉄の新中之島駅も計画されています。

プログラムは、駅の結節点として、また国際ビジネスゾーンと美術館のある文化ゾーンの中間点として、人と経済のうごめくオフィスと商業施設のコンプレックス（複合施設）を計画しました。オフィスというのは堅いイメージかもしれませんが、ワークプレイスはどんどん都市化してきており、レストランやカフェ、道路での携帯電話による商談なども包括し、今や都市と不可分です。むしろ人と経済が動く、都市そのもののような場所ではないかと思います。

構成としては、オフィスと商業施設の大きな基準スラブがそれぞれ19階と18階分あって、それが各コア[*1]に螺旋状に巻き付いて二重螺旋を形成します。さらに、オフィス、商業施設のスラブ（構造の水平材）は、基準スラブ同士をつなぐように600mmずつフロアが上がっていきます。また、閉じるべきところはコア・ストラクチュア（コアの構築物）の中に収められています。非常階段は40mグリッド上に載っており、エレベータ・コアは、6基ずつ入った2本のメインエレベータを中心に配置、トイレや倉庫やパイプスペース、ダクトスペースもコア・チューブ内に全て収められています。

システマティックながらも、カオティック（混沌とした）でヒューマンスケールな建築が都市の中に存在して、その建築は頂上まで歩いて登れる、そういう建築から見た都市というのは、今までと少し違う都市であってほしい。私たち自身の足元の一歩から始まるような都市であってほしいと思っています。

都市というのは、私たちが集まってできたもので、実はすごく私たち自身の延長上にあるもの。この建築に登ったら、もしかしたら都市に近づくんじゃないかと思っています。

註：
[*1] コア：コア構造による建物で、建物のコア（核）としてエレベータや階段、設備配管スペースなどをまとめて収めたスペース。耐震壁や構造材として活用する。

Q&A・質疑応答 ─────

梅林：プランの説明の中で、上がっていけるとおっしゃってましたけど、中を辿って上がっていくんですよね。

050：はい。中も歩いて辿っていけますし、屋外からでもすべて上までつながるようになっています。分岐もあって、一部プライベートな場所もありますが、公共の場所はすべて上まで登れるということになっています。

梅林：模型では階段とかあまり見えないんで、どうやって上がっていくのか、わからないんですけれども。

050：動線は、巻き付くように登っていくことができます。模型の床が肌色の部分を辿って登っていけるようになっています。実際には、スラブの高さが600mmずつずれていっているので、その段差に階段が2、3段入ってきますが、模型のスケールの表現上、省略している部分もあります。

五十嵐：今年は、結構、山型や塔状の作品が多くて、そのカテゴリーの中でこれがファイナルに勝ち残りました。他の作品と違う視点として、「触れたい」、つまり「高層ビルの壁に触ったことがありますか」という話を最初にしましたね。それは動機としてはすごくおもしろいと思います。具体的に模型を見ると、いろいろな方法で表現していますが、「触れたい」という最初の思いによって、外壁の素材やテクスチュア（材質感）について、どれぐらい具体的に考えていますか。

050：この作品は、フレームのような形とスラブとコア・ストラクチュアと柱で構成しているので、今は透明度の高い素材で作っていますが、テクスチュアについては、さまざまな素材が入ってきて、入居者や管理する人によって変わるなど、いろいろ考えられると思っています。

難波：近未来の都市の居住形態としては、すごくおもしろい、すばらしくエキサイティングな提案だと思います。けれど単純に見るとピラミッドの形をしていて、何か「一番上の人が一番偉い」みたいな（笑）印象がある。まあ、通常の集合住宅でも、上の階の方が値段も高いし、経済的な階層性みたいなものがありますが、この建築は、それをより強めるような形態じゃないかなと思うんです。そういう階層性についてはいかがでしょうか。

050：確かに上の方はグレードがアップするようなイメージです、上にいくほど狭くなっているので。そこに入居できる人はとても少ないかもしれません。ただ私はこの建築で、さまざまな場所をつくりたいと思っています。頂上の方は、展望ギャラリーなど、一般に公開されるようなスペースになっていますし、オフィスも上の方は、サービスオフィスといって、ネットカフェのように入って出ていける、そんな公共スペースに近いようなものを考えています。

難波：いや、その答えはとても優等生的ですよね。僕としては、「将来は非常に資本主義が発達して階層性がはっきり出てくるから、それを表現しました」って言ってほしいですけれどもね。

050：すみません……。

妹島：魅力的な模型だと思うんですけれども、どんなふうに大きさを積み上げる構想を進めていったのかを教えてください。

050：オフィスと商業施設の二重螺旋になった基準スラブが必ず外部に触れるように配置していて、その上下が重ならないようにエスカレータでつないでいます。そういう二重螺旋を形成して、1階と2階など、下の方は3本でつないでいき、だんだん上層階にいって面積が少なくなるにつれて、2本でつなぐようになっています。

平田：「手に触れる」という人の身体からスタートしている考えが、こんな巨大なものに結びつくという発想のあり方が非常にいいなと思いますね。ただ、中が暗いんじゃないかと思うんですが。さっきも説明していたとは思いますが、そのライトボックス（明かり採りの箱）というか、穴は、どこに開いてるんですか？

050：（模型を指して）ちょっと小さいかもしれないんですけれども、ここに大きいのが1つあって、そちらに中ぐらいのが1つ、こちらに小さいものを1つ埋めてあります。

平田：それがちょっとね、模型の形からは見えなくて。二重螺旋という通常の床のシステムと違う形でこういうものが積層していくのは、非常におもしろいんですが、内部までその論理を徹底させて、ほんとうにそれで乗り切れるのか、という疑問があります。内部のでき方をもっと考えたら、普通に積層している床ではない、この建物のあり方がさらに浮かび上がってくるような気がします。そこをもっと見たかったなとは思いますが、非常におもしろいと思います。

050：ライトボックスの部分は、こういうものを「埋め込みたい」という私の欲望みたいなものです。システムだけで組み上げていきたいという欲望にプラスして出してしまいました……。

平田：でもそれがあまり見えないじゃないですか。それだったらいっそのこと、その部分をわかるように表現すればいいんだけど、結局、埋もれてしまっている。その部分に関していえば、建築の姿として「全体をつくるシステムの強さ」を獲得していない気がしますね。

050：そう…ですね、はい。

Final round　Presentation>>Q&A

081　Re: edit... Characteristic Puzzle
石黒 卓　北海道大学

Presentation・プレゼンテーション

住宅地の再構成による集合住宅の提案です。10m四方のピースで空間を切り取り、そのピースを集めることによってできる、新しい住宅地の風景を提案します。

普段、何気なく暮らしている街で体感している空間というのは、さまざまに変化しながら連続しています。朝、玄関を出てから電車に揺られて会社に行き、見慣れた住宅地を通って帰ってくるまで、そんな空間の体験を1本の線でつなげて考えると、都市は網の目のようになります。僕は、このような都市と住居の空間の連続性というものをテーマとしました。それぞれに特徴をもちながらも、どこか均一化された空間の連続が「特徴のない風景」というものを感じさせるならば、その空間の断片を切り取って集め、再構築することで、その街をまた違った角度から見たような「新しい風景」をつくり出せるのではないかと思って考え始めました。

敷地は、北海道室蘭市沢町です。ここは市街地から沢伝いに細長く住宅が伸び、傾斜地を造成してつくられた室蘭初期の密集住宅地です。急傾斜地で、かつ非常に隣棟との間隔が狭く、古びた住宅地の様相を呈していますが、実際に行ってみますと、偶発的な場面との遭遇が非常におもしろかったり、暮らしにくいところはあるものの、共有空間をうまく使って生活していました。

そうした、優劣二面性をもった空間をそのまま切り取ってパズルのように組み合わせ建築化を試みます。街を歩いた感覚から、その空間の変化を10mおきに移り変わるものと捉え、一辺10mの正方形を単位としました。実際に歩いて特徴的だと感じた空間を、そのまま切り取って、そのピースを組み換えながら空間を再構成していきました。すると、正方形で切り取られた断面と断面が偶然にも出会い、そこでは、もともとひな壇だった石垣の壁に窓が開いていたり、地面の素材が次々と変化していったりします。たとえば、中央分離帯と家の縁側が隣り合えば、少し変わった庭で野菜が採れるかもしれません。半分に切り取られたビル、これは眺めのいいテラスになるかもしれません。石垣と石垣の間にできた狭い空間は、ひっそりと佇める自分の部屋になるかもしれません。

また、この建築は周囲に影響されながら増殖していきます。たとえば増殖する際に、隣接するピースによって、もともとある空間の特性は変わってきます。住宅脇の小道がさらに細い道とつながったり、あるいは広場の一部になったり、あるいは畑が広がってきたり、さらに増える時には、既存の建物を巻き込んで、既存の建物に隣接する形で、あるいは増築するように、ピースは増えていきます。隣接するピースによって既存の建物への影響は変わりますし、既存の建物が取り壊されれば、また空間は変化します。

このように空間はもちろん、素材も用途もどんどん巻き込んで、この建築は更新されていきます。このようにしてできた建築は、街の空間を集めた構造物でありながら、今までの風景を楽しく使っているようでもあり、街の風景をそのままたぐり寄せたような建築になるのではないかと思って設計しました。

あなたが住んでいる街ではどんなピースを切り取りますか。そこにはまた違った風景ができるはずです。

Q&A・質疑応答

難波：僕は今の説明を聞いて、「この案はいいなあ」とあらためて思いました。1つ気になるのは、一見すると、あなたの恣意的というか個人的な好みを完全に押し殺して設計しているように見えますが（それも一種の演出なんでしょうが）、10m角で切り取られたピースを集めて再度一体化する時、実はあなたの感性で調整するところがありますよね。もし、その点について自覚的に話ができるようでしたらお聞きしたいんですけれども。

081：敷地を実際に見て来た時に、そこに住んでいる人や、どんなふうに使われているかなど、その場所の空間の特性がとても具体的に見えてくるところがありました。ピースとピースを自分の経験を頼りに組み合わせようとした時に、想像をふくらませながら「ここではこんなことが起こるだろう」というふうなスタディを何百回も繰り返してやりました。そして、「恣意的な」という部分ですけれども、たとえば、寸法や造形について、自分で「おもしろく見えるだろう」と感じるところを意図的につくっていった面も確かにあるかもしれません。

難波：たぶん、あなたが具体的に切り取る時、変数の設定の仕方に、意図的な尺度が出ていると思うので、それについてはまた議論があるんでしょう。それにしても、この「都市と住居の空間の連続性」という切り口は、とても住民たちを説得しやすい方法だなと感心しました。

081：どうもありがとうございます。

妹島：この案はやっぱり「見たことがあるような、ないような風景」っていう感じが、いちばん魅力的だなと思うところですね。今の難波さんとのやりとりを聞いて、なるほどと思ったのですが、「どういうことが起こったらいいか」ということを、あなたの感性のどこかで計画したり調整しているわけですよね。それはどんなふうにコントロールしていったのですか？

081：模型の中の駅のホームで説明します。ホームの隣りに住宅があるんですが、駅のホームというのは、通勤の汗や煙草の匂いが染み着いていたり、いろいろなゴミの跡が残っていたりします。「そこに、もし洗濯物を干したらどうなるんだろう」というようなことを考えてみたわけです。また、その隣り側のピースに広場が設けられていますが、これは「駅のプラットホームと広場がくっついたら、駅のプラットホームの台はステージのように使われるんではないか」というような発想をしました。

梅林：僕もこう、なんていうかな、リアリティがあるというか、つくっているプロセスをはっきりイメージしていて、すごくいいなと思っています。ちょっと気になっているのは、土地の所有はどう

いう関係になっているかということです。ここには既存不適格の場所がいっぱいありそうな気がするんですけれど、そういうのは、考慮されてるんですか。

081：そうですね、あえてそういったことを具体的に考えてはいませんでした。できるものが既存の増築かもしれないし、新築かもしれないし……。その辺りは可能性として残しておこうと思っていたので、土地の所有に関しては、深く説明はできません。

平田：僕もこれを見て、すごく不思議な魅力をもってるなとは思うんですけれども、個人的には「これはいい」とは言いたくない立場なんですよ（笑）。なぜかというと、これには「自分の知ってるものとの距離」をどこに設定しているのか、という疑問があるんですね。知っていることの延長上に、しかしちょっと違うものができてるから、新しく感じておもしろいんだとは思うんですが。その意味で充分に新しいのかっていうと、さっきの説明で僕は全然納得できていません。どこがほんとうに新しいのか、あるいは、その新しいということ自体に対して、どう考えているのか、その辺りを聞きたいな。

081：僕がこの案で新しいと思っているのは、方法の部分です。たとえば、『メイド・イン・トーキョー』*¹ でいわれるような「東京」であったり、宮本佳明さんのいう「環境ノイズエレメント」*² のような、あり得ないものが隣接する現象というのは、空間的にいいところもあるし、悪いところもあるなと僕は思っています。この模型についても、その「悪いところ」を見出そうとして見れば、全体像は必ずしもいいとは思えない。しかし、「いいところ」を何か意図的につくる方法はないのかを自分で模索したということです。

平田：そういうサンプリングの方法論自体は、私はそんなに新しくないと思うんです。かといって悪いところを探して、「悪い」と言いたいわけでもないんですよ。むしろ、この作品の「いちばんいいところ」「ほんとうに魅力的なところ」をもっと説明してくれた方が納得できる気がするんですけれども。

五十嵐：コンセプチュアル（概念的）な手法自体は高く評価します。偶然性を装いながらも恣意的なものが混じっているけれども、全体としては、とてもうまく制御されていますね。ただ個人的には、最終的にでき上がる形として、「もっと異様なものを見たい」という期待があります。それと、どうしても切断面をデザインせざるを得ない。そこは今、流行りのポツ窓*³ で収めて解決している。

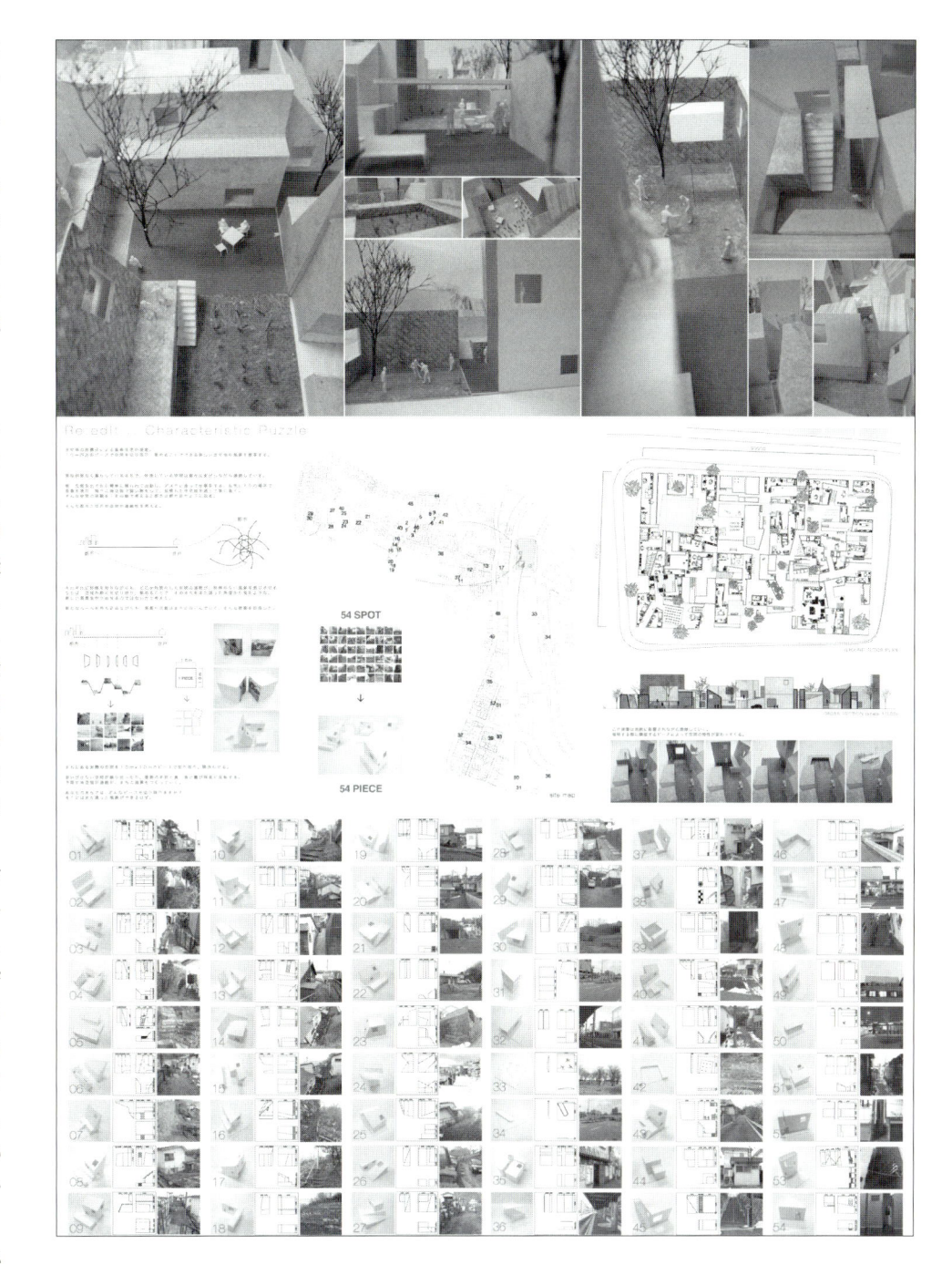

建築雑誌を賑わせている流行の価値観に近いもので、再構成されていますよね。あるいはサンプリングした元の写真を見ると、統一感がそれなりにあるなとも思いました。でも、なんかこの案はもっと気持ちの悪いものをつくり出せる他の可能性があって、むしろそっちの方向へ飛躍するケースを見たいなというのが僕の感想です。

難波：僕が反論するのも変ですけれども、要するにここに来ている審査員はそういう変な人が多いので（審査員一同笑）。僕は君のやりたいことのいちばんのオリジナリティというのは、やはり隙間に展開するいろいろなシーンだと思うんですよね。そういう視点で見ると、この案はすごくよく考えられているので、気持ち悪くなくていいと、

僕は思うんですよね。

妹島：さっき「風景」って思わず言っちゃったんですけれども、どっちかっていうと、模型を見た瞬間に「街の空間」が1個の建築になっているように感じたんですね。そこがおもしろいところかなと思います。

081：ありがとうございます。

註：
*1『メイド・イン・トーキョー』：独特な風景をつくり出している都市「東京」について、フィールドワークで集めた70の建物を軸にさぐる、塚本由晴＋貝島桃代＋黒田潤三の共著作（鹿島出版会刊、2001年）。
*2「環境ノイズエレメント」：建築家・宮本佳明が提唱した言葉。本来その「計画」が志向し誘導しようと試みた風景の秩序に生じた「計画のほころび」のこと。
*3 ポツ窓：圧倒的に大きな壁に対して小さくぽつんと開いた窓のこと。

Final round Presentation>>Q&A

165 THICKNESS WALL
卯月裕貴　東京理科大学

Presentation・プレゼンテーション

　壁は隣りとの境界として、通常は一様な厚さで存在しています。壁の向こう側には同じように空間があり、普段はあまり隣りを意識していません。意識しても、単なる位置関係上の「隣り」として認識しています。この一様な壁厚を不均一な厚さにすることで、近い・遠い、といった多様な距離感をつくり出し、いつも隣りに対して感じている感覚・認識をずらし、さらに、身のまわりにある光・音などのファクターによって多様な関係を生み出します。

　「認識のズレ」。壁に空いている開口を見て、僕たちは壁の厚みを認識します。違う奥行きの開口を見ます。今まで思い描いていた「一様な壁厚」は、「無数の厚み」となり、隣りとの距離の認識が揺らぎ始めます。

　「光、音との関係」。壁の厚みにより、空間と光との関わり方が異なります。また壁厚の薄いところでは、隣りの音や雰囲気を身近に感じることができ、四角い部屋の中では、状況に応じて、さまざまな認識が生まれます。たとえば、開口のない四角い部屋では、音の聞こえ方で壁の厚みを認識し、壁の厚みや隣りとの距離についての認識が生まれます。一方、今までは壁の厚い開口を見ていたため、隣りとの距離を遠く感じていても、隣りの音をすごく近くに感じると、隣りを近くに認識するようになり、自分の認識が揺らぎ始めます。

　この揺らぐような不均一な関係を活かして、さまざまな種類のプログラムが混じり合って隣り合う、メディアテークを設計します。平面的にゆったり広がった構成は、水平方向の移動をスムーズにし、壁厚がもたらす隣りとの距離のズレをより効果的に体験することができます。部屋同士の境界の壁を不均一の厚みにすることで、部屋同士には多様な距離関係が生まれ、また、同じグリッド上にあった軸線がずれることで、部屋ごとに方向性がバラバラになります。開口から見える隣りの部屋の壁、家具は軸線とずれて見えるので、それをいつも見ている人々は、空間を認識する感覚にズレが生じます。

　この建築では、空間的な特徴をもった3つのホワイエと、それをつなぐメイン・サーキュレーション（主動線）を核に全体を構成しています。

　「オープンギャラリー」。屋根にも薄いところと厚いところがあって、それぞれに開口が開いているので、場所によって光の状態が異なります。ここを訪れた人は、屋根の厚みが見えなくても、光の状態から、「屋根の厚み」というものを自分の認識の中につくり出します。

　「メインホワイエ」。ライブラリーのホワイエです。屋根のいちばん厚いところは、3mあり、薄いところは20cmとなっています。まず、厚いところを見た時には、外をとても遠くに感じていたのに、いきなり20cmの厚さになって外がギュッと近づくという体験によって、認識のズレが生じます。

　「アートホワイエ」。天井の厚さは均一ですが、天井に対して斜めに開いている開口と、天井面と垂直に開いている開口があります。それによって光の状態が異なり、今まで他の空間を体験してきた人は、ここでも自分の認識の中で、不均一な天井の厚みなど、さまざまな厚みを想像します。

　次に「レストスペース」です。1層目と2層目の壁厚は異なっていて、1層の上には、また別の軸線に沿った空間が載っています。壁の軸線がずれているので、壁の見える向きが変わり、ちょっといつもと違う奥行き感を覚えます。

　壁厚の違いによってさまざまな認識的・体験的な距離関係が存在するため、「壁厚の森」に迷い込んだような空間体験を味わうことになります。認識は体験の中で変化していきます。同じ部屋でも、認識の仕方で前に来た時と感じ方が違うため、空間体験も変化します。いつも過ごしている一様な厚さの壁で囲まれた空間では、空間体験もそこで完結してしまっています。ここでは、同じように壁で囲まれた空間でありながら、周囲と関係して変化する多様な空間となっています。

Q&A・質疑応答

妹島：自分がやろうとしていることを、的確に説明していると思います。そんなにパッと新しい提案ということではないのでしょうが、「全体が新しいタイプのワンルーム」のようだと私は感じました。箱をただ積み上げていくとか、くっつけ合わせたり反復させる方法に比べて、もう少し平面や建物を見て、1つの大きな形みたいなものをつくっている。だから、魅力を感じたのかな。それに、実際にそこを歩いたら、隣りとの関係だけではなく、外の光や音や、ほんとうにそこにあるやわらかさを感じられるような「全体」になっているんじゃないかと思います。

梅林：僕もすごくいいと思っています。ただ僕は関西人やけど、ちょっと味付けの濃い方が好きですね（会場笑）。たとえば、妹島さんの建築ぐらい薄いのから、カルナック神殿[*1]ぐらい分厚いのとか、もうちょっと幅があると、君が言う「厚みの質」みたいなものがもっと感じられたかなあと思いました。これは好みの問題とか考え方の差な

ので、あまり参考にはならないと思いますけれど、もし君のそのアイディアで展開するなら、僕ならそういうふうにするなと思いました。

難波：今、妹島さんがうまいこと言うなと思ったんですけれど、「箱」ですよね。私、「箱」の建築家ですけれども（p90参照）。空間のシークエンス（場面展開）が、とてもポエティック（詩的）で、美しくなおかつ一体感があるし、空間としては素晴らしい体験だろうと思います。でも、ちょっと建築をつくる上での変数が少ないかなあという感じもします。メディアテークとしていろいろな機能を入れるとのことですが、せんだいメディアテークと同様に、どのスペースも同じ空間で済むようなプログラムなので、ちょっとそこが物足りないところです。でもまあ素晴らしい、一種の秀作のような感じがします。これにもっと敷地の条件とか、街の中に置かれた時のコンテクスト（敷地状況や背景）とか、複雑な機能とかを入れていった時に、どう変化していくのかを見てみたいですね。ただ、もう1つ気になるのは、模型がどこもかしこも真っ白という点。ここでも変数が少ないのが、やはりちょっと物足りないですね。

槻橋：その辺はどうですか。これは白い壁でないとダメなのか。いろいろあるのか？

165：白は表現上のものですが、1つの素材で均一につくりたいということを表現しています。

平田：壁厚に関しては、非常に饒舌に手法を語っている一方で、屋根の厚みに関しては適当に厚くしたりしたんですか。それとも何か別の考え方で操作しているのか、その辺を聞かせてください。

165：屋根も壁と同じように外との境界面であって、その外との関係を考えて、壁と同じように厚いところと薄いところをつくっています。

平田：壁と壁の厚みのでき方は、箱と箱の隙間を充填している空間によって厚みをつくっているわけですか。

165：はい。

平田：屋根の開口にも厚みの差があってほしいという思いはわかるんですが、一方で屋根は、別の方法で操作しているということですかね。空間としてはとても魅力的だと思うんですが、一体どこにこの案のピーキーな部分（いちばんの特徴）があるのかを、僕自身は、今ひとつ見出しきれていません。もしかしたら、壁面だけに穴を開けるということに徹して、全部やるという方法もあったのかなとか。いろいろ考えさせられるような、おもしろい提案だと思います。

五十嵐：最初のアイディアはとても素晴らしいと思います。可能性を感じました。ただ、見せてもらった建築の模型だけで考えると――模型は実寸大ででつくれないから難しいと思うんですが――、もう一息ほしかったという気がします。もし、自分が考古学者でこんな変な壁の建物を発掘したら、とても興奮すると思います。そんなふうに、空間の現象として「どこまでいくんだろう？」とワクワク想像させられる反面、「もっと光の効果について納得させてほしい！」というところで、まだ完全に納得できてない部分もあります。

石田：光の操作というのも、空間をつくるとても重要なファクターになってるような気がするんですが、ここでは単純なポツ窓と直射日光が基本になっていますよね。光もいろいろ操作できると思うんですけれども、その辺の形式を単純化して、ポツ窓と直射日光だけを考えたのか、それとも、もっといろいろなことを考えたのでしょうか。

165：基本的には、単純に開いた開口がメインです。それが厚みによって、厚いところであったら教会のように伝わってくるやわらかな光であったり、薄いところだったら強い光が入ってきたりと、壁厚だけで非常に多様な空間をつくれるので、そのポツ窓だけです。

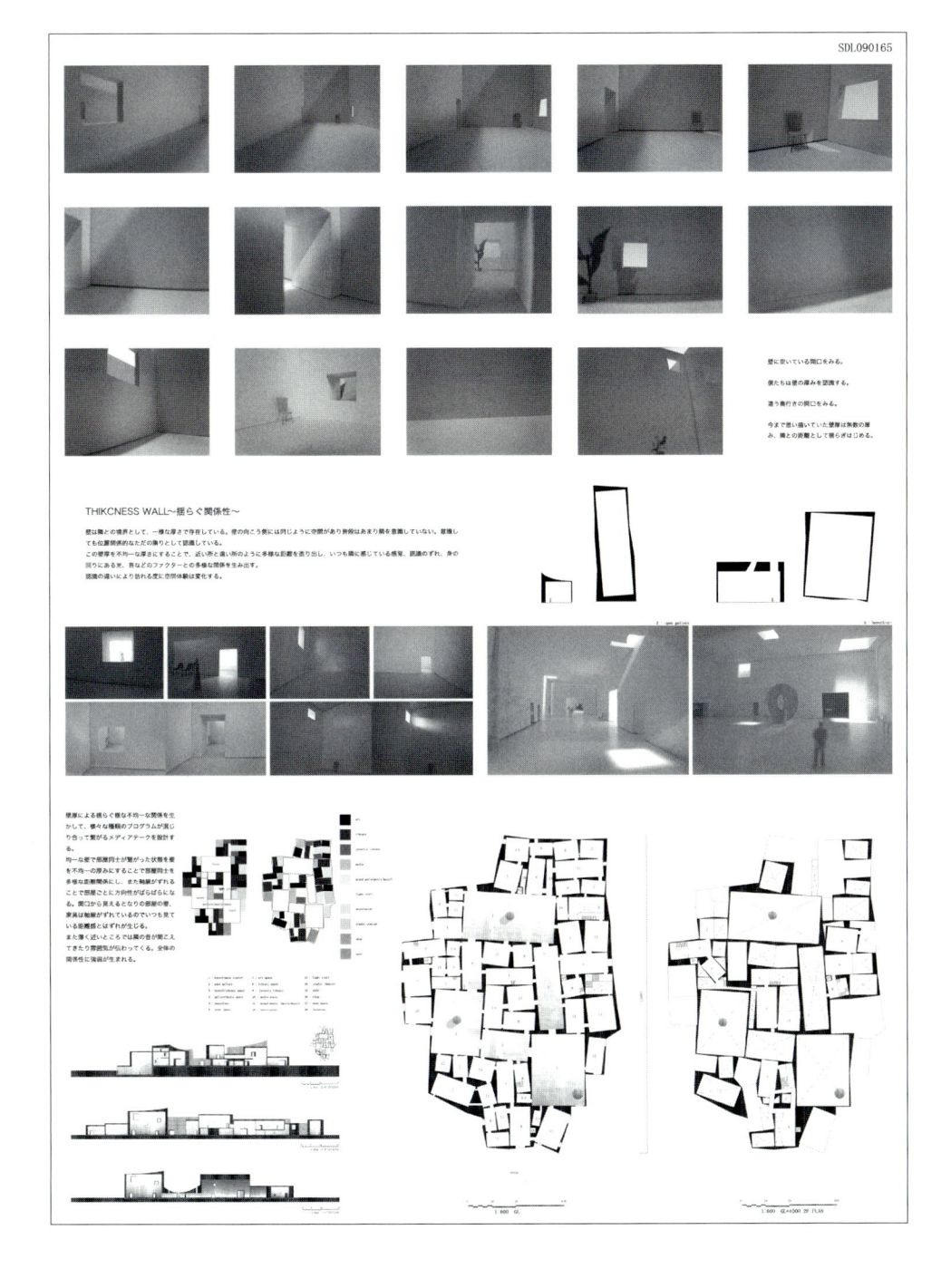

註：
*1 カルナック神殿：エジプトのテーベ近郊、カルナックにある古代エジプト最大の神殿。紀元前2000年頃から2000年にわたって、拡張、取り壊し、修復を繰り返してきた。

Final round　Presentation>>Q&A

182　人と都市の間
橋本健　法政大学

Presentation・プレゼンテーション

　僕は「建築計画と都市計画の間」の提案をしてみたいと考えました。

　敷地は、東京都新宿区大久保。古くからの屋敷町、路地をたくさん残す1ブロック分の領域です。現在、住民の半数が外国人です。また、開発によって古きよき大久保の面影は少しずつ失われています。街空間の過密具合は、ブロックの表側にあたる太い道路側は、道路脇までぎっしり建物が並び、裏側にあたる路地空間はところどころ空いた状況になっています。また、商業施設は表側、文化施設は裏側という区別もあります。大久保の表と裏、この区別に着目し、都市計画と建築計画の間を提案します。

　コンセプトとして、「表の論理、裏の論理、表裏の論理」という3つのアプローチを考えました。表とは、大通りに面した中層ビルが並ぶ「都市寄りの領域」、裏とは、多くの路地が巡り低層住居がひしめく「建築寄りの領域」です。表裏とは、その両者の間の移動、つまり交通空間を意味します。

　今回、街の記憶の再生を図るために、反転という操作を行ないました。「表」「裏」「表裏」、これら3つの反転について説明します。まずは「表の反転」です。これは、中層ビルが林立する表の空間を低層にして、都市的な表を建築的な裏にまで引き込もう、という意図です。敷地の断面形状は、現在と凹凸を反転させます。表と裏は、その区別を残しながらも、互いに浸透し合っていきます。次に「裏の反転」です。住宅とその余白（路地や空き地など建物のない部分）とを反転します。つまり、既存の住宅群を型枠として考え、その余白に液体を垂らしてそれが固まった物体のようなイメージです。新しい計画では、型枠から取り出された物体が建築となります。「裏の反転」が徐々にブロック全体に浸透し、広がっていく様子を図示しています。既存の路地という余白が建築に反転する。この操作によってできた建築は、かつて路地が持っていた記憶をその内に持つようになります。この建築のつくられ方は、自然発生的な都市のような生成方法です。最後に「表裏の反転」です。これは表裏の交通を司る車を中心とする道路を歩道と反転することです。住居領域から車が侵入できない領域をつくります。ドイツなどで行なわれている人車分離のライドアンドパークシステムが住民のための屋外空間をつくり出すことに成功している例を見ても、充分に現実性があると考えられます。丘状に緑化された屋根面は、最低限の車道を除けば、残りのほとんどが公園となっています。

　既存の住宅が反転されたヴォイド（空いた空間）について説明します。反転されたブロックには、S、M、L、3種類のヴォイドがあります。Lが都市の庭、Mが近隣の庭、Sが家族の庭です。これらは丘に開けられたさまざまなヴォイドの大きさと質によって分類されています。Lサイズの都市の庭は、都市公園、災害時の避難所でもあります。街と一体化した緑地公園は、住民の帰属意識を強めるだけでなく、他の地域から訪問者を呼び、これによってこのブロックはより、活性化するでしょう。Mサイズの近隣の庭は、近隣住人や関係者専用の庭になります。庭の上に空間が広がるので、近隣関係でダイナミックな運用ができます。Sサイズの家族の庭は、建物を利用している人の庭になります。これは建物内部に屋外を引き込み、屋外と人をつなげてくれます。また、この庭は、人と人との関係を時に離し、時につなげる役割も果たします。

　ここからは、平面計画について説明していきます。「道の更新」。既存の道は、更新されていく最中も使用されます。更新が完成すると、これまで車が通っていた道は、人が迷わないための道しるべとなります。「庭と庭をつなぐヴォイド」。建物と建物を道でつなぐのではなく、連続する庭によってつなぎます。「視界でつながる庭」。庭と庭を直接つなぐのではなく、視線によってつなぎます。つまり、周囲の住人の視線がぶつからないように計画して、共有できる中庭をつくります。中庭を囲むヴォイドは連続し、1つの住宅がいくつもの庭を所有しているように感じられ、内部と外部のレイヤーが重なります。ここで断面図を見せながらプレゼンテーションを終わりたいと思います。

Q&A・質疑応答

平田：すごくおもしろいと思います。まあ、敗者復活が起こるとおもしろいなという面も正直あったのですが（この作品は平田氏の推薦により予選未通過ながらファイナリストに引き上げられた）、この案は充分、それに値する「質」を持っていると思います。先ほどのID081の発表にあった「既存の街並をサンプリングしてきた」方法論と、ある意味で似ている部分もありますが、この作品は、知っている形を使って、今までまったくなかった風景や関係性を生み出し、しかもそれを「あり」だと感じさせる「質」を持っていると思います。こういう場所があったら、ほんとうによさそうだなと僕は魅かれました。

難波：平田さんが言ったように、ID081の作品と方法は似ている。それを「ネガ・ポジ（凸と凹を）反転する、高さも逆転する」という、見方によっては、かなり暴力的な方法で展開しています。まあ新宿の大久保だからそのぐらいのことをしてもいいのかな（笑）。屋上が植栽されていて、ランドスケープとしてもとても快適そうだなとは思いますが、やはり僕には、形を変えた巨大再開発だという印象が拭えません。ですから僕としては、石黒案（081）に魅かれますね。

妹島：うーん難しいなあ。非常に魅力的だし、よくできているんですが、やっぱり「全体の印象が強いだけ」という感じがします。3つの庭の反転というのもちょっと気にかかっていて、何でも反転すればいいというものではないと思う。それから、こんなふうに穴があるのも、風はどうなるのかなとか、避難はどうするのかなとか、いろいろな疑問がわいてくるんです。1つ1つの部分を見ると、とても気持ちよさそうなんですが……。最初に「穴を開ける」という手法をとった時点で、すべてがもう決められちゃったというか……それが「ルールが全体を決めていくような強さ」までをも決定づけてしまったような感じがするのかな……。

槻橋：ご本人は、今言われた「ルールが全体を決めていくような強さ」についてどう思いますか。

182：暴力的だとかいろいろ言われたんですけども、やはりこの新宿の大久保の敷地でやることが大前提だったので、新宿だからできる、この場所だからできる「反転の提案」をしたつもりです。その中でも「都市に対して丘が広がっていく」と

いうのは、最も僕が表現したかったことだと考えています。

梅林：僕もポートフォリオで見た時、すごくきっちりできているなと思い、平田さんが非常に推すんで、ええかなと思ったんです。オペレーションというか手順をザッと説明してくれましたが、これぐらい巨大になってくると、場所も新宿だし、実際につくる上では、たくさん破綻するところが出てくるのではないかと思います。すると、それに耐え続けられるほど「丘」というダイアグラムに「力」があるのか？という疑問も出てきます。強権的に「まず、丘だ！」というぐらいに決め込まないと成り立たないんじゃないかなと思うんですが……。新宿が「これどうですか？」と言われて「はい、わかりました」とすぐやるような人の集まりとは思えないのですが。

五十嵐：「悪くはない」というのが感想で、力もあるし優秀だなと思います。ただ、こういう場所を選んで「反転」させるという手法は、卒業設計ではよくありますよね。たぶん、あなたはそれでは足りないので、さらに「二重、三重の反転」を仕掛けたんでしょうね。そこに、この案のおもしろさがあるし、かつ手法のマニエリスム*¹でそれをやり切る力もあると思います。一方で、そこまで手法をドライブ（展開）させたなら、「その反転に次ぐ反転に、反転というがレイヤーが3層あって、予想もつかないようなことが起きる」というような展開があったら、もっとおもしろいだろうなと個人的には思いました。それから、新宿という敷地で、プログラム上の問題についてはどうなんでしょう。形態操作としてはすごくおもしろいと思いますが、再開発として、ここには既存のオフィスや集合住宅みたいなものもいっぱい入るわけですよね？

182：はい、そうです。プログラムの配置自体も、もともとあるとおりで、低いところにはパブリック性の高い商業施設、どんどん高くなって庭との関係が離れてくる場所に住居を入れるような配置にしています。

平田：ひと言だけいいですか。僕は、手法論をさらにドライブさせることがいいとは思いませんでした。だいたいその「3つの反転」自体もちょっと嘘っぽいというか、そこがおもしろいとは思わなかった。ただ、1個1個の建物をつくっていく過程で、結果として、丘のような場所がずっとつながってできるかもしれないというような想像力は、おもしろいと思いました。たとえば、1つの方法としてですが、「1個1個の建物の敷地は別々でもいいかもしれないけれど、将来的にずっとつながっていくようなコード（規則）をつくる」など、そんなふうに展開してみてもおもしろいのかもしれない。現実の都市ではそういうことはなかなか起こらないんでしょうが、「もしこういう場所があったらいやですか？」ときかれたら、僕は「いやじゃない」と答えます。そんなふうに感じさせるものを提示しているという意味で、非常に力強い提案だと思います。「建築と都市計画の間」「人と都市の間」について、ある種の骨格を提示していて、これを全部自分でガチガチに固めてつくってしまうということでもなく、根底にある骨太の何かを提示しようとしているのだと思います。僕は、そこら辺がいいなと思いました。

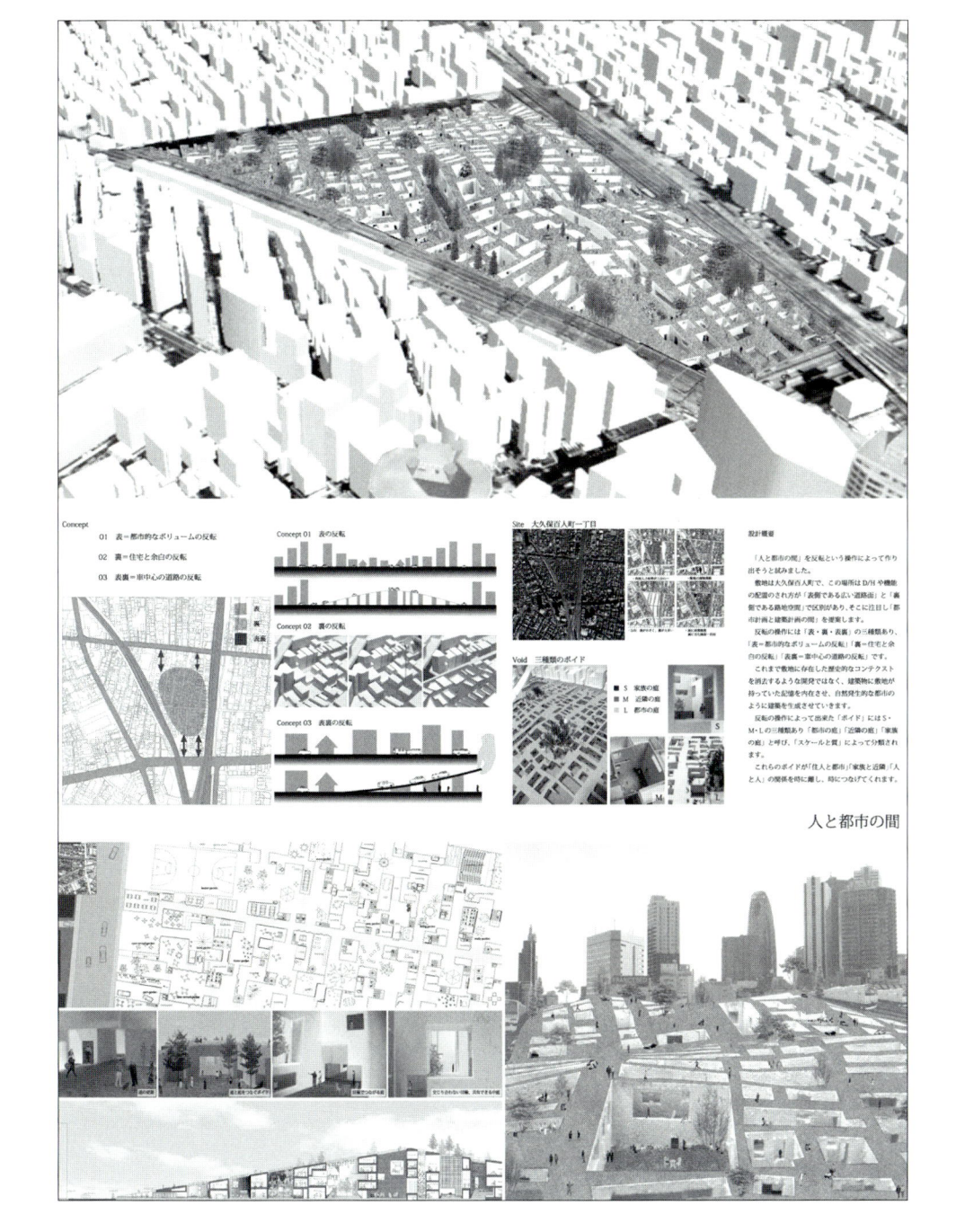

註：
*1 マニエリスム：イタリアを中心にして見られるルネサンス後期の美術・文学などの様式。極度に技巧的・作為的な傾向があり、主観的な意図と象徴的な意味が強調された。不自然なまでの誇張や非現実性の見られるものもある。

Final round　Presentation>>Q&A

208 小さく世界を拡大表示してみる。
牧野正幸　神戸芸術工科大学

Presentation・プレゼンテーション

　僕は幼い頃から、自分を3cmぐらいに縮小表示して世界を見る癖があります。そうすると、テーブルの上の水の入ったガラスのコップが、太陽の光にさらされてキラキラ光る世界をまとっていたり、本のページとページの間にある場所が、ベッドのように思えてきたりします。そういった自分の感覚の奥底にあるものを探究し、それをもとに卒業設計ができないかと考え、この設計に至りました。

　コップの中の小さな光の出来事を、なぜ身長170cmの僕が感じ取ることができないのかという疑問を真面目に考えた結果、それは、外にいる「人とものと建築」の関係が分裂した状態で、お互いにそれぞれが独立して強い存在になっているからじゃないかなと思いました。もし、「人とものと建築」という関係を同列的に考えることができたら、「波音を立てていない水面のような状態」の小さな出来事も感じ取ることができるのではないでしょうか。

　ここに提示しているのは、波音も立っていない水面ですが、そこに幼い女の子が現れて、ピアノの「ド」の鍵盤を押します。その時、「人とものと建築」がフラットな関係であればそんな小さな出来事も読み取れるのではないかと思います。

　コンテクスト（敷地状況）については、具体的な都市は挙げず、「変動している都市という状態とあまり変動しない自然」という、あまりにも安直な言い分ではありますが、この2つの要素に寄り添ったような状態の場所に建築することにしました。

　この建築は、複数の歪んだ円からできています。その円の中にいろいろなプログラムが入っています。歪んだ円の1つ1つは、本棚ぐらいの小さな空間から、ミュージックホールぐらいの大きな空間まで、さまざまな空間単位をまといながら変化していきます。そういう円がいくつも重なり、建物の平面的・水平的な関係ができ上がっていきます。

　一方、断面的な操作は、帯と帯との間にある落差によって行ないました。椅子ぐらいのものから身体を覆うぐらいのものまで、さまざまな落差があります。それぞれのイメージを統合したドローイングがあります。

　各帯は、トイレやミュージックホールのための待合室など、いろいろな要素を含みながら、円を重ねていきます。断面を見ていただくと、椅子ぐらいの高さから身体を覆うような3mぐらいの高さに至るまで、さまざまに変化しながら、円をつくっていってます。

　エントランスは建築の外に4つほど置いてあります。まず都市から森に入って、このエントランスを見つけ、その扉を開けて中へ進むと、劇場のようなエレベータがあり、そのエレベータを使ってこの建築に入ります。そして、模型でも示しているように、大きなワンルームの中に、高さ170cmぐらいの筒状をした小さな部屋があります。自然の中を通っているうちに、いつの間にかその筒の中に入っていき、外の世界が現れてくる、というしくみです。大きい部屋と小さい部屋とは行き来でき、いろいろなプログラムが散りばめられている。その円という関係の中で、さまざまなものが相関し合ってこのような世界ができあがっていきます。

Q&A・質疑応答

槻橋：この作品は、梅林さんが強く推していましたが。

梅林：待ってました！さっぱりわかりませんでした（笑）。なんかね、体感してわかるかね？その「身長3cmから見たキラキラした」感覚は……。大きなこの構造物から、その小さな何かを感知する能力は僕にはないんですけれども。ま、なんか変なもんかな？と思いました。

槻橋：独自の世界観をプレゼンテーションしてもらったんですが、こういう時は、五十嵐さんに相談しましょう。（笑）

五十嵐：タイトルはすごく詩的でいいと思います。それからスケッチを含めた独自の世界観には好感が持てるんですが、梅林さんと同様、僕も、この建築が具体的にどうなっているのか、実はまだよくわかりません。一体これは何なのかというのを、もう少し、普通の言語というか（笑）、社会的にコミュニケーションできる言語で、説明を加えていただけますか。

208：最初の質問に対してです。ピアノの鍵盤を押した程度の、あるいはガラスをテーブルから動かした程度の、そんな「小さな出来事」をふだんの世界の中で感じることができたなら、「風景の始まりのような体感」ができるんじゃないかという欲求があり、このような建築に至りました。僕の建築に対する純粋な欲求の中に、見たことのない世界をつくってみたいという思いが強くありました。

タイトルについてですが、最初に説明した「3cmワールド」にこだわっているわけではないんです。ただ、自分を縮小した時に見えてくるさまざまな出来事や世界を、意識的に建築化しようと思ったら、「拡大表示してみる」という言葉が、自分の中ではいちばん素直にしっくりきました。

この平面図の一部分を切り取ると、ミュージックホールと机という関係があったりするんですけれども……。たとえば、そうですね……劇場とライブラリーがある帯の落差は90cmぐらいなんですが、それでテーブルと劇場という、普通はありえない関係のもとに、そういった状態があって……。そのライブラリーがある帯と劇場がある帯の部分を切り取ると、普通の日常生活に出てくるような、机と椅子っていう関係になっているというか……。そういったことも含めて、小さく世界を拡大表示という……自分でもよくわかってないんですけども（笑）。とりあえず、「小さく世界を拡大表示してみる。」というタイトルが、いちばん自分にしっくりきたわけです。

槻橋：難波さん、ちょっと解釈を加えていただけ

ないでしょうか。

難波：なんというか……。昔、小林秀雄という評論家が日本の私小説について、いろいろ批評をする中で「自我の球体」と言ったんです。あなたの「自我の球体」が建築になるためには、少しほつれて、ちょっと外にはじけ出てほしいですね。願わくば、あなたとあなたと一緒に生活するであろう人が、外の世界で身体のスケールの増幅も一緒に共有しながら、このやわらかな円形を少し壊してくれるとうれしい。そう希望します。でも出発点は、これでいいと僕は思います。ただやはり、建築をつくる時は少しこれをほつれさせ、他と共有化することが必要だと感じます。

槻橋：妹島さん、いかがですか。

妹島：展示されたものやタイトルには、とても魅力を感じましたが、話を聞いて、ますますわからなくなってしまいましたね（笑）。これが建築なのか。模型の掘ったところにポンポンと置いてあるものが建物のつもりなのか。もしくは、「ちょっとした小さなことが感じられるような場所」をつくろうとしているだけなのか。それとも自分が「感じているものをここで展示している」だけなのか。私にはわかりませんでした。そのあたりをまず教えてもらえますか。

208：僕は、ほんとうに、まっとうに建築をつくったつもり……。

妹島：いやいや違う違う。だから、たとえば、これはすべて外部なんだよね？

208：は、違います。

妹島：この上に屋根があるの。

208：あ、屋根があります……。

妹島：そうなんですか。

208：周辺模型で示しているんですけれど、屋根があって、一応膜構造ででき上がっていて……。

妹島：まず、この大きな円が全部、屋根に覆われるのね。

208：はい……。

妹島：じゃあ、模型ではインテリア空間をつくっていて、その中につくられているものは、スケールを落としたもの？　それとも、小さくしたわけじゃなくて普通のスケールでつくったものなの？

208：はい……。

妹島：そして、つくった時にちょっとしたことが感じられる。さらに、それがすごく感じられるように、それを拡大して、普通だったら気付かないようなことが、ちゃんとここで感じられたり、経験できる。そういう空間をつくり上げているということなのでしょうか？

208：はい。だからスケールはほんとうに100分の1で……。

妹島：普通のスケール？

208：はい。

妹島：はい、わかりました。

槻橋：時間がないんですが、平田さん、いかがですか。

平田：ドローイングや模型などに、センスみたいなものは非常に感じて、魅力を覚えます。話をきいていると、ネオプラトニズム*¹ というか、自分の中に世界があるみたいな感じですね。図式も似ているし、古くからある話を、形やドローイングのセンスで新しくしているような感じを受けます。新鮮だなと思う反面、建築としてすり鉢状になった場所に、ちょっとゆるやかなすり鉢がかかっていて、そこでいろいろなことが起こるというだけでは、物足りない気がします。最終的に、極小のものに向かう視線をそのまま拡大した時に生まれる「場所のおもしろさ」というところまで、至ってるのかなという疑問を感じました。

槻橋：何か伝えたいことはありますか。

208：えっと、そうですね。僕は普通に建築を設計したつもりなんですけども。

平田：僕は、普通に建築だと思って見ていますよ。

208：あ、はい。

平田：その上で、建築としてちょっと弱いんじゃないかと思っています。

208：ああ、はい。わかりました。

註：
*1 ネオプラトニズム：紀元3世紀頃にプロティノスが提唱し、ルネサンス期にイタリアでも再興した、プラトンの教説に類似する思想のこと。「一者」から「万物の流出」を説く。

Final round　Presentation>>Q&A

226　でっかいマドとながいドマ
鈴木健史　名古屋工業大学

Presentation・プレゼンテーション

　敷地は、愛知県名古屋市の長屋型住居が密集した地域です。ここに密集した長屋を建て替え、集合住宅をつくります。

　まず、現代の密集した長屋では、建物同士が密着しているため通風・採光がとれないといった生活環境の悪さや、防火耐震など、いろいろな問題が生じています。何より両側の建物と密着しているので、建物自体が外に対して閉じるように設計されるため、とても息苦しく感じます。そこで家と街との接点の1つである窓に注目しました。

　窓を大きくし、窓の縁の中に居住空間をつくることで、「街と接点のみで接する状態」になる住宅をめざしました。そうすることで、この住宅が近隣地区規模の窓ともなり、既存の街並を少し変わった様相にするとともに、居住者は街の中にそのまま住んでいるような感覚になると考えています。街との2つめの接点である土間は、もともとの長屋の奥行きを読み替えてつくります。

　これは、道路と並行したストライプ状の建物です。こうすることで道路方向からの奥行きを出すとともに、土間が各住居の接点ともなります。この建物は、三叉路を取り囲むように建っています。3棟に分割されていますが、ストライプ状の建物になっているため、2つの棟に挟まれた道路部分を家の一部のように使えます。パースに描いたように、どこからが建築でどこからが屋外なのかわからない風景になると思います。道路を歩いていった時のパースは、急に建物内に入り込むような構図となります。建物を道路に詰めて建てたために生まれる、建物の裏側のスペースは、同じ街区ブロックの住人も使える共用の庭となっています。

　建物内の構成について説明します。基本的には、1つの窓が1つの住居となっています。大きな窓の縁となる部分には、トイレ、浴室、寝室、物置などの機能が入っています。

　1階は、通り庭のような長い土間が各住居をつなぐように走り、集合住宅の内部空間同士の接点となります。窓を大きくした時に生まれる、出窓のような空間には、各住居の家具や雰囲気があふれ出してくると考えているので、長い土間を歩くと、次々とほかの人の家に入っていくような感覚を覚えます。窓が大きく開くため、開いた時には外部空間に近い雰囲気の場所となります。

　2階は共有スペースから伸びる階段や、梯子を使って入ります。3階の屋根裏は、2階の梯子を使って入るか、共有スペースの螺旋階段をのぼって入ります。

　結論を述べますと、外部同士や内部と外部、内部同士の関心という接点を大切に扱うことで、都市やまわりの人々、住人同士が少し反応し合える建築をめざしました。

Q&A・質疑応答

槻橋：この作品はセミファイナルで最高点を獲得した非常に人気の高い作品なんですが、難波先生いかがですか。

難波：投票では、いちばん点数が高くて、でもファイナリストを選ぶディスカションで落ちて、また再生したという紆余曲折がありました。小さい空間と大きな窓というこの落差の操作がおもしろいと思います。ちょっと意地悪な質問ですが、大きな窓がいたるところに付いてるんだけれども、これは日射や通風には関連ないんですよね。

226：そうですね、あまり関連はしていません。外部空間との境として窓を強調するのが重要だと思ったのでこのようになっています。

難波：これは君の案だけでなく、ほとんどの人の案に対してなんですが。やっぱり、東京というか、日本が、北緯35度あたりにあるということを、もうちょっと考えてもらいたいと思います。

槻橋：妹島さんは、投票の時は推しておられませんでしたが、どうですか。

妹島：説明は、わかりやすかったです。窓を大きくしたことによって、家なのか、街なのかわからないようなものになってくる。街の中の道も、今度は逆に、室内のもののようにも感じるし、家の中にいて外を見たりというのも、すごく説得力があるように思いました。疑問の1つですが、これは結局、横に区切れていくんですか。

226：そうですね。

妹島：1軒1軒は、この窓ごとに切っていくのかな。

226：1つの窓の部分で1つの住居なんです。模型でグレーになっているところが土間になっていて、ダーッと長くつながっていくような……。

妹島：端部にはもう横の界壁はないってことですか。

226：そうですね、土間はそのままつながっていきます。

妹島：いろいろな考え方があると思いますが、私はなんとなく、まわりの風景が救われないような気がしました。そこに住んでる人は楽しめるような気もするんだけれど、もし、こんな建物を隣に建てられたら私はいやだな（笑）。「新しい風景」をバーンと出すという意義はあるでしょうが、そこがちょっと疑問に思ったところです。

226：ちょっと暴力的な建築というのを、軽く狙ってやった点もあるんですけど。

妹島：同じ暴力でも、それぞれがすごく美しくなるようなやり方があると思うんですよね。単に無謀というか、まわりを見ていないような印象を受けました。

226：えっと僕は、都市スケールで見た窓をつくりたかったというのも軽くありまして、その点から窓が大きくなっていきました。

妹島：うん、それはすごくおもしろいと思います。ただ、長さの方が私は気になりました。

226：もともと、密集してくっついてた長屋の建替えなので、長手方向に伸びていったのは、もともとの長さなんですけど。えっと、長いと入っていく時に、雰囲気が変わって若干いいかなと思ったんですが……。

梅林：僕も確か高い点数を入れたと思います。うなぎの寝床みたいな「線形の読み替え」によって、なんか不思議な路地と不思議な裏庭ができる。そういうダイアグラムには意外とリアリティがあるんじゃないかと思いました。ただ、ちょっと気になるのは、全部をそんなに大きい窓にする必要があるのか、ということ。そんなにあけっぴろげでいいのかなと。それから、個室は、ないんですか。

『でっかいマドとながいドマ』

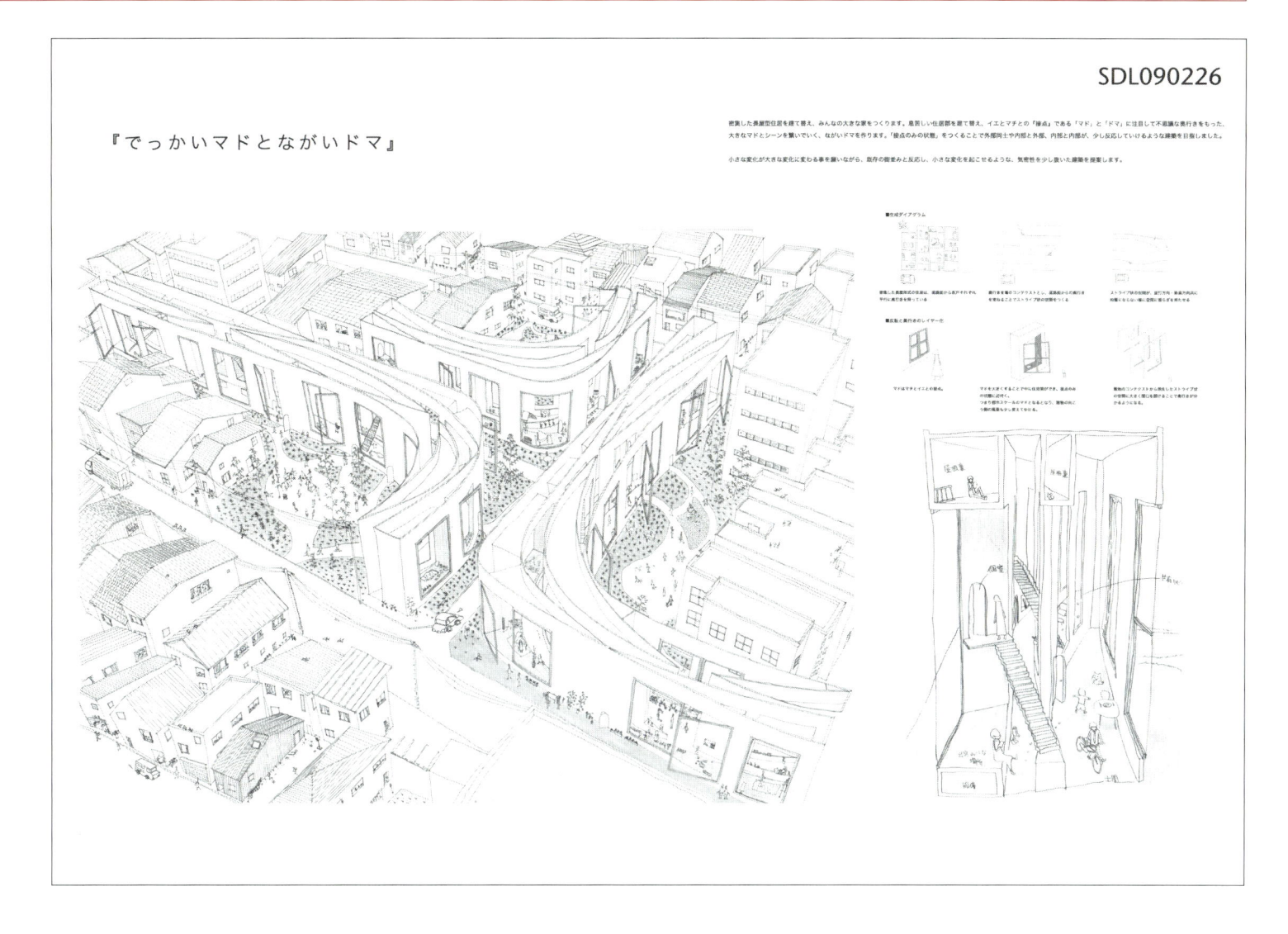

SDL090226

226：個室は、窓の木枠の縁の中に入るようになっています。
槻橋：この窓に面したところは個室じゃないの。
226：窓に面したところは、個室の「あふれ出し」的なところだと思ってつくっています。

五十嵐：窓が大きくなって、窓枠に住むという、スケールの転換はおもしろいなと思います。アート作品のようにも見えますが、もっとデカイ窓があったらいいと思って見ていました。妹島さんのコメントに近いんですが、場所に対する配慮というか、ほんとうにこの場所でないといけないのか。まわりの建物に対する関係性は、ほんとうにこれでいいんだろうか？という疑問がどうしても拭えません。敷地についてもう少し説明してもらえますか。
226：長屋の密集した地区だったので、これを建てることで、できるだけ他の長屋の環境もよくなればいいと思って、建物を道路に詰めたんですけど……。
槻橋：よくならないよ、それじゃ（笑）。
226：ほかの長屋の小さい庭とかもかわいそうだなと思ったんで、よくなるかなと思って前に詰めちゃいました。それでちょっと縦長のボリュームになっているんです。スケールは、個室の部分が小さい方が、なんとなく自分なりにしっくりきたのでこの大きさになっています。

平田：この敷地じゃなかったら、よかったかもしれないとも思いますが、建物の考え方自体は、空間としていろんなスケールが混ざっていておもしろいと思います。ただ、屋外のリビングみたいな場所と土間が連続しているような関係などは、ほんとうにいいと思ってやっていますか。あまりにも、あけっぴろげすぎじゃないかな。そこには何か工夫があるんでしょうか。
226：それは1個1個のセルの部分のことでしょうか。基本的には出窓のような場所が、住空間のメインの場所になると思っています。ですから、隣同士の住居は、基本的にはあまり関係なく、間に土間を通したという状態です。
平田：土間とその窓状の空間の間には、段差はあるんですか。
226：1,050mmとか……。ちょうど1mぐらい上がっている状態になっています。
梅林：結局、そのワンルームで使えるところも全部その1,050mmの壁が立ち上がる形になっているんですか。
226：そうです。
梅林：それはなんで？
226：ワンルームっていうのは……。
梅林：向こうまで、ずぼっと抜けてるわけでしょ？そうすると1室で使えるところに、わざとこう1,050mmの壁が何個も立ってくるわけじゃないですか。なぜそんなふうにしたんですか。
226：まず、共有スペースをつくろうと思いました。普通の単位セル部分の窓枠とは違って、大きめにつながるような共有スペースになっています。それをつくっていく時に、ちょっと分割しました。1,050mmの壁については、抜けていった時の感じが、外から見ると舞台の中に人が住んでいるみたいなシーンになるなと思ったので、そこはちょっと自我が出ました。

Final round Presentation>>Q&A

328 下宿都市
池田隆志　京都大学

Presentation・プレゼンテーション

京都に百万遍（ひゃくまんべん）という学生街があるのですが、そこに学生のための巨大な下宿をつくりました。人が住んでいる部屋はどこもそうかもしれませんが、住んでいる人の匂いというか、生活感みたいなものが必ずあります。すごく汚かったり、本でいっぱいになっていたり、逆に清潔できれいだったりします。僕は、建築本体よりそういうものの状況に魅力を感じます。

そこで頑丈な壁や屋根で囲われた建築ではなく、人間の生活感や匂いみたいなものだけで建築ができたら、おもしろいんじゃないかというところから設計を始めました。この建築はシンプルで、1つ1つの四角いキューブの部屋が積み重なってできています。それぞれの部屋が、一人暮らしの部屋や、2〜3人が共同で住むような部屋だったりします。また、何も機能の入っていない東屋や、大きな道、学生が利用する雀荘や喫茶店などの店舗、これらがごちゃ混ぜに入っているようなイメージです。

その箱1つ1つには、大きな穴が開いています。窓というより、もっともっと大きな、建築が線みたいなものになってしまうぐらい、大きな開口です。その穴がどんどん大きくなって、建築がフレームのようなものになってしまった時、住んでいる人が、フレームにカーテンをかけたり、その大きなドアみたいなものから家具がはみ出していったりということが起こります。家具やものなどといった「人の生活感」で、どんどん建築が埋もれていってしまうような状態がつくれたらいいと思いました。共有部分についてですが、箱と箱の隙間が空いていて、そこが共有部分や通り道になったりします。たとえば、部屋には大きな開口があるので、家具がはみ出したり、テレビを廊下のようなところに置いてみんなで一緒に見たりできます。また、部屋が手狭になり本棚を廊下に出してみたら、それがいつの間にかみんなの本棚になっていったりなんていうことも起こります。お互いの境界がどんどんどんどん、薄れていって、ぐちゃぐちゃした場所ができるんじゃないかとイメージしています。

敷地を縦と横に切るように、もともとあった大きな生活道路は、大きな細長い道路みたいな部屋を通すことで残しています。その道の脇には、古本屋や食堂など、店舗が並ぶイメージです。この2本の大きな動線以外にも、無数に枝分かれするように長い大きな部屋があります。そういうところは美術館であったり、緑道であったりと、一般の人が通ることができるパブリックな場所として考えています。その道の隙間に、これがこの建築のほとんどを占めるんですけれども、下宿のための部屋を密集して配置しました。

どろどろしたというか、ほんとうに「人の匂い」だけでできているような建築がつくりたくて、これを設計しました。

Q&A・質疑応答

難波：力作だと思います。説明自体は、住まいに対する感覚的な説明なんですが、プランや立体的な構成は、非常にシステマティックです。僕の世代には懐かしいんですが、かつて標準的なユニットの反復で、メタボリズム[*1]みたいなことをやった設計案がありましたが、その現代版みたいな感じがします。いろいろな日本の戦後の住宅のつくり方を想起させるし、もうなくなってしまった香港の九龍城なども、思い出させます。「好き」というと個人的になってしまいますが、いろいろな変数がたくさん入っているいい案だと思います。

梅林：僕は票を入れなかったのですが、君の「感覚的な話」のつながりで言うと、それこそ京都大学の吉田寮を思い出したんです。友だちの部屋で酒を飲んで、次の日目覚めた時のあのいや〜な気分を思い出したんで、ちょっと票を入れるのをためらいました（笑）。僕にそういう記憶と感覚を思い起こさせてくれたので、君のいう「生活の匂い」みたいなものを出すという意図は、意外と成功しているのかなと思います。スケルトン・インフィル[*2]のように、木材は格子に替えられるとか、そういうシステムにはなっていないんですか。

328：格子については特に決めていませんが、増えていってもいいなとは思います。

梅林：足すということは想定しているわけですね。

328：積極的には、考えていないです。

梅林：なるほど。体感というか、よく「感じる」ことができました。

槻橋：そういう意味でいうと、「生活の匂い」というのは、あまりいいイメージではないような感じもしますが、妹島さんいかがですか。

妹島：模型のエネルギーがすごく伝わってきて、「これが建築なのか、都市の1ブロックなのかわからない」ところがおもしろいと思いました。建物と道がはっきり分かれていますが、下宿と下宿の通路とを比べると、ちょっとスケールの差が大きいかな。それらが一体化していったほうがおもしろいと思いました。それから、「箱にどんどん大きな穴を開けてフレームみたいに……」とあったけれど、フレームだともっと均質なものになってしまうから、これはフレームとも違うんですよね。つまり、箱でもないし、フレームでもないようなものが、微妙に組み合わさっている。そこがいちばんおもしろいところで、すごく新しい空間だと感じます。あと、模型でいろいろな素材を使って、生活らしさを演出していますが、もしほんとうに住むとしたら、ショールームのような「セッティングされた空間」みたいにならないかと少し心配になりました。

328：もちろん、カーテンを付けたりはします。でも、たとえば、住んでる人の生活が、街からはまる見えだったり。そういう「舞台装置」みたいな建築があってもいいかなとは思いました。

妹島：そうですね。その「舞台装置」という意識があるから、自然発生的に「これが建築なのか、都市の1ブロックなのかわからない」ような状態をつくり出していて、その微妙さがおもしろいとは思います。けれど、まだ家と道がはっきり分かれていたりするから、「そこが道なのか建築の中なのかわからない」というくらい、曖昧さを突き詰めてくれると、もっとユニークになったでしょうね。

難波：箱への窓の開け方というか、開口のシステムは、あなたが決めるんですか。それとも住み手が決めるんですか。

328：窓の開け方については、僕が決めます。

難波：……と、いう答えはあまりうれしくないん

ですよね。それが、一見すると複雑に見えて、ある意味では単調になってしまうから。一人の人間が全部決めるのではなく、「あるシステムのもとに展開する」という窓や壁のつくり方をすると、もっと高度な空間ができると思いますよ。

梅林：箱をつくる時の開口など、住民が自分で決める余地というのはあるの？

328：駆体（構造体）の部分は、僕が設計するイメージです。

槻橋：難波先生の質問は、そこからもう一歩踏み込んで、「ある一定のルールのもと、住んでいる人がいろいろ選択して自在にアレンジしていけるような余地はないのですか？」ということだと思うんですが。

328：あります。

平田：学生の住む下宿だとすると、数年で出ていくような人が、窓の大きさを決めたりするとどうなのかな？という疑問も一方であります。ですから、初期設定として「あるバラつきを持ったものをどういうふうにつくるか」という、メタボリズムのいちばん骨にあたる部分の「つくり方の論理」をはっきりさせていれば、明晰な計画たりうると思います。

そういう意味では、ぱっと見た時の風景としての魅力は圧倒的にありますよね。ただ、よく見ていくと基本の「しくみ」がないものだから、舞台装置っぽく見えてしまいます。設計者がつくり込む部分と、その後に住み手がアレンジしていける部分というのをはっきりさせると、よりおもしろい気がします。その辺はどうですか。

328：正直、そんなに考えてなかったんですが（笑）。う～ん、そうですね……。

平田：以前、これを京都で見せてもらった際*3に、きっとこの模型づくりはいろいろな人に手伝ってもらったんじゃないかと思ったんですね。それで、その組み立て方をどうやって指示したんだろうって不思議だった。要するに、「しくみ」がないと、他人に指示できないから。と思っていたら、結局この模型、一人で作ったんですってね。

328：はい。

平田：この模型を一人で作ったこと自体が、驚きに値するんですが（笑）。同時に、「あ、そうか、わかった」という不思議な気がしましたね。結局、「あるしくみ」を自分の中で確立してないと、他人に手伝ってもらえないわけですからね。

五十嵐：こういうフレームみたいなものを反復させる構造は、今年の出展作に多かったです。ただ、この作品は、これだけたくさん繰り返すことによって迫力が出ているというか、別のものに化けてしまっている感じはしますね。これを見て、ルシアン・クロール設計の『ルーヴェン・カトリック大学医学部学生寮』*4を思い出しました。与えられたフレームに対し、住む人がセルフビルドで手を加えていく提案です。あなたもそういう建築を設計しようとしていると思ったのですが、基本的にそのラインの作品だと考えていいんですか。

328：はい。それから、細かいところでは、部屋と部屋をどういうふうに共有していくかとか、家具がどんどん共有のものになっていったりとか、ちょっとカーテンを開けたら隣の人がいたりとか、そういうイメージはあります。

五十嵐：具体的には、どういうことが起きるの。

328：う～ん。たとえば、下から生えている木が上の部屋に突き抜けていったりなど、生活が混ざり合ったり、はみ出して侵犯し合ったりするイメージです。

五十嵐：基本的には、寮ではなく下宿なんだよね。

328：はい。

妹島：これはほんとうに、あるところまで設計者がシステムをつくって、あとは住む人がつくっていくというスタイルの建物なんですね。私は、あなたが一人で全部模型を作ったのと同じように、全部あなた自身が作り込むんだろうと感じたんですが。

328：はい、そういうイメージです。住んでいる人がつくるというのは、駆体に関しては考えていません。その中の生活をつくっていくという意味です。

妹島：どちらかというと、住み手は「2部屋使いたいから、こっちも自分が使っちゃおう」というような関わり方で、全体がぐちゃぐちゃになっていくというイメージなんですよね。

328：はい、そうです。

妹島：だとすると、難波さんが、たぶん何かおっしゃりたいと思うんだけど（笑）。

難波：いやいや、もういいですよ。

註：
*1 メタボリズム：1959年頃から、黒川紀章や菊竹清訓などの建築家グループが始めた建築運動。新陳代謝＝メタボリズムが名前の由来。社会の変化や人口増加に合わせて有機的に成長するような都市や建築を提案した。
*2 スケルトン・インフィル：建物を構造部分と内部の内装・設備に分かれるように設計する考え方、またその建築方式のこと。あとから間取りや仕様を簡単に変更できる。
*3 京都で見せてもらった際……：平田審査員は、京都建築学生之会合同卒業設計展 Diploma×KYOTO'09 の講評会（2009.2.27）に参加している。
*4 『ルーヴェン・カトリック大学医学部学生寮』：ベルギーの建築家ルシアン・クロール（1927-）の設計（1971-75）で、ベルギー、ブリュッセルに建設された。学生も参加して、スケルトン・インフィルの考え方を実践した初期の事例の1つ。

Photo by Masaki Yashiro.

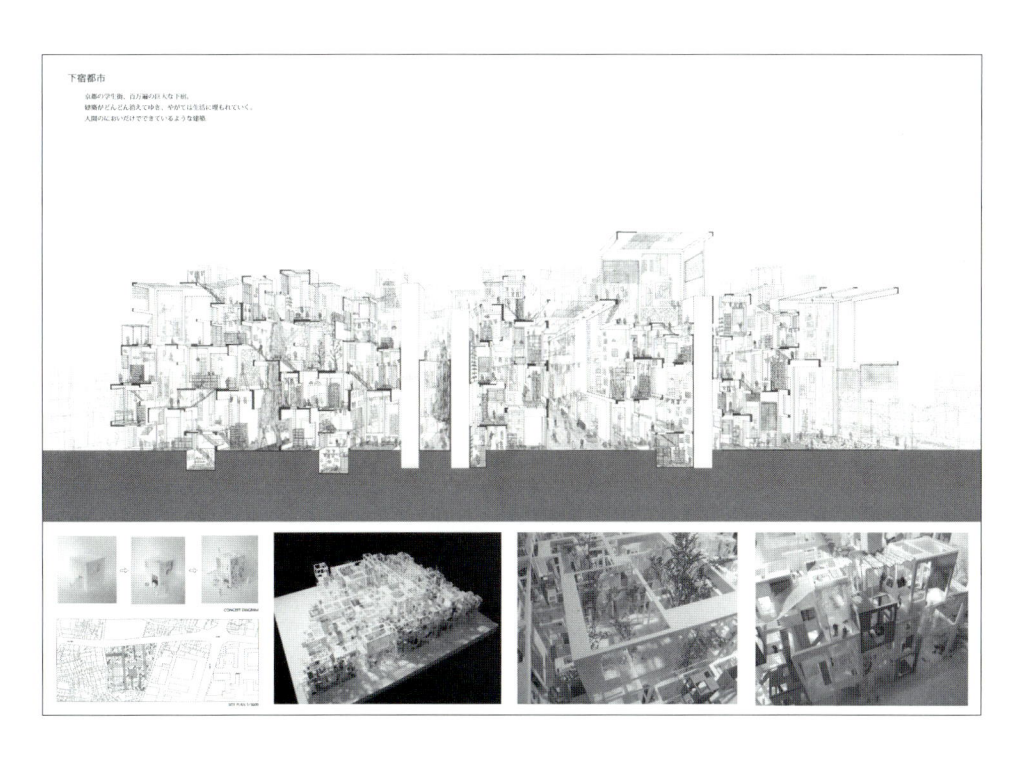

Final round　Presentation>>Q&A

515　キラキラ―わたしにとっての自然
大野麻衣　法政大学

Presentation・プレゼンテーション

　私は、「キラキラ」という言葉が大好きです。「キラキラ」とは、私の生まれた沖縄のサンゴ礁や街、『ノートルダム大聖堂』[*1]、『ロンシャンの礼拝堂』[*2] などの印象のことです。それは「自然」みたいなものにも思えます。しかし、「キラキラ」というのは感覚的なものも含むので、何かルール設定が必要だと思いました。そこで、「キラキラ」をルール化した建築を卒業設計のテーマとしました。

　敷地は、私がいちばん気に入っている街、東京都新宿区の大久保です。ここにはたくさんの「キラキラ」があります。稲葉佳子さんの研究データを見ても、ここにさまざまな人々が共存している様子がわかります。だから、ここを絶対に敷地にしたいと思いました。敷地は、線路と住宅地に挟まれた細長い場所です。

　「キラキラ」を具現化するものとして、2つのプログラムを設定しました。1つめは、図書館で、これは建物の幹の部分です。もう1つが、託児所と習い事の教室で、枝の部分です。

　図書館は、ボルヘスの『バベルの図書館』[*3] やヴェンダースの映画『ベルリン・天使の詩』[*4] のような「世界」のメタファ（隠喩）としての図書館です。それ自体が世界であるような空間です。ただ本を貸し出すというよりは、ここで本を読み、勉強をしたり、調べものをしたり、この図書館に人々が留まることを考えています。そこから知識を得るだけではなく、自分自身の発する新たな出会いや発見、刺激も考えています。また、この図書館は電子メディアやコミュニティやギャラリーも付随しているハイパーライブラリー（高機能図書館）です。

　託児所と習い事の教室は、図書館にいながらも、さまざまな諸室がメリーゴーラウンドのようにくっついた風景をつくり出します。そんなさまざまな匂いや色、音を発する「キラキラ」がいつも図書館の中に染み込んできます。外国人労働者のための習い事の教室と夜の託児所は、充分にこの地域での需要があると考えました。こうして、2つの機能が足されます。

　デザイン・コンセプトです。「キラキラ」を建築化する方法を、今回はセル・オートマトンから引用しました。平面・立面・開口の開け方のルールは、セル・オートマトン、そして、図書館の本棚の配置のルールはライフゲームによって決定しました。セル・オートマトンとは、自然現象を解析する計算モデルのことです。巻貝のパターンは、セル・オートマトン：ルール30によって生成するパターンから解析可能です。セル・オートマトンは、ジェネレーションの変化を解析します。また、セル・オートマトンには、256種類ものさまざまなパターンがあります。平面と立面の配置を決定するのにルール110を選んだ理由は、これが自然を感じさせる「f分の1ゆらぎ」のパターンを生成してくれるからです。それぞれに初期設定をします。まず平面・立面が決定されるプロセスです。次に開口の決定は、ルール30によって行ないます。開口部が流れるような動きを持ってほしいということから、ストリーム暗号にも使用されるルール30がもっともふさわしいと思いました。開口部の配置を決定するプロセスです。3枚の開口の開け方のルールが重なって1つの壁をつくります。それから、家具・本棚の配置です。セル・オートマトンの一種であるライフゲームから引用しました。本棚の配置のプロセスです。その特徴の1つは「時代」です。世界のメタファとなるハイパーライブラリーに収納される蔵書やデータは、地球誕生から現代に至るまで7段階、3億5千万年の時間順に並べられます。訪れる人たちは、この細長い建築の中を歩き続ける中で、世界という空間と同時に、歴史という時間ともふれあいます。2つめの特徴として、建物の顔（外観）は、線路側と住宅側で対比的になっています。これによって建築は、都市に開くようになります。構造計画は、キャストボイド工法で考えています。建物のチューブのフォルムを使いながら合理的な解決ができます。この開口を1つの金属の型枠で作成し、コンクリートを打設して1枚の壁をつくることで、真ん中のチューブが壁構造として成り立ちます。くっついてくるボックスは、それと共に、壁構造とツリー構造となって成り立っています。

　この大久保にあって、外国人がその出自や出身、アイデンティティを求めようとした時に、そのアイデンティティをひも解くことができる図書館や散りばめられた本たちや各種教室などを「キラキラ」としたものとして扱おうとしています。出身国の違い、職業の違い、一人一人の人間の違い、同じ枠に収まらない「ゆらぎ」の存在がそこにあります。それらが重なり合うことによって共鳴するハーモニーを人々の輝きとして「キラキラ」と表現したいと思いました。

註：
*1『ノートルダム大聖堂』：(1163-1250年頃) フランス、パリの大聖堂。初期ゴシックの傑作といわれる。
*2『ロンシャンの礼拝堂』：(1955年) ル・コルビュジエがフランス、ロンシャンに設計した自由で力強い造形をもつ礼拝堂。
*3『バベルの図書館』：ホルヘ・ルイス・ボルヘス『伝奇集』(1935-44年) に収載された短編小説。すべてのアルファベットの組み合わせを蔵書にもつ、巨大な塔状の完全な図書館の話。
*4『ベルリン・天使の詩』：ヴィム・ヴェンダースが監督した映画（西ドイツ・フランス共同制作、フランス映画社配給、1987年公開）。東西ベルリンを舞台に、天使の視点から、不幸な記憶や現実にあえぐ人々など、人間世界のさまざまな事象を見つめる。

Q&A・質疑応答

槻橋：大野さんの発表は、五十嵐さんがぜひ聞いてみたいとおっしゃっていたんですが、聞いてみていかがですか。

五十嵐：建築の空間の「質」自体には疑問を感じつつ、話は聞いてみたいと思いました。「手続き」は、一見とても建築的に説明しているんですが、個々のパーツのつなげ方は、ある意味で、無茶苦茶ですよね。突っ込みどころ満載ですが、憎めないところもあり、自分のやりたいことの感性を無理矢理なんだけど建築にくっつけてやっている。潔いというか、よく先生に怒られなかったなと思いました（笑）。セミファイナルで落選した作品に、同じようにボルヘスの図書館をテーマにした作品（ID661『バベルの図書館』）があったんですが、その作品は、ある意味真面目にその世界を追求していたんです。あなたの場合は、つまみ食い的なかじり方で、いろいろなものを引用していますが、たとえばこの図書館についていうなら、ほんとうに『バベルの図書館』を参照すべきなのでしょうか。

515：『バベルの図書館』の空間を引用したのではなくて、その「本質」です。『バベルの図書館』の蔵書は全て、アルファベットと単純な記述記号で書かれています。その単純なものの中だけで世界を表現できているところが、図書館や本の「本質」だと受け取りました。本は誰にでも平等で、得るものは人を選ばないというか……。それがこの大久保の地にあって、そこにいるさまざまなレベルの人たちの世界を広げてくれると思います。

槻橋：説明の最後の方になると「キラキラ」はどこにいったんだろう？って感じたんですが（笑）。コメンテータの馬場さんは、大久保に最も詳しい一人ですが、いかがでしょう。

馬場：いやあ乱暴な振り方ですよね（笑）。僕は「だまされないぞ」と思いながら聞いていました。

キラキラ　＝わたしのなかの自然／セル・オートマトンによる構成＝

SDL090515　大野麻衣

というのは、話のもっていき方が非常に強引なんですよね。「キラキラ」という抽象的なものをきっかけにして、そこに数式などを当てはめている。五十嵐さんも言っていましたが、1つ1つに脈絡が全然ないと感じました。そういう意味では、最初はずっと否定的に見ていました。ただ、最後に「キラキラ」を「ハーモニー」や「調和」だと言ったとき、一見、バラバラなものを多層に積み上げていくことで、何かしらの単純ではない「ハーモニー」が生まれるのかなとも思いました。しかもそれが、あのぐしゃぐしゃの大久保の敷地にあるとするなら、ちょっとだけ腑に落ちるところはあります。

審査員から、基本的には破綻していると評価されていますが、その辺に対して、どのぐらい意識的だったか。あなたなりに真意を聞かせてください。

515：めちゃくちゃなものっていうけれども、私はそれが大久保で、したかったのです。日本が少子化で、海外の人たちのいろいろなものを受け入れざるを得ない状況になってくる中で、これが大久保にあって、拒否せずにそれらを受け入れる。自分たちのものと海外のいろんな人たちのものが混じることで、一見、絶対に混じり合わないように見えるものが醸し出す「ゆらぎの存在」というか、「ハーモニー」みたいなものをもっと感じてほしいと考えました。そこにこそ、新しい出会いや「キラキラ」が見えるのではないかと……。

難波：ええっと法政大学の稲葉研究室っておっしゃいましたっけ。

515：陣内研究室です。そこで稲葉佳子さん*5の論文を読み、共感を覚えました。その論文では、1つのビルでも、住宅から雀荘、風俗、商業施設まで、多層な世界、多極化する世界があり、日本もそれを受け入れざるを得ない状況にあると思いました。

難波：ああ、僕は稲葉さんって、以前、芸大から法政大学に行かれた稲葉武司さんかと思いました。クリストファー・アレグザンダーの『形の合成に関するノート』を翻訳した方ですが、その人の影響を受けたのかと思い、深読みしてしまいました。ただ、あなたのナイーブでプリミティブな発想と、数学的な発想の操作との「落差」はいいなと思いました。アルゴリズムやその組み合わせのシステムで設計している人は何人かいましたが、そういう人には「蒼白き秀才」という感じが多いんですよね。でも、あなたは全然そうではなくあっけらかんとしていて、ナイーブなヒューマニズムも持っていて、とてもいいと思います。1つ残念だったのは、託児所と図書館というのが安易だと思いました。やはりいちばん難しいテーマである住宅を、この場所でやってくれるとうれしかったですね。でも、僕は好きですね。

515：託児所というのは、どうしても入れたかったんです。新宿で働く……。

難波：いや、だからもちろん、託児所のある集合住宅でいいわけです。

515：はい、ありがとうございます。

註：
*5 稲葉佳子さん：(1954年-) 都市計画コンサルタント会社を経て、都市計画事務所を共同設立。同時に、大久保の調査を始める。現在は、都市プランナーとして外国人居住問題に関わる。法政大学大学院兼任講師。

Final round Presentation>>Q&A

585 消失と現出
高山祐毅 東京理科大学

Presentation・プレゼンテーション

「建築の輪郭を消失させることによって、そこに新たな世界が現れる」。なんとかして、東京という箱庭の中で、そのように伸びやかな空間を獲得したい。それは物質と現象の間に垣間見える世界。数値的な距離によって抑圧されない無限の内部。

「消失と現出」。この建物は、ある意味では、聖地・聖域といったあり方と同じである。東京における建築の1つの理想像は、むしろ東京から乖離したところにあるのではないか。外部に対しては固く閉ざし、その内部に向かって究極に開けた空間こそが、これからの東京には必要であるように思う。むしろそこまで、内部空間に特化した空間が皆無で、純粋性を失った建築ばかりである。私たちは、建物内部にいても、どこかしら都市の喧噪に触れ、そこから逃避できないという現実に落胆させられている。東京のように建物が高密度に建ち並ぶ風景は、もはや私たちにとっては日常的なものとなっている。空間を鋭利に切り取るその直線的な建物の輪郭は、立体的でゆるぎなく、時には、暴力的とも思えるほどの存在感を放つ。それに対して広大な自然が見せる風景には、空間を制限するような境界がなく、数値的な距離によって抑圧されない空間性がそこにはあるように思える。それは距離感が消失したような、ある意味では平面的な絵画の世界、私は建築によってそのような世界を人々に体現させることはできないかと考えた。

「ホワイトアウト」「ブルーアウト」、空と海が消失したような状態。「ブラックアウト」、闇によって空間が消失し、光がそこに浮かぶ。このように非日常的な空間を建築で体現させるためのスタディモデル。どういったテクスチュア（材質感）、形態、光が現象を引き起こせるかのスタディ。直線的なエッジをアール（曲線）にしてみる。側壁と天井との間隔をとることによって、そこに光が射し、空間は時々刻々と変化していく。ある面が光を過剰に受けることによって、そこの輪郭は消失し、空間に新たな世界が現出したような状態になる。

今回、私が計画した建物の全体像は13個の光の現象を引き起こす部分から生成される建物です。場所は、東京都の豊洲埠頭。プログラムはアートセンター。エントランスを入るとエントランス・ギャラリーです。進行方向の空間に光が過剰に与えられることによって、そこにアートが浮遊したように見える状態になっています。

1つの長いヴォイド（吹き抜け）の空間では、視点を180度反転させることによって、空間が劇的に変化します。通常私たちが感じていた空間の距離感というものがここでは消失して、アートと人とものとの関係性を、新たに再構築できるのではないかと考えました。

断面図で見るように、図書館の上の方は、視聴覚室となっています。下の図書館にいる時に、上の視聴覚室は見えないのですが、光が入ることによって、上部に空間があるということを認識させられます。光が入ってくる状態と、光が入らない状態では、空間の質が変化し、奥行きも変化してきます。このような状態では、空間の奥性というものを感じますが、光が高くなり光が入らなくなった時、また別の空間が現出します。

コンテンポラリー・アート・ギャラリーでは、目の前にある空間が白いもやもやになっています。実際にそこには、物質的な壁は存在していないのですが、平面的な奥行きのわからない空間が出現しています。時間によってその空間の変化が如実に現れます。真っ白い空間の中に、アートと人は浮遊し、そこで人は空間に流されるのではなく、純粋にアートとの関係性を新たに再構築することができます。

闇によってそのボリュームは消失し、どのぐらいの大きさかわからないような空間がそこに出現する場所もあります。下から光が入ってきます。

ワークショップ・スペースでは、人の視点の高さに光の直線のラインができることによって、水平線のような空間が獲得されます。

この場所は、都市開発の振興によってやがては飲み込まれていくでしょう。しかしその時、この建物は、不安定な外部に依存するのではなく、外部に対して固く閉じることによって、その場所を普遍の聖域と化していきます。

Q&A・質疑応答

槻橋：梅林さん、この作品を推していましたがいかがですか。

梅林：とても美しいなと思ったのが第一印象です。普通の文化施設のような堅いプランニングなんですが、その中に「消失と現出」という空間を、丹念に彫り込める場所を探していく、設計の流れが見えて好感を持ちました。同じように、光の効果をもった空間をつくろうとする作品はよくありますが、ほとんどそれをつなぐためだけの意味のないオブジェみたいな建築が多いんですよね。でも、この作品は、それなりの施設が盛り込まれ、よく練られていると感じました。

平田：美しいとは思ったんですが、建築のつくり方に対する考え方を、どういうふうに設定しているのか。バラバラに自分の好きなシーンを思いついて、それをはめ込みパズルのように、四角の建物の中に入れ、外に対しては閉じているという感じですよね。問題の解き方としては、外に対して閉じて、中の世界をつくっていくということでわかるんですが、それが一体何をつくり出すんだろうという気持もあります。単純に美しい光の世界といったらそれまでかもしれないんですが、果たしてそれでいいのかという点が、最後まで疑問符のままであります。それに対して何か説明はありますか。

585：この場所は、ずっと空間の輪郭が消失したような状態ではなく、1日のスパンで見るとさまざまに変化します。空間の輪郭がはっきり出てきて、大

きさがわかる時がありますが、またある時には、光が当たることによって輪郭が消失し、アートと人の関係性というのがより強く出てきたりします。そういう方が、実は純粋にアートと向き合える場所を提供することになるんじゃないかと考えました。

槻橋：妹島さんから、「むしろ外観の輪郭が気になる」という発言が、審査の時にありましたが、いかがですか。

妹島：空間の輪郭が消失したりするのは魅力的なんだけれど、外に対して閉じることが重要だというところから始まっているのは少し気になりますね。確かに、そういうものがアートの空間にもなるんじゃないかと積極的に考える方法もあるのかもしませんが……。いろいろなものをどうやってつないでいったんですか。

585：最初に部分的な空間があり、その場所にどういうプログラムが最適かを考えながらはめ込んでいきました。たとえばギャラリーと図書館が混在したような空間があるんですが、なるべく違うプログラム同士が隣り合うようにしました。プログラムを当てはめたボリューム（塊）をすべて結びつけた時、最終的にプログラムがバラバラに点在するように配置しています。

槻橋：光の現象を引き起こす部分が13個あるということですが、その数はどうしてですか。

585：敷地が豊洲埠頭という開発地区で、敷地境界線があまり目に付かない状態です。最初にアートセンターを考えた際に、120×120mという面積を想定しまして、その中にプログラムを収める時のボリュームの個数をスタディした結果、13個という数に辿り着きました。

槻橋：そうすると、そこに特別な意味があるというわけではないのですね。

585：そうです。

五十嵐：ID165（THICKNESS WALL）と考えどころが同じだなと思ったんですが、大学も研究室も同じなの。

585：はい、そうです。

五十嵐：あなたが考える空間を模型で表現するのは、結構大変なことで、難しい戦いをしていると思うんです。ID165の作品よりも、あなたの方が、それを証明しようとリサーチの努力もしていて、そういう意味では評価します。ただ、一方でスタディしたものを並列しただけのような印象も受けました。アートセンターが、プログラムとしてはいちばんやりやすいのでしょうが、具体的にどんな現代美術のあるアートセンターにしたいと思っていますか。

585：ええっと、どういうアート……？

五十嵐：アートセンターには、こういうタイプの作品を見せたい、という方向性があると思います。そこについては、それほど考えてないように見えたので聞きたかったんですが。

585：主にアートのジャンルというよりは、立体アートであったり、平面アートの絵画の場合でも大きさがバラバラであったりします。遠いところに大きい絵があったり、近いところに小さい絵があったりと、距離感が消失するようなことを考えています。立体アートも、ボリューム感がわからないような場所にぽつんと置いてあって……。

平田：これ、いっそのこと、地下にすればよかったのでは？ 地上にあるということは、要するに建物としては現出するということですよね。建物自体は完全に閉じているけれど、いくら閉じるといっても、地上に出ている建物の形だって、必ず街の風景の中に現れる。そこら辺についてはどう？ 地下に埋めなかったのはなぜですか。

585：ほんとうは最初、ほとんど地下に埋める方向で、トップライトとハイサイドライトから入ってきた光の空間をつくろうとしていました。しかし、考えるうちに、だんだん埋めるという意味が見えなくなってきて。ある種、暴力的に豊洲埠頭のような原野の空間にぽかんと建っていたらどうなるだろうと思いました。都市開発が進行してまわりにビルがどんどん建っていく過程で、この建築が聖域性のようなものを出せたらいいなと思いました。そのためには、ある程度、象徴的なものがいいんじゃないかと考えました。

Final round　Presentation>>Q&A

656　THE SCARS OF WAR——戦争という傷跡と記憶
鈴木舞　昭和女子大学

Presentation・プレゼンテーション

戦争という亡霊
見たくないモノは見ない
考えたくないモノは考えない
そうして臭いものにフタをする
日本人にとって
戦争とは何なのか
戦後とは何なのか
皇居とは何なのか
平和をただ願うのではなく
事実と向き合い受けとめる建築
右とか左とか
そういうことはどうでもいい

「日本に、戦争があったという事実」というのがまずあって、それとともに、今でも都市の巨大な空白として存在する「皇居」というのがあって、そこを聖域として認識している人がたくさんいるのもまた事実で……。私がやりたかったのは、建築の中に、目に見えないもの、だけど確かに存在する「気持」とか「空気」というものを建築に詰めることです。そういうものを、皇居につくることはできないだろうかと、ずっと考えていました。

この建築は、すごくシンプルで、階段をひたすら降りて、上り、辿り着いた空間にはただ、空しか見えない。空白のボリューム（空間）が最後にあります。階段を下がっていく時に、いくつにも重なる壁を抜けていきますが、その隙間から見上げた空。戦争の時に見上げた空と、今見上げている空は、「空」という事実は一緒だけど、見る時の意識とかは違う。それが今の現実。でもこの建築を通して見た時に、ちょっと違う空間に見えるのではないか。鳥居をくぐっていくことで、聖域、神聖なものに近づいていくそういうふうな空間。

また、1つの方向にしか行けない一方通行のようなつくり、一度入ったらもう戻れないという建築でもある。経験したことがないのでわからないのですが、戦争に進んだ時の自分なりのイメージでやったり。こういうものが続いていくことで、決して気持ちがいいとはいえない空間ができ上がってきてて。はじめは、大したことのない壁の高さなんですが、人が階段を下りるにしたがって、壁はどんどん高くなっていって。ありえないぐらい圧倒的な大きさだったり、壁の量だったりします。そうして、今度は上がっていくと、最後には何もない空間が……。この建築全体を通して、精神的にも肉体的にも、体験したことのない空間になっているんじゃないかと。そういうのをつくりました。これが皇居に「傷跡」として残って、人々の「記憶」として刻まれていったらいいなと思って、つくりました。

Q&A・質疑応答

槻橋：かなりテーマ性の強い案ですが、難波さんいかがですか。

難波：呆然として聞いておりました。「右も左もない」っていわれるとちょっと困るなあという……（笑）。そういうふうに問題を単純化してほしくはないと思いますが。なかなかコメントしにくいですね。形はまったく違いますが、この種の記憶を残す建築はたくさんあります。この作品の、道行きがあって最後にヴォイドがある、というのは気に入っています。ベルリンの『ユダヤ博物館』[1]を思い浮かべました。それを参照しているんですか。

656：ベルリンの『ユダヤ博物館』は行ったことはありません。短大の時の卒業設計でも、戦争をテーマに美術館を設計しましたが、その時は、建築を使ったわけではなく、美術作品を使ってやったんですね。建築で表現するという面では、参考にするところはあったかもしれません。

五十嵐：興味のあるビルディングタイプですが、質問が3つほどあります。1点めは、皇居を敷地に設定したこと。ユニークだと思いつつも、きちんとその理由の説明がなかったように思うので。2点めは、亡くなった日本人の数と一緒だという本棚の本は、何の本であるか。3点めは、1941年から2009年という設定について。日本は戦争を、それ以前から経験していて、亡くなった人もいっぱいいるわけですよね。なぜ、その1941年から死者の数を数え始めたのかという理由。この3点を聞かせて下さい。

656：「なぜ敷地を皇居にしたか」についてですが、皇居は、戦争とすごく関わりのある土地だと思っています。日本は天皇制でできていて、でも「なぜそこに今まで戦争に関する建物がないんだろう」っていう疑問がもともとありました。皇居の中の、なぜその場所かというと、「空白のボリューム」という地上に出ているキューブは、ちょうど江戸城の跡地になっています。東京の区画というか街が、その江戸城を中心に広がっていくということが調べていくうちにわかったっていうか。そこを中心に、精神的シンボルというわけじゃないんですけど、「記憶」のシンボルとして、そこから広がっていくといいなと考え、この東御苑を選びました。

中にある本についてですが、基本的に戦争についての本を入れる考えです。冊数についてはそんなに考えていなかったのですが、読ませるというよりは、たとえば、壁という扱いで圧倒的な「量」を表現しています。日常では、絶対に想像しがたいこと、そういう空間を体感することによって、何かがそこを通して見えるんじゃないかと思いました。

1941年から数えたことについてですが、このキューブは人のボリューム（容量）でできているのですが、私は慰霊施設をつくりたかったわけではなくて、戦争という事実と記憶を建築で表現しようと思い、何を指針に始めればいいか、何をキーワードにしていけばいいかを考えた時に、考えたのがただそれだったというぐらいです。なぜ、太平洋戦争かというと、戦争を考えた時、自分にとっていちばん身近だからかもしれません。実は、310万人でもなんでもよくて、ただそれがきっかけになって、そういうことについて真面目に考えられるようになるといいなと思いまして、そこに意味はありません。

平田：降りていく階段が、断面の一部だけ欠き取

られていますよね。この構成はどういう意図ですか。一度、降りてまた上がっていきますが、そこに何か意味がありますか。

656：この模型ができる過程として、はじめにこの白い模型ができたんですよ。このいちばん上にある「何も見えないけど包んでいる空間」をまずつくりたかったんです。そして、どうやればそのことを効果的に見せられるかということで、この壁ができてきて、次にアプローチとして、人々をどう連れていくかということで地下に降りました。その時に、はじめは階段も端まであったんですが、だんだん狭くなって一人が歩けるぐらいまで幅が狭くなりました。

平田：わかりました。降りていくところで、いちばん下がっている部分には何か意味がありますか。

656：全部私のイメージですが、この建物の上部空間の体積と、階段の下がってまた上がる部分の体積が同じになっているんですね。そして、階段の下がるはじまりが1941年で、いちばん下がっている部分は1945年です。そして再び上がっていくにつれて現在に向かっていて、上部空間は現在です。

平田：モニュメントであるという限りにおいて、意味づけというのは、「私は」という語り口じゃない形で語られた方が、より強いとは思いました。

梅林：すごく重いテーマで、聞いてると、何をもってあなたがこれをつくりたいかというのがだんだんわからなくなってきました。基本的に、第2次世界大戦は、正しかったのか間違っていたのかとか、そういうことに対してきっちりと意思表示をしないと、こういう提案はつくれないような気がしたんですが、あなたはどういう考えなんですか。

656：私のパネルの詩の「右とか左とかはどうでもいい」ということですか。

梅林：「右か左か」はともかく、「正しかったか間違っていたか」は問われるんやないかな。

656：私はそこが大事だっていう話じゃなくて、「正しかったか間違っていたか」は何度も議論がされてきているんですが、私は全然「知らない世代」というか、その時にその場にいなかった世代で、私個人の意見というよりも、なんていうんだろう、誰の意見が正しいとか間違っているという話ではなく、みんながみんな、真剣に考えているから、たとえば対になる意見が生まれたりすると思ったりだとか。それ以前にこういう話をすると「目を背けてしまう人がいるっていう現状があるから」っていうことです。

妹島：最後のヴォイド（空白の空間）に着いたら、帰りはどうするんですか。

656：模型に穴を開けるのを忘れたんですが、ここ（建物上部を指して）にチュッと……。

妹島：壁に穴が開いているの？

656：はい、あの扉ぐらいの大きさで。扉はないんですが開いています。チュッと……。

妹島：そういう記録をきちんと残したいという気持はわかるんですが、それはやはりモニュメントじゃないとだめなんですかね。

656：私はモニュメントをつくったという自覚がないのかもしれないんですが、「モニュメントをつくったよね」とか言われると、なんか違和感があるんですよ。自分の子どもや後に続く世代の人たちが、ここに来た時に、「ああ、戦争ってこんなことだったんだ」ということを感じてもらえたらと思ったんです。本で読んだり、人から話を聞いたりではなく、空間としてそれを感じることができればまた違うんだろうなと思ったからです。遺跡みたいに残ってくれたらいいというだけで、自分の中では、モニュメントという感じではないんですが……。

註：
*1 ベルリンの『ユダヤ博物館』：ポーランド生まれのユダヤ系アメリカ人建築家、ダニエル・リベスキンド（1946年－）が設計した（1998年）。ホロコーストによるユダヤ人犠牲者のための博物館。

ファイナル

各賞決定のための
ファイナル・ディスカション

ファイナリスト10名の
プレゼンテーションが終わり、
ファイナル・ディスカション審査が
始まった。

Vote

表1 ■最初の投票（一人 3票をめやす）

ID	氏名	難波	妹島	梅林	平田	五十嵐	合計	備考
050	千葉 美幸	△	○	○	△		3	
081	石黒 卓	○	○	○	△	○	4.5	
165	卯月 裕貴		○		△		1.5	
182	橋本 健				△		0.5	
208	牧野 正幸						0	選外
226	鈴木 健史			△			0.5	
328	池田 隆志	○	○	△	△	○	4	
515	大野 麻衣	△			○		1.5	
585	髙山 祐毅						0	選外
656	鈴木 舞						0	選外

＊△印は次点

Photos by Nobuaki Nakagawa (p.78,80 pp.82-83 p.86,68)
Izuru Echigoya (p.79,84,87)
SF-NEKOTALO (p.85)

Final round Discussion

槻橋：それでは最終ディスカションに入らせていただきます。プレゼンテーション（以下、プレゼン）をふり返る前に、せんだいメディアテークの同時中継会場から、プレゼンに関する質問と意見が届いていますので、紹介します。2つありまして、1つめですが「建築を扱うためのパラメータ（媒介変数）が、純化されすぎていないか」「もっと建築は、複雑な総合芸術ではないか」という意見です。もう1つは、「設計の問題提起が、社会とどうつながっているのか」「都市や建築の未来と、どのようにつながっているのか」といったことについても、審査の中で、ぜひ突っ込んでいただきたい、ということです。この萩ホールの客席にいるみなさんも同じようなことを感じていることと思います。それでは、5名の審査員から順番に、推したい3作品を挙げていただき、プレゼンを聞いた印象をうかがいたいと思います。

五十嵐：例年、実際にプレゼンを聞くと、予想していたのとちょっと違うなと思うことが多々ありますが、それは今年も同様です。仙台に来る前に、京都や東京電機大学で卒業設計の展覧会を見てきたのですが、「今年は、びっくりするほど個性的な作品はない」というのが個人的な印象です。そういうわけで、正直、今回は、前回や前々回と違って、全力で推したいという作品がないんです。今のところ、よくできたものというより、批判をしつつも憎みきれないというか、ちょっと関心を

持ったものを3つ挙げました。まず、石黒案『Re:edit... Characteristic Puzzle（以下『Re:edit...』）』(081)は、手法に可能性があると思います。同じ手法を使って、もっと奇妙な風景もつくれると思う。また、作品の基本的な方向性も嫌いではありません。2つめの池田案『下宿都市』(328)は、本人のコメントとは別の角度から見ると、おもしろいかもしれないという思いがあります。3つめは、他の審査員からは叩かれるかもしれないですが、大野案『キラキラ―わたしにとっての自然（以下『キラキラ』)』(515)。論理を装いながら破綻しつつ、ショートしながらも、いろいろなものが絡み合って、結果的にこれも「あり」かなと思いました。

平田：社会性についていうと、建築における社会性というのは、空間を通して、他者とある種の共感をつくり出していく上で、その建築の持つ説得力の中にあると思います。その意味で、発表された作品に見られた「身体的な小さなスケールと都市的な大きなスケールがそのままつながるような意識」のあり方の中には、社会的な問題を解決するためのハッとするような手がかりが提示されている可能性がある。そういう点では、社会につながる提案が多少はあったのではないかと思います。

その一方で、社会性や客観的な方法についてみた時、設計する上でのルールやアルゴリズムなどが取り沙汰されます。しかし、作者がそういうことを説明しようとすればするほど、逆に、自作や自己の中に閉じこもってしまうような気がします。本人は社会的であろうとしているが、実は反転してしまって、作者の主張は反対方向に向いて作用しているという感じです。建築にとってのルールやアルゴリズムのあり方について、今一度考えないといけない。むしろ、もっと新しい空間や共感を得られるような状態を提示した方が価値があるし、説得力があるとも思います。

そこで僕が考えさせられた作品は5つです。順位は、まだ並列ですが、この作品の中から、評価できる手がかりを探したいなと思っています。

梅林：僕もまだ迷っています。今年は、難波先生が審査員長なので、社会性のある作品を選ぶ会になるだろうなと思って来ましたが、思った以上に、社会性のある作品が少なかったように感じました。何をもって社会性というかは難しいところですが、「社会とつながっていこうという意識」は、過去の「卒業設計日本一決定戦」のオフィシャルブックをめくってみても少ない気がします。形の操作とか、内向的な空間からスタートしている作品が多いように思いました。そういうことも含めて、最初は、高山案『消失と現出』(585)や卯月案『THICKNESS WALL』(165)など、「もので空間が記述されている」ような作品がいいなと思っていたんですが、話を聞いているうちに、もう少しオープンエンド（後で変更可能）なものというか、ここからどうにでも展開していけるような作品の方がいいのかなと思い返しました。それで結局、千葉案『触れたい都市』(050)と石黒案『Re:edit...』(081)。それから最初は票を入れていなかったんですが池田案『下宿都市』(328)と鈴木案『でっかいマドとながいドマ』(226)のいずれかで迷っています。なんで迷ってるかというと、平田さんもおっしゃっていましたが、鈴木案(226)は、「縦のものを横に読み直していく」というダイアローグ（やりとり）はうまくできてると思うんですが、敷地の選び方が間違っているような気がしているんです。

妹島：社会性については、平田さんもおっしゃったように、自分のことも含めて何ができるかを考

Final round Discussion

えたのですが、新しい空間を提案することができたら、それは、新しい関係性や価値観をつくり出すことができます。それもまた、社会とつながっている建築だと思います。そういう意味では、いろいろな社会性があると思います。今日、発表した人に社会性が全く欠如しているということではなくて、それぞれ、今までなかったものを提案していると思います。ただ、確かにパラメータが少なすぎるという話は審査員の中でも出ました。模型が真っ白だったり、敷地はわからないでアブストラクト（抽象的）な関係性だけを提示した提案などだったりすると、その点を突っ込まれることにはなりますね。

私は、高山案『消失と現出』（585）についてはわりと批判的で、周囲の都市から切り離されていて、都市に対して閉じている作品という印象で見ていました。しかし、充分、新しい可能性をはらんでいると思います。たとえば、アートはこれまで、建築の壁がフレームや背景となって展示されることが多かったと思いますが、この作品のように、そういうものがすべて消えて、エッジがなくなった空間にアートを展示するということは、これまでと全然違うアートの可能性を生むだろうし、人や空間やアートの間に違った関係性が出てくるでしょう。

実際の建築の仕事になってくると、いやでもいろいろなことを解決しなければならなくなりますから、自分がどう考えるかということはとても重要になってくると思います。どの作品がいいかは難しくて、今のところ4作品の中で迷っています。

難波：僕は6年前から東京大学で卒業設計の学内講評会に参加してきて、3年前からは、東京工業大学と東京藝術大学と東京大学の3大学合同で卒業設計の公開講評会をやっています。そこでいつも問題になるのは、非常に個人的なイマジネーション（想像力）というかモノローグ（独白）的な作品と、社会性を扱った作品とどちらがいいのかということです。

僕は、基本的に建築の設計とは、個人的なリアリティというかイマジネーションから出発せざるを得ないと思います。要はそれをどう社会化するかという、その勝負だと思うのです。社会性から始めて、そこに個人性を引きずり込むというやり方は、たぶん、現代ではなかなか通用しない。そして、ここに選ばれた作品をはじめ出展作品は、作者の個人性がどこまで自分の外に対して開かれているか、という点から見た時に、まだ社会につながっていく途中で留まっている、というだけなんだと思います。だから、出発点としてはどれも間違っていないと思います。

逆に、実社会を見ると、1980年代頃から、いわゆる公共建築がほとんど、民営化されました。「公共性」みたいなものが消えてきて、公共の集合住宅なんて今はもうつくれない。そういう意味でいうと、都市において建築家が取り組むべきテーマは2つしか残されていないと思います。集合住宅と商業建築です。もちろん、たまに公共建築もあると思いますが、都市を形づくっている大きな力は、この2つだと思います。それで、「今日の審査では、このどちらかのテーマに正面から対峙している人を選ぼう」と思って臨みました。

「空間を追求する」というテーマもおもしろいと思いますが、社会性というテーマでしたら、やはり集合住宅と商業建築だろうと思います。そして、どの作品を選ぶかというと、僕はなんとか京都大学を外したいなと思ったんですが（笑）、残念ですけれども東京大学が残っていないんで……。石黒案『Re:edit...』（081）と池田案『下宿都市』（328）の二人は全面的にプッシュしたいと思います。それから、千葉案『触れたい都市』（050）は、次点という感じです。なぜかというと、大野

案『キラキラ』(515)を推したいからです。ただ、この作品は、集合住宅ではないので、ちょっとひっかかっています。

槻橋：ありがとうございます。総括しますと、池田案『下宿都市』(328)は、梅林さんが迷っていて、平田さんが考慮するというのを含めると、審査員全員が推しています。それから、石黒案『Re:edit...』(081)にも全員が投票しています。比較的、票が集まったという状況ですね。そこで、議論を進めていく上で、まず、審査員の票が入らなかった3作品、牧野案『小さく世界を拡大表示してみる。』(208)、高山案『消失と現出』(585)、鈴木案『THE SCARS OF WAR―戦争という傷跡と記憶（以下『THE SCARS OF WAR』）』(656)を議論の対象外とするにあたって、審査員の先生のコメントをいただければと思います。牧野案(208)について、最初の段階では気に入っていた梅林さんにお話をうかがいたいと思います。これを議論の対象外としていいでしょうか。

梅林：徹底的に個人的な空間の嗜好で描き切っていて、ある意味ではすごく潔いような気がしていました。しかし、話を聞いてみると、結局「世界が拡大表示して見える」とはどういうことなのかがわからずじまいだったので、推しどころが見えなくなったという感じです。ついでにいうと、高山案『消失と現出』(585)は、非常に推していたんです。作者が、なんとか光の空間みたいなものを見出したいという意図の下、ストラグル（葛藤）とプランニング（設計）を繰り返して、ようやく見つけた隙間＝作品なんだと思いたかった。けれど、話を聞いていると、まずはその「空間ありき」で、想像していたのと逆だなと思いました。プログラム（建築設計に盛り込まれた役割や機能）なんか何も説明せずに「光の空間だけだ」と言ってくれた方が、潔かったと思います。

槻橋：それは、質疑の中の平田さんの「なんで地下にしなかったの？」という質問とも連動しますよね。内部だけでよかったんじゃないかという……。

梅林：そうかもしれませんね。だから、ホールみたいな外観の形とかも全くなしにして、「光の空間をつくり出すためのオブジェや媒体」だけで最後まで通してくれた方が、可能性が開けたかもしれないと感じました。説明を聞いて、それがちょっと残念でした。

槻橋：ありがとうございます。それでは、五十嵐さん、鈴木案『THE SCARS OF WAR』(656)についてひと言お願いします。

五十嵐：メディアテークの中継会場からの意見とも関連しますが、今回は、ファイナリストを選んでいく際に、僕も、ダイレクトに社会性に課題がつながる作品が少ないと思っていました。鈴木案(656)は、戦争という非常に大きな記憶と関係する物語です。戦争に関する施設なので個人的にも興味がありましたが、同時に、「どこまで考えているんだろうか」という疑問もありました。こういうテーマの建築は、定番だしセオリーがあるので、ある種の崇高性を喚起する空間をちゃんとつくってほしいし、戦争の意味付けについてももう少し正確に打ち出してもらわないといけない。その点について、質疑応答の場で「そんな話はいいんじゃないの」みたいな感じで言われると、ちょっと僕は推せません。逆にいうと、彼女の持っているギャップが、すごくおもしろいとは思うんですよ。だから、古典的な方法で戦争のメモリアル空間をつくるよりは、これまでの戦争に関わる建築をよく知っている古い世代の人たちが思いもつかないようなものを、彼女の感覚で出してくれたらよかったように思います。

槻橋：はい、ありがとうございます。それでは、牧野案(208)と高山案(585)、鈴木案(656)、この3作品については、議論の対象外とさせていただくことで、よろしいですか。何か言っておきたいことがあればお願いします。

平田：ひと言だけ。牧野案『小さく世界を拡大表示してみる。』(208)は、完全に個人的な作品だ、という感想が多かったんですが、一方で、彼のようにものすごく小さなものに対しての感覚を、かなり巨大なスケールに結びつけるという感性や空間の考え方は、実は、他者の共感を得る可能性を秘めていると思います。その意味では、この作品は、ある種の社会性を獲得する可能性がある。ただ、今の彼の作品の中に、その種は感じられますが、充分感じられるには至っていないだけのことです。ですから、「完全モノローグ」対「完全社会性」といった対立のもと、「この作品はモノローグ」という評価で片づけてしまうと、問題の本質が違ってくるので、そのことだけは言っておきたいと思いました。

槻橋：はい、ありがとうございます。では、時間の関係もありますので、この3作品については「対象外」にさせていただきます。3名の方、コメントをどうぞ。

牧野（208）：ええっと……僕は、私的な考えをもとにはしているんですが……。考えてきたことは、ほんとうに地道な作業に基づいていて、それが思うように伝わらないというのは、自分の至らなかったところだと強く感じさせられました。

槻橋：でもファイナリストに選ばれたいうことは、充分伝わった上での話だと思いますよ。ありがとうございます。

牧野（208）：どうもありがとうございました。
（会場拍手）

槻橋：それでは『消失と現出』の高山（585）さん。

高山（585）：梅林さんから、「建築空間のボリュームの組合せのストラグルみたいなものが見えない」というご指摘をいただいたんですが、自分としてはプログラムというよりは、ストラグルの方で考えていました。ボリュームとボリュームの間の話ですが、あるボリュームから開口を通して別のボリュームを見た時、そこに開口の大きさに比べてかなり大きなボリュームがあったら、その面が白く光って、「消失と現出」のような現象が起こるということを、考えながらつくったということを、最後に伝えたいです。

槻橋：はい、ありがとうございます。
（会場拍手）
では鈴木（656）さんお願いします。

鈴木（656）：さっき言われたとおり、やっぱりメモリアル空間をつくろうとしたわけではなくて、都市に戦争があったという傷跡を目に見える形で残したかった。そういう建築をめざして奮闘しました。

槻橋：思い残すことはないですか。

鈴木（656）：いや、私の日本語の下手さには自分でもちょっとあきれました（笑）。

槻橋：個性的で、すごく楽しいプレゼンテーションだったと思います。ありがとうございました。

鈴木（656）：ありがとうございました。
（会場拍手）

槻橋：では3名を除いて、7名になりました。その中で「半推し」といいますか、審査員が「ちょっと迷っている」という作品が2作品あります。橋

Final round Discussion

Vote

表2■上位5作品（特別賞以上）を決める

ID	氏名	難波	妹島	梅林	平田	五十嵐	合計	備考
050	千葉 美幸	△	○	○	△	○	3	
081	石黒 卓	○	○	△	○	○	4.5	
165	卯月 裕貴		○		△		1.5	
182	橋本 健				△→×		0.5→0	選外
226	鈴木 健史			△			0.5	選外
328	池田 隆志	○	○	△	△	○	4	
515	大野 麻衣	△		○		○	1.5	

＊△印は次点

本案『人と都市の間』（182）で、これは平田さんがセミファイナルで予選未通過の中から引っ張り上げ、審査員を説得し敗者復活的に上がってきた作品です。もう1つは、鈴木案『でっかいマドとながいドマ』（226）で、これは、梅林さんが迷っているということでした。それぞれ現時点では1名しか推していません。受賞作品が5点選ばれるという意味では、この2作品を除くと、受賞する5作品が決まることになります。この2作品をもう少し議論の俎上（そじょう）に残すべきじゃないかという意見があればそうしますが、平田さん、敗者復活の橋本案（182）、いかがですか。

平田：今残っているものの中でも決して見劣りしない、非常に強いメッセージを持った作品だと思います。ただプレゼン最後の断面図があまりよくない。それをラストの「決め」にしているところで、「ちょっと違うんじゃないか」っていうのは正直ありました。しくみを考えたところまではいいけれど、完全に審査員を畳み掛けるべき「決め」のところで、ちょっと弱い。だから、全体像しか考えていないんじゃないかという批判に対して弱いんですよね。そういう意味で、よく頑張ったという気はするんですよ。ここまできたのでいいんじゃないかっていうか（笑）。僕はすごく好きな作品なので、それは伝えておくとして、そこを越えてまで推しかねるというところです。

槻橋：橋本（182）さん、どうですか。今、ちょっと外れそうな感じですが、再度、敗者復活というのは（笑）。

橋本（182）：僕は建築をつくることは、夢を見ることだと思っていて、夢を見るために、新しいことをつくっていく。その新しいこととは何かっていうのを卒業設計で自分なりにやってきました。敗者復活でファイナリストに選んでいただいて、自分の中では、自分が「日本一」なので（笑）、それでいいと思います。

槻橋：非常にステキな言葉でしたが、では外すということでよろしいですか。すみませんね、最後通告みたいな感じで（笑）。

妹島：この橋本案とあと、どれを外そうとしているんですか。

槻橋：外そうとしているわけじゃないんですが（笑）、鈴木案『でっかいマドとながいドマ』（226）ですね。

妹島：はい。難波さんには申し訳ないですけれど、大野案『キラキラ』（515）はどうですかね。他の審査員は、プロセスがハチャメチャだと言ってましたが、私はプロセスの説明はきちっとできてると感じたんです。ただ、「キラキラ」っていった言葉と、そこから辿っていったこととの乖離（かいり）が大きいなと思いました。「こういうことをあの場所で考えて……。」というプロセスは納得できましたが、まあ、別にそれは「キラキラ」じゃなくてもよかったかな。それと、保育園を地下に入れているあたりが、私としては少し気にかかっています。ですから、この作品を残して、他を落とすのかについて、少し協議してみてもいいのではないでしょうか。

平田：僕も、橋本案『人と都市の間』（182）を落とすんだったら、大野案『キラキラ』（515）を残すのは違うんじゃないかと思います。やはり、『キラキラ』（515）は建築としての完成度があまりにも低い。個人的には、これだけの全国大会で最後まで残る作品ではないという思いがあります。ごめんなさい、大野（515）さん。

槻橋：今、大野案『キラキラ』（515）が俎上（そじょう）に載ってきたのですが、強く推していらっしゃるのが五十嵐先生です。

五十嵐：強く推しているわけではないんですが（笑）。「普通にいい作品だけが、普通に残る」というのもどうかな、と。まあ、ほとんどジョーカー的な役割で申し訳ないんですが、そういう感じで推した部分もあります。はっきり言うと、僕も、千葉案『触れたい都市』（050）は結構いいと思っているんですよ。だけど、石黒案（081）、池田案（328）に千葉案（050）という3作品じゃあ、ちょっと当たり前すぎると思うんです。大野（515）さんが、「キラキラ」というキーワードをベースに、すごく個人的な展開をして、他の人が共感できないところもあるし、最後にできた空間が素晴らしいとはいいがたいとも思います。ただフィクション（虚構）であれ、手続きどおりに操作していって、生まれた建築。東京の大久保という場所にはそれもアリかなと。うまく言葉にはできないんですが、デコボコでも強引な力技を評価したいな、と。ちょっと深読みもしつつ、あえて推しています。

梅林：僕は、スタートの「キラキラ」という部分にはすごく共感します。「キラキラしたもの」は作者が社会をつかみ取るためのイメージだと思いました。イメージがとても強いのが魅力で、意外と社会につながっていく可能性がある提案だと感じました。はじめに話を聞いた時には、小さなものからスタートして、それが反復しながら成長して全体がスムーズにできていくような構造の建築かと思ったんです。ところが実際に模型を見ると、非常に大きな架構が目に付く堅いイメージで、セル・オートマトンという計算式による構造体ができているようには、見えなかった。それが僕としてはひっかかっています。

槻橋：難波先生は、大野案『キラキラ』（515）に「住宅があれば」とおっしゃってましたが、い

かがでしょうか。

難波：個人的なイマジネーションをどのように客観化するかという問題に、落差のある方法で取り組んでいて、その落差がすごくいいなと思ったのと、他の作品にはないコンストラクション（構造）の話をちゃんとしている点が非常に魅力的でした。卒業設計というのは、「あがり」じゃない。もしかすると、この人はこのままいったら、もうちょっと伸びていくのではないか。この先の進化というか、勢いを感じました。建物は確かに不完全ですが、勢いを買いたいと思います。

槻橋：そういう意味では、難波先生は、特別賞以内の上位5位には入るんじゃないかと思われるわけですね。

難波：はい。

槻橋：ここでもう一度整理しますね。今、7作品残っています。石黒案『Re:edit...』（081）と池田案『下宿都市』（328）、この2作品については、平田さんと梅林さんの「半推し」を含めて、全審査員が推している。千葉案『触れたい都市』（050）は、五十嵐さん以外の4名が推しています。ですから、4名以上が推しているもので上位3作品になります。その他に2名と1名が推す作品があります。単純に割り切って話すことはできませんが、上位3作品が、少なくとも「日本一」「日本二」「日本三」のいずれかに入るということを先に決めて、それから「特別賞」の2作品を決める、という進め方でいかがでしょうか。

妹島：ここまで残った作品は、どれも力がこもっていると思います。千葉案『触れたい都市』（050）と池田案『下宿都市』（328）は、方向性は違いますが、設計の手法が似すぎていると思います。エネルギーや力強さ、新しさを感じるし、非常に感銘を受ける作品ですが、冷静に考えると大きな破綻も同時に抱えていると思うんです。それにもかかわらず、同じ手法の作品を上位3つのうちの2つに入れるというのは、少し危険かなと思います。

槻橋：妹島さんは、たとえばどれが入るべきだと思われますか。卯月案『THICKNESS WALL』（165）が入るべきとお考えですか。

妹島：そうですね。卯月案（165）は入ってもいいんじゃないかと思います。

槻橋：平田さんは今、卯月案『THICKNESS WALL』（165）も橋本案『人と都市の間』（182）も、両方検討していますが、「どちらかを」といわれたらどちらを選びますか。

平田：卯月案『THICKNESS WALL』（165）を推したいと思います。外に対して閉じた提案のように評価されていますが、この作品は、建築の方法論を通じて、人と人の関係性やそこで起こることを変えていこうとしています。それは言ってみれば、建築が社会に通じるための唯一の方法じゃないかと思います。建築のつくり方にファクター（要素）が少なすぎるのは弱みですが、それゆえに、突出した実験性というか、これを通じて何か別の次元に突き抜けようとする考えの「濃さ」を感じます。しかも都市のスケールで建築に取り組んでいる人が多い中で、手法論だけに偏らず、真正面から建築の提案をしているという意味では、男らしいというか、その潔さは非常にいいんじゃないかと思います。

槻橋：そうすると、橋本案『人と都市の間』（182）は残念ながら平田さんの後ろだてがなくなったので、やはりちょっとここで……。

平田：ゴメン。

橋本（182）：（笑顔でうなずく）

槻橋：そうしますと、今、6作品残っています。大野案『キラキラ』（515）に関しては先ほど難波先生からのプッシュもありました。鈴木案『でっかいマドとながいドマ』（226）については、梅林さんが少し推していますがいかがですか。この作品は、セミファイナルでは最も票数を集めました。難波先生も3点票を入れていますが。

難波：3点票を入れた10作品の中の1つであったということです。3つ選べと言われて、外れてしまったというだけのことなんですが……。

槻橋：では、鈴木案「でっかいマドとながいドマ」（226）は、ここで外したいと思いますがよろしいでしょうか。
（審査員一同、うなずく）
鈴木（226）さん、ひと言メッセージをどうぞ。

鈴木（226）：提案に対して、敷地の選び方が悪いと言われましたが、そのジレンマは僕も抱えていました。僕なりに解答を出したつもりでしたが、それがちょっと甘かったみたいです。また、がんばりたいと思います。

槻橋：ありがとうございます。
（一同拍手）
ここまでで5作品にしぼられました。千葉案『触れたい都市』（050）、石黒案『Re:edit...』（081）、卯月案『THICKNESS WALL』（165）、池田案『下宿都市』（328）、大野案『キラキラ』（515）です。この5作品が受賞の対象ということになります。今、全員が推しているのが、池田案と石黒案ですが、この2つが「日本一」と「日本二」のどちらかになるという議論にしてよろしいでしょうか。

Final round Discussion

難波：僕は、石黒案『Re:edit...』（081）がベスト1だと思います。先ほどから何度も同じことを言っていますが、個人的な体験と、それを社会化するということをエレガントに、しかも地方都市でやっているというのがいいと思います。できあがったものも、外部空間が魅力的です。池田案『下宿都市』（328）もいいんですが、僕にとってはちょっと強すぎるという気がします。

妹島：私も石黒案（081）がいいと思います。

平田：妹島さんにそう言われてしまうとなんなんですが、僕は、石黒案（081）に入れた自分の票を外してもいいかなと思っています。

梅林：先ほどの妹島さんのお話で、千葉案『触れたい都市』（050）と池田案『下宿都市』（328）が同じ傾向だということについてですが、そう言われたらそうだと思えるんです。それで、破綻の度合いからいくと、千葉案（050）の方がはるかにいいような気がします。さらに、池田案『下宿都市』（328）に比べて、いろいろな構造が重複しているような感じがします。
最初の投票では、3票目を鈴木案『でっかいマドとながいドマ』（226）と池田案『下宿都市』（050）で迷っていました。しかし「同じ傾向」という観点から見ると、高山案『消失と現出』（585）と卯月案『THICKNESS WALL』（165）も意外と近いように感じます。そうなると、この高山案（585）が消えてしまうんやったら、卯月案（165）に票を入れておいてもいいかなあという気がしてきています。

槻橋：では、ここで一回リセットして、「日本一」と思う案に投票をしてもらい、「日本一」から議論していきたいと思います。

妹島：私は、最初の投票で4票入れたんですが、池田案『下宿都市』（328）の票を外して、「日本一」は、石黒案『Re:edit...』（081）か卯月案『THICKNESS WALL』（165）で迷っているという感じですね。

槻橋：平田さんは、この状況下ではいかがですか。

平田：僕は、石黒案『Re:edit...』（081）をすぐれた作品だとは感じますが、1等にふさわしいのだろうか、という疑問があります。「こういう建築を僕は考えているんだよ」という勢いとか強いエネルギーがある案を選びたいんですよね。石黒案（081）はうまくできているけれども、「今まで見たことがない」とか、「ハッとする」というところが——微妙にはあるんですけど——足りない気がするんです。もしかすると、ボディブローのように効いてくる魅力がある案なのかもしれないけれど……。その点がずっと気になっていたので、石黒案（081）が簡単に「日本一」になる流れに対しては、微力ながら抵抗したいなと思います。まあ、抵抗していたという記録だけは（一同笑）、明確に、この場のみなさんの前で残したいです。

槻橋：今、明確に難波先生と平田さんとの間の対立が明らかになったわけですけれども（一同笑）、五十嵐さんは？

五十嵐：去年、日本建築学会のあるコンペで千葉（050）さんの作品を審査したことがあって、その時は、赤い鉛筆のドローイングを出していました。今回は、全くタイプの違う作品ですが、いずれも非常に完成度が高い。おそらく、この中でいちばん力がある人なんじゃないかと思います。

しかし、今回の出展作だけで見て、ごくわずかな差ではありますが、あえて、石黒案『Re:edit...』(081)と池田案『下宿都市』(328)に票を入れました。「特別賞」には、少々粗削りでも何かを突き詰めている案がいいと思っているので、「特別賞」ねらいで大野案『キラキラ』(515)に票を入れています。石黒案(081)と池田案(328)については、好みになってしまうんですが、石黒案(081)の方がコンセプチュアル（概念的）な方法をとっているので、「日本一」に推したいと思います。先ほど批判したように、少しきれいにまとまりすぎているように感じますが、この手法を使ってもっと異様なモノにも発展する作品だと深読みして、選びました。

槻橋：そうしますと、今「日本一」として石黒案『Re:edit...』(081)を推しているのが、難波さんと五十嵐さんの2名ですね。妹島さんは、卯月案『THICKNESS WALL』(165)と石黒案『Re:edit...』(081)を強く推していましたが、「日本一」というと……決めがたい感じですか。

妹島：確かに平田さんがおっしゃるような感じは持っていますが、じゃあ、石黒案『Re:edit...』(081)にしとこうかな（笑）。

槻橋：ということで、今、石黒案『Re:edit...』(081)は「日本一」として3票を集めています。それから池田案『下宿都市』(328)を推しているのが……。ちょっと錯綜してきましたね……。

小野田：はい、すみません！（点取り表のそばに立ち説明）会場の声を代弁するメッセンジャーです。かなり複雑になってきて、会場のみなさんが追いかけていけないと思います（笑）。一旦現状を整理させてください。
今は、「日本一」を決めようとしているわけですよね。少なくとも、石黒案『Re:edit...』(081)は、難波さん、妹島さん、五十嵐さんが「日本一」として推しています。これはオッケーですね。

槻橋：はい。

小野田：次に、『下宿都市』(328)は、難波さんが「日本二」、で、梅林さんが……。

槻橋：梅林さんは、千葉案『触れたい都市』(050)を「日本一」に推しています。

小野田：はい、失礼しました。で、平田さんは……。

平田：僕は、千葉案『触れたい都市』(050)か池田案『下宿都市』(328)を選べと言われたら、千葉案(050)ですね。
池田案(328)は、全体像に対する考えが希薄なところが気になっています。千葉案(050)は、全体像と個々の欲求に応える部分、そしてその重ね合わせが見事にできていて、建築の提案として、より強いと思います。ですから、千葉案『触れたい都市』(050)がいいと思います。

槻橋：で、石黒案(081)と千葉案(050)が3対2になっているわけですね。

小野田：卯月案『THICKNESS WALL』(165)を推している人はいないのですね。

槻橋：「日本一」として推している人は、今のところいません。
平田さんは、千葉案『触れたい都市』(050)と卯月案『THICKNESS WALL』(165)だと、どうですか。

平田：ちょっとそれは、同列では比べられません。

池田案『下宿都市』(328)と千葉案『触れたい都市』(050)は明らかに同じような路線なので比べられますが、簡単に千葉案(050)と卯月案(165)の比較はできませんね。

小野田：それでは、平田さんは、千葉案『触れたい都市』(050)と卯月案『THICKNESS WALL』(165)の2つですか。

平田：まあ、千葉案(050)か卯月案(165)のいずれが「日本一」かと聞かれたら、僕が京大出身で、千葉(050)さんが京大だからということは、全くないのですが（笑）、千葉案『触れたい都市』(050)を選びます。

小野田：はい。それから、平田さんの中では、卯月案『THICKNESS WALL』(165)が「日本二」ということですね。

平田：はい。

小野田：五十嵐さんは……。

五十嵐：「日本一」は石黒案『Re:edit...』(081)で、池田案『下宿都市』(328)が「日本二」です。

槻橋：そうなってきますと、「日本一」をめぐる審査員の意思の分布は、千葉案『触れたい都市』(050)と石黒案『Re:edit...』(081)に集約されてきました。石黒案3票対千葉案2票の状況です。難波さんは、審査員長であり、かつ微動だにされない。梅林さんと平田さんが、それに反旗をひるがえしている形です。平田さんからは、石黒案『Re:edit...』(081)ではなくて、千葉案『触れたい都市』(050)がいいという、強い反対意見がありましたが、梅林さんは、どうお考えですか。

Vote

表3 ■日本一の投票（一人1票をめやす）

ID	氏名	難波	妹島	梅林	平田	五十嵐	合計
050	千葉 美幸			○	○		2
081	石黒 卓	○	○			○	3
165	卯月 裕貴		○		○		2
328	池田 隆志						0
515	大野 麻衣						0

表4 ■日本一・日本二の投票（一人2票をめやす）

ID	氏名	難波	妹島	梅林	平田	五十嵐
050	千葉 美幸			①	①	
081	石黒 卓	①	①			①
165	卯月 裕貴		②		②	
328	池田 隆志	②				③
515	大野 麻衣					

＊①は日本一、②は日本二、③は日本三

Final round　Discussion

Vote

表5 ■日本一の決戦投票（一人1票）

ID	氏名	難波	妹島	梅林	平田	五十嵐	合計	決定
050	千葉 美幸			○	○		2	
081	石黒 卓	○	○			○	3	日本一

梅林：石黒案『Re:edit...』（081）は、ものすごく緻密でいいと思うんだけれど、力強さと、強引でも案をまとめきっている能力は、千葉案「触れたい都市」（050）にありそうな気がします。これも感覚的なんですが……。僕も言うときますけど、僕が京都出身だからとちゃいますよ（笑）。そういう意味で、「日本一」は千葉案（050）で、石黒案（081）が「日本二」かなという気がしています。

槻橋：ここで少し余裕があるうちに、この二人の声を聞いておきたいと思います。『触れたい都市』（050）の千葉さん、いろいろ言われていますが、これから「日本一」になりますか。

千葉（050）：はい（笑）。卒業設計にあたっての、自分の立ち位置などを説明しても大丈夫ですか。

槻橋：はい、短めにどうぞ。

千葉（050）：卒業設計にあたって、これからずっと建築と関わっていこうということで、都市と人と建築について、1年間考えてきたんですが、自分の立ち位置としては、構成力や総合力が強みだと思ってやってきました。考えられる範囲の中では、破綻しないように構成を考え、シンプルなシステムを心がけました。それは、都市にとっては絶対に外せないものだと思ってやってきたところがあります。以上です、ありがとうございました。

槻橋：『Re:edit...』（081）の石黒さん、今優勢ではありますが、あまり気にせずお話しください。

石黒（081）：非常にプレッシャーがあるんですが（笑）、まず強く言っておきます、「日本一」欲しいです。そして、北海道大学の作品が昨年、ファイナルの10選に入りましたが、僕は、その北海道大学の一人として、この場に立てることを誇りに思っております。うちの大学は、社会性をかなり重要視しています。僕が、この1辺10mで「エディット（編集）する」ということを思いついたのも、ただの思いつきではないんです。室蘭市の沢町は炭坑住宅地区で、山の上に登っていくほど炭坑住宅が密集していったという過程があります。山の上の方に住んでいる高齢者たちが、生活のために、また病院に行くために下の町に下りてきた時に、ありきたりの町のマンションのような空間にそのまま入っていいのか、という問題意識を持ちました。その部分からも、この「切り取って集めてくる」という発想が出てきました。ですから、僕はこの「10m」は、全くの思いつきではなくて、社会性を秘めた部分もあると思っています。よろしくお願いします。

槻橋：今のお話、僕にはすごく説得力があるように聞こえたんですが、梅林さん、平田さんいかがですか。

平田：いや、彼の話は非常に真っ当だし、共感しますし、いいと思うんですよ。ただ、たとえば、千葉案『触れたい都市』（050）のようなアプローチに社会性がないかというと、決してそうではないということだけは強く言っておきたい。僕は、「身体と都市のスケールを、建築の姿や原理によってつなぐ」という感覚を提示できれば、その建築案は説得力を持ち得ると考えています。実は、そこにこそ建築家の存在理由があると思います。でなければ、建築家なんて要らないんじゃないかと思うぐらいです。その一点にかけて潔く勝負しているかどうかが、評価の基準だと思うんですね。だから、石黒（081）さんと、千葉（050）さんの社会性へのアプローチは少し異なっているけれども、双方とも決して社会性がないというわけではない。あるいは、社会性というファクター（要因）において、どちらがすぐれているかというのは、ちゃんと自分の立場表明をした上でないと、どの審査員も判断は下せないんじゃないかと思います。

槻橋：梅林さんはいかがですか。

梅林：全く僕も平田さんに同意します。石黒案『Re:edit...』（081）は、破綻なくきっちり詰めた案で、うまくできていると思うんやけど、もっと破綻があるものを、力技で押し付けてみようというぐらい元気があったっていいんじゃないの、とも思うんですね。社会性とかとは関係ないけど（笑）。そういう力強さというか元気のよさは、千葉案『触れたい都市』（050）の方があって、学生らしいと僕は思います。

妹島：私も、千葉案『触れたい都市』（050）が社会性がないとは思っていないし、ほんとうにエネルギーにあふれていると思います。上位3作の中に同じような傾向のものが2つ入るのがどうかと思っただけです。私は逆に、今の石黒さん（081）

の「社会性はあるんだ」っていう説明は、ちょっとつまんないなあというか、聞いてちょっとトーンダウンしちゃいました。私としては、この2つの建築が現れた時に、まわりの風景の中でどっちが違和感がないかという点から選んでいるんです。ただ、私の票が動くとまずいから（笑）……。

槻橋：動こうとされてるんですか。（笑）

妹島：いやいやその、どうですかね（笑）。

槻橋：この中でいちばん時間を気にしないといけないのが、妹島さんであることは確かなんですが……。とはいえ、ここは大事なところです。妹島さん、どうされますか。迷いつつも、変わらないでしょうか。今、みなさんの話を聞いて、千葉案『触れたい都市』（050）と石黒案『Re:edit...』（081）に関しては、多数決で決められるぐらいの接戦で、社会性に対する解釈や角度の相違として受け止められるんじゃないかと、私は解釈しました。そういう意味で、これは票数で決めてはいかがでしょうか。審査員長はいかがでしょうか。

難波：槻橋さんが引っ張るんで、ちょっとイライラしています。千葉案『触れたい都市』（050）は勢いがあるし、学生らしいと言われていて、そのとおりだと思いますが、石黒案『Re:edit...』（081）にも、抑えたエネルギーがあると思います。見た目がどうこうというわけではなくて、緻密な計算されたエネルギーみたいなものを感じるので、僕は、石黒案（081）を推しています。社会性がどちらにあって、どちらにないというような議論は、全く的が外れていると思います。

槻橋：ありがとうございます。それでは、難波さん、五十嵐さん、妹島さんの3票入っている石黒案『Re:edit...』（081）を「日本一」とするという決断でよろしいでしょうか。
（審査員一同、合意）
それでは、「日本一」が先に決定しました。北海道大学、石黒卓さんの『Re: edit... Characteristic Puzzle』（081）が「日本一」です。おめでとうございます。
（一同拍手）
続きまして、「日本二」「日本三」そして、「特別賞」2つを決めなくてはなりません。
今、千葉案『触れたい都市』（050）に、梅林さんと平田さんが「日本一」と推されて2票入っていますが、これを「日本二」として、よろしいでしょうか……。難波さんは、池田案『下宿都市』（328）がいいのではないかということですが……。平田さんも、池田案（328）を推していましたが、千葉案（050）を選ばれた。五十嵐さんは、池田案（328）を支持するということでしたね。

五十嵐：まあ、自分にとっては僅差なので、池田（328）さんのコメントをもらいましょう。それ次第では票を変えるかもしれませんが（笑）。

槻橋：池田（328）さん、言い忘れたことや自分の作品の売りなど、ひと言お願いします。

池田（328）：どう言ったらいいですかね。他の案の悪口とか言わない方がいいですかね（笑）。すみません、何か疑問点など質問していただいた方が答えやすいです。

槻橋：はい、あまりコメントがないようですので、あとは任せるということでよろしいですか。

五十嵐：あの、「日本二」は、千葉案『触れたい都市』（050）でいいと思います。やっぱり、こういう時には、ちゃんと主張してくれないと……。

Final round Discussion

050 081 165 182 208 226 **328 515** 585 656

池田（328）：そうですね、これを言うのが正しいかどうかわからないんですが、千葉案（050）は、建物の中の方は、普通のビルディングタイプにすぎないんじゃないかと、京都大学内の講評会の時から思っていました。総体として、山の形が意味合いを持っているというのは理解できるんですが、既存の形式にとらわれている部分は気にかかっています。ちょっと言いにくかったので言いませんでしたけど。

槻橋：……ということで、千葉案『触れたい都市』（050）の方が、若干優勢になっています。難波さんは、居住ということで池田案『下宿都市』（328）を強く推していますが……。

難波：池田（328）さんは今、自分の作品のいいところをプッシュ（強くアピール）していかなきゃいけなかった。これまで審査員から言われてきた、「破綻している」とか、「過剰である」とか、「書き割りである」ということに対して、正面から反論しないとダメですよね。その矛先を敵への攻撃に向けてしまったのは戦略としてまずいですよ。

槻橋：ちょっと厳しいお話でしたが……。ということで、京都大学、千葉美幸さんの『触れたい都市』（050）が「日本二」でよろしいでしょうか。
（審査員一同うなずく）

槻橋：はい、それではおめでとうございます。千葉美幸（050）さんが「日本二」です。

（一同拍手）

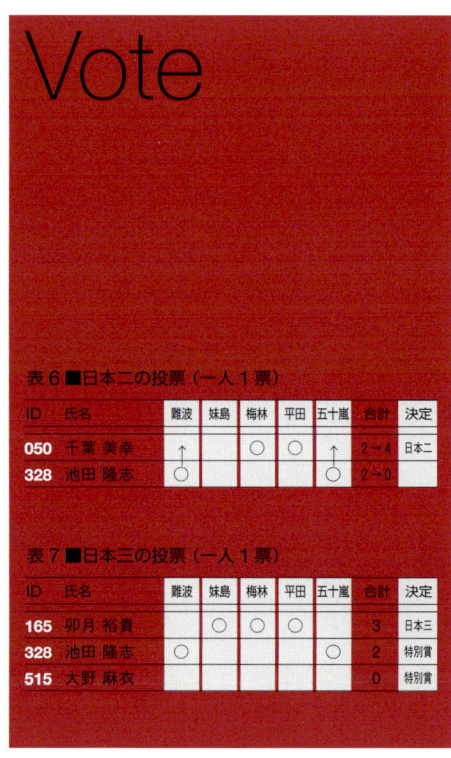

そうしますと、残っている3作品、卯月案『THICKNESS WALL』（165）、池田案『下宿都市』（328）、大野案『キラキラ』（515）のいずれか1つが「日本三」で、あとの2つは「特別賞」となります。それでは、「日本三」にどれがふさわしいかということで、票決を取ってもよろしいですか。

卯月案『THICKNESS WALL』（165）が、妹島さん、梅林さん、平田さんの3票ですね。
池田案『下宿都市』（328）が、難波さん、五十嵐さんの2票。ここは多数決で決めさせていただきます。ご了承ください。
（審査員一同うなずく）
それでは、東京理科大学、卯月裕貴さんの『THICKNESS WALL』（165）が「日本三」です、おめでとうございます。
（一同拍手）
そして、「特別賞」は、京都大学、池田隆志さんの『下宿都市』（328）、法政大学、大野舞さんの『キラキラ─わたしにとっての自然』（515）となります。おめでとうございます。
（一同拍手）

Vote

表6 ■日本二の投票（一人1票）

ID	氏名	難波	妹島	梅林	平田	五十嵐	合計	決定
050	千葉 美幸	↑		○	○	↑	2→4	日本二
328	池田 隆志	○				○	2→0	

表7 ■日本三の投票（一人1票）

ID	氏名	難波	妹島	梅林	平田	五十嵐	合計	決定
165	卯月 裕貴		○	○	○		3	日本三
328	池田 隆志	○				○	2	特別賞
515	大野 麻衣						0	特別賞

JURY-COMMENTATOR

審査員
……それぞれの卒業設計

コメンテータ／予選審査員
……2009年卒業設計日本一決定戦に寄せて

審査員長 難波 和彦
妹島 和世
梅林 克
平田 晃久
五十嵐 太郎

石田 壽一
小野田 泰明
櫻井 一弥
竹内 昌義
槻橋 修
中田 千彦
馬場 正尊
堀口 徹
本江 正茂
厳 爽

Photos by Nobuaki Nakagawa

難波和彦

審査員長（セミファイナル、ファイナル）

なんば・かずひこ
建築家、東京大学大学院教授

1947年　大阪府大阪市生まれ。
1969年　東京大学工学部建築学科卒業。
1974年　同大学院博士課程修了。
1977年　一級建築士事務所
　　　　難波和彦・界工作舎設立。
1996年　大阪市立大学工学部建築学科教授。
2003年ー東京大学大学院　工学系研究科
　　　　建築学専攻教授。

主な作品に、『田上町立竹の友幼稚園』（1978年）、『オフィスマシン』（1985年）、『EXマシン』（1990年）、『なおび幼稚園』（2004年）、『二天門消防支署』（2006年）、『CIXM工場』（2007年）、『箱の家シリーズ』（1995年ー現在も進行中）など。
新建築吉岡賞、住宅建築賞、東京建築賞（1995年）、国立国会図書館関西館設計競技優秀賞（1996年）、住宅建築賞（1998年）、JIA環境建築賞（2004年）など受賞。

それぞれの卒業設計

卒業設計も、卒業式もなかった年

僕が大学を出たのは1969年、東大紛争の年である。前年5月に紛争が勃発し、年末には大学が閉鎖され、1月に安田講堂へ機動隊が突入した。その年は卒業式も入学試験も中止になった。だから僕は卒業設計も卒業式も経験していない。とはいえ先輩の卒業設計の手伝いは人一倍こなした。僕が手伝った先輩は、全員が学内の卒業設計賞を獲得した。紛争中でも、カリキュラム上、卒業するには必修の卒業設計を提出しなければならない。僕は大学院進学が決まっていたので、就職が内定した友人の卒業設計を手伝い、自分の卒業設計は、彼らが卒業した後に提出した。東大キャンパスにある三四郎池の傍に立つ学生会館。アルヴァ・アールト設計の『ヘルシンキ工科大学（オタニエミ）本館』を真似たデザインだった。近年の祝祭的な行事に比べると、僕には暗澹とした記憶しか残っていない。

Kazuhiko Namba

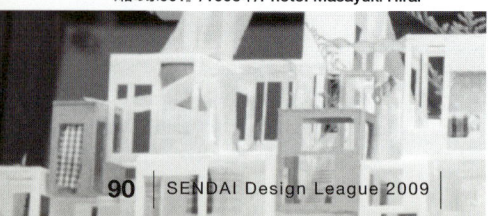

『箱の家001』／1995年／Photo: Masayuki Hirai

『なおび幼稚園』／2004年／Photo: Hiroyasu Sakaguchi

せじま・かずよ
建築家、慶應義塾大学教授

1956年　茨城県日立市生まれ。
1979年　日本女子大学家政学部住居学科卒業。
1981年　同大学院家政学研究科住居学専攻修了。
1981-87年　伊東豊雄建築設計事務所勤務。
1987年　妹島和世建築設計事務所設立。
1995年　西沢立衛とSANAA 設立。
2001年-　慶應義塾大学理工学部システムデザイン工学科教授。

近作に、『金沢21世紀美術館』(2004年、2006年日本建築学会賞、第46回毎日芸術賞建築部門)*、『鬼石多目的ホール』(2004年、2006年芸術選奨文部科学大臣賞美術部門)、『トレド美術館ガラスパビリオン』(2006年、アメリカ合衆国、オハイオ州)*、『海の駅なおしま』(2006年、香川県)*、『スタッドシアター』(2007年、オランダ、アルメラ)*、『ニューミュージアム』(2007年、アメリカ合衆国、ニューヨーク州)* など。
進行中のプロジェクトに、『豊田市生涯学習センター逢妻交流館』(愛知県、豊田市)、『ROLEXラーニングセンター』(スイス、ローザンヌ)*、『ルーブル・ランス』(フランス、ランス)*、『ヴィトラ・ファクトリー』(ドイツ)*、『パリ16区の公営集合住宅』(フランス、パリ)* など。
主な作品集に、『妹島和世＋西沢立衛読本―2005』(A.D.A. EDITA Tokyo 刊、2005年)*、『GA ARCHITECT 18「KAZUYO SEJIMA + RYUE NISHIZAWA 1987-2006」』(A.D.A. EDITA Tokyo刊、2006年)、『HOUSES:Kazuyo Sejima + Ryue Nishizawa / SANAA』(ACTAR 刊、Spain)*、『SANAA, Kazuyo Sejima + Ryue Nishizawa 2004/2008』(EL CROQUIS, No.139、EL CROQUIS 刊、Spain)* など。(＊印はSANAA)

妹島和世

審査員（セミファイナル、ファイナル）

それぞれの卒業設計
卒業設計の思い出

私が卒業した当時の日本女子大学では卒業論文が卒業のためのイベントだったのですが、確か卒業論文を2月に提出したあと、それでもやっぱり卒業設計がやりたいという話になり、何人かでやってみることにしたのを覚えています。結局4人でグループ設計をしました。そういうわけで、いわゆる卒業設計というものとは少し違ったものであったと思いますが、みんなして友だちの家で共同生活をしながら、設計案をまとめたことはよい思い出です。東京の町の中に突然現れる崖をいくつか選んで調査するうちに、そういうところは平面的には接して隣り合っていても、崖があることによってエリアの性格が大きく異なることを見つけ出しました。そこで、いくつかの場所を選び、そこに建物を設計しました。あれから相当時間が流れましたが、いまだにその続きをやっているような気がします。

『金沢21世紀美術館』/2004年　　『ROLEXラーニングセンター』/2009年完成　Photos: SANAA

Kazuyo Sejima

うめばやし・かつ
建築家

1963年　京都府宇治市生まれ。
1987年　大阪芸術大学芸術学部建築学科
　　　　卒業。
1987-94年　高松伸建築設計事務所勤務。
1994年　F.O.B Association設立。
1996-2000年　京都造形芸術大学芸術
　　　　学部環境デザイン研究室
　　　　非常勤講師。
1998-2001年　京都精華大学美術学部
　　　　非常勤講師。
1999年　立命館大学理工学部環境都市系建
　　　　築都市デザイン学科 非常勤講師。
2002-03年　東京都立大学工学部建築学科
　　　　非常勤講師。
2004-05年、2008年ー京都大学工学部
　　　　建築学科非常勤講師。

主な建築作品に、『ORGANI』（1995年）、『AURA』（1996年）、『KINOSAKI BEER FACTORY』（1997年、1999年グッドデザイン賞）、『ORGAN II』（1997年）、『F.O.B HOMES TYPE-A-001』（2000年）、『PLEATS』（2001年）、『CARE HOUSE』『GH GOJO』（2002年）、『SPA&ECO-GARDEN』（2004年）、『ASPHODEL』（2004年、2005年現代日本の建築家 優秀建築選）、『blancrea』（2004年、2006年グッドデザイン賞）、『GARDENCARE CENTER』（2005年）、『RUBIA』（2006年、2007年ビエンナーレマイアミ＋ビーチ 集合住宅部門金賞）など。現在進行中のプロジェクトに、『FAR GLORY office & hotel』（花蓮）、『creator's space project』（台北）、『DIG TOWER』（台北）など。主な著書に、『F.O.B HOMES BOOK』（INAX出版刊、2005年）、『FOBA/Buildings』（Princeton Architectural Press刊、2005年）など。

1.『AURA』/1996年　2.『ORGAN I,II』/1995・1997年　3.『ORGAN I,II』模型/1995・1997年

Photos: F.O.B ASSOCIATION

梅林 克

審査員（セミファイナル、ファイナル）

それぞれの卒業設計

基調低音としての卒業設計

僕の卒業設計は次点の「学科賞」であった。最高賞の「グランプリ」を当然とるものと不遜にも思い込んでいたので（下馬評でもそうだった）、大変落胆したものだ。提出したのは3回生の夏、バックパッカーとして欧州で巡り見たハンス・ホライン設計の『メンヘングラートバッハ美術館』（ドイツ、1982年）、ジェイムズ・スターリング設計の『シュツットガルト美術館』（ドイツ、1984年）のコンテクスチュアリズム（建築を敷地条件や歴史経緯から考える方法）に大いに共鳴して生まれた案。僕の実家の近くにあった自衛隊駐屯地の古いレンガの塔を核とした、複合文化施設の設計がテーマだった。子どもの頃から見知ったサイト（敷地）を、建築をつくるという目でもう一度、読み込み直し、自分としては練りに練った案をつくったつもりであったがプレゼンテーションのマテリアル（材料）のつくり込みが不全であったのだ。「アイツがとるだろう」という下馬評にもあぐらをかいたのかもしれない。

講評で当時、学科長であられた第一工房の高橋靗一先生から「彼は本学の数十年に一人の逸材であるが、惜しむらくは詰めが甘い。訓戒として次点とした。その意を酌んで以後たゆまず努力せよ」というような破格のお言葉をかけていただいた。うれしさと悔しさが、ないまぜの（入り混じった）心持ちになったことを記憶している。そして今も案をとりまとめ、「これでよし」と思い至った時にこの言葉を思い出す。「意を尽くせたか」「力を出しきったか」、その不安と逡巡の連続が建築の日常である。「最後の最後まで考え続け手を動かし続けること」が、建築に力を与えるたった一つの方法であることを痛みを伴って教えてくれたのが卒業設計であった。

またその時、先生にかけていただいた（先生はお忘れだろうけど）「お前はできるんだ」という言葉に引きずられ、今まで「建築」を続けてこれたようにも思う。

よく人は「『卒業設計』は建築人のキャリア全体に基調低音のようにひびくものだ」というが、僕の場合もまたそうであるようだ。

Katsu Umebayashi

平田晃久

審査員(セミファイナル、ファイナル)

ひらた・あきひさ
建築家

1971年　大阪府堺市生まれ。
1994年　京都大学工学部
　　　　建築学科卒業。
1997年　京都大学大学院工学研究科修了。
1997-2005年　伊東豊雄建築設計事務所
　　　　勤務。
2003年　安中環境アートフォーラム国際設計
　　　　競技3等入賞。
2005年-平田晃久建築設計事務所主宰。
　　　　京都造形芸術大学非常勤講師。
2006年-日本大学、東京理科大学非常勤講師。

主な作品に、『House H』(2004年、SDレビュー2004朝倉賞)、『House S』(2006年、SDレビュー2006入賞)、『桝屋本店』(2006年、第19回2007年JIA新人賞)など。

『animated――生命のような建築へ』
(著書、グラフィック社刊)/2009年

『桝屋本店』/2006年(左) 『横浜トリエンナーレ2008インフォメーションセンター〈イエノイエ〉』/2008年(右)　Photos: Nakasa & Partners

それぞれの卒業設計

結び目をほどくような感覚

1994年。阪神大震災や地下鉄サリン事件、『せんだいメディアテーク』の設計コンペがあった記憶すべき1995年の一歩手前。何をやったらいいかよくわからない時代の迷える学生は、卒業設計の、自分でテーマを設定するというのっけの部分から実感がわからなかった。建築をつくるという行為に関して、なんともナイーブに考え込んでいたというべきか……。

仕方がないので、京大キャンパスの四角い既存建築群にぐにゃりとした細長い建築を貫入させてみることにした。意味の充満したもの(既存の建物)同士をつなぐという話なら、テーマや内容を一から考えなくてすむような気がしたのだ。きっかけはともかくとして、なぜかその先の作業は結び目をほどいていくような自然さで進んでいった。不眠不休だったが、苦しかったという記憶は不思議にない。作品自体というより、このとき経験した、ある問いかけをきっかけにして硬い結び目が少しずつ解きほぐされていくような感覚は、今でも貴重なものとして自分の中に残っている。

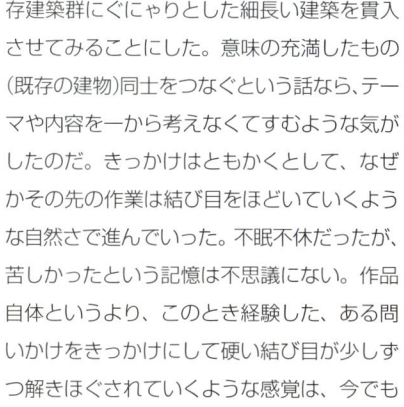

Akihisa Hirata

五十嵐 太郎

審査員（予選、セミファイナル、ファイナル）

それぞれの卒業設計
卒計を提出した後のはなし

すでにオフィシャルブックで「聖なるものとしての原子力発電所」（2006年）と「反面教師としての卒業設計」（2008年）を寄稿したので、提出後のはなしについて書く。

全力でがんばったのだが、結局、東京大学の最優秀にあたる辰野賞は「該当なし」という結果となった。首都高速を飛行機の滑走路に変える案の鵜飼哲也と同期の卒業である。その後、「プレゼンテーションをやり直せ」という条件付きで、レモン画翠の第13回学生建築設計優秀作品展に大学の代表として出品することになった。当時は卒業設計日本一決定戦のようなイベントがなかったから、関東圏の大学が参加する貴重な展覧会である。とはいえ、審査はなく、1等が選ばれる祝祭性もない。このとき同じ会場に並んでいたのが、中田千彦、小川次郎、山名善之だった。レモン画翠のパンフレットを見ると、続く第14回は貝島桃代、田島則行、ジン・ヨハネス、第15回は手塚（池田）由比、田井幹夫らが選ばれている。このオフィシャルブックも、20年後にはそうやって再読されるのではないかと思う。

Taro Igarashi

いがらし・たろう
建築史・建築批評家、
東北大学大学院准教授

1967年　フランス、パリ生まれ。
1990年　東京大学工学部建築学科卒業。
1992年　東京大学大学院工学系研究科建築学専攻修士課程修了。
1997年　東京大学大学院工学系研究科建築学専攻博士課程単位取得後退学。
2000年　博士号（工学）取得。
2005年－東北大学大学院工学研究科都市・建築学専攻准教授。

第1回リスボン建築トリエンナーレの日本セクションのキュレーション（2007年）、第11回ヴェネツィア・ビエンナーレ国際建築展日本館展示コミッショナー（2008年）を務める。主な著書に、『終わりの建築／始まりの建築』（INAX出版刊、2001年）、『戦争と建築』（晶文社刊、2003年）、『美しい都市・醜い都市』（中公新書ラクレ刊、2006年）、『現代建築に関する16章』（講談社現代新書、2006年）、『新編 新宗教と巨大建築』（筑摩書房刊、2007年）、『「結婚式教会」の誕生』（春秋社刊、2007年）、『建築と音楽』（共著、NTT出版刊、2008年）、『映画的建築／建築的映画』（春秋社刊、2009年）ほか多数。

『建築と音楽』（共著、NTT出版刊、2008年）

JURY-COMMENTATOR
コメンテータ／予選審査員

2009年卒業設計日本一決定戦に寄せて

石田 壽一
審査員（セミファイナル）
コメンテータ（ファイナル）

自由度の大きい建築的な想像力を持て。

すでに使い古された表現だが、いまだに「建築的な想像力の持つ自由度の大きさ」が、「固有の空間的なリアリティを生む」、あるいは「既視感を超えた提案につながる」ということを改めて感じた。当然、全国の学生が同一年に取り組む課題の設定には、同時代性が顕在化する。「縮みゆく日本」に加え、成熟の時代に応じた「元気再生」系や環境の時代を反映した「グリーンエコ」系などの作品が多いように思えた。しかし、着眼の凡庸さを超えるあざやかな問題点の抽出を示した提案に遭遇しなかったのは、やや残念だった。

いしだ・としかず
建築家、東北大学大学院教授

1958年　東京都生まれ
1980年　日本大学理工学部建築学科卒業。
1988年　東京大学大学院工学系研究科建築学専攻修士課程修了。
1992－96年　デルフト工科大学リサーチフェロー。
1995年　東京大学大学院工学系研究科建築学専攻博士課程単位取得後退学。
1996年　九州芸術工科大学助教授・博士号（工学）取得。
2004年－九州大学大学院芸術工学研究院教授。
2008年－東北大学大学院工学研究科教授。

Toshikazu Ishida

小野田 泰明
審査員（予選）

「世界観」を施設に込めろ！

卒業設計（以下、卒計）では、通常の課題設計と異なって創作者の「世界観」が問われている。それゆえ、卒計作品の多くは、作者の興味を直接表象する自己内省的なものか、大きな模型で表された「街の引っくり返し」か、どちらかに偏ることが多く、SDLも例外ではない。しかし、施設型を丁寧に掘り下げる方法によっても「世界観」は、表象可能なはずである。ただ空間を埋めるために「ギャラリー」や「図書館」と書き込まれた作品群に、正直辟易している私としては、迷走する我が国の権力システムへの批評にもなりうる強度を持った作品の登場を今年も待っていたのだが……。

おのだ・やすあき
建築計画者、東北大学大学院教授

1963年　石川県金沢市生まれ。
1986年　東北大学工学部建築学科卒業。
1993年　東北大学にて博士号（工学）取得。
1997年－東北大学大学院工学研究科都市・建築学専攻教授。
1998-99年　UCLA客員研究員。
2007年－東北大学大学院工学研究科都市・建築学専攻教授。

建築計画者として参画した主な建築作品に、『せんだいメディアテーク』、『横須賀市美術館』など。共同設計による主な建築作品に、『伊那東小学校』（みかんぐみと共同、2008年）など。主な共著書に、『空間管理社会』（共著、新曜社刊、2006年）など。そのほか主な受賞に、日本建築学会論文奨励賞（1996年）、東北大学総長教育賞（2006年）など。文化経済学会〈日本〉理事、日本建築学会建築計画委員会委員。

Yasuaki Onoda

櫻井 一弥
審査員（予選）
コメンテータ（ファイナル・せんだいメディアテーク1Fサテライト会場）

熟成が際立った大会運営

今回で7回目となる卒業設計日本一決定戦。毎年予想もできないトラブルを次から次へと解決しながら回を重ねてきたが、そうした運営側の苦労が徐々に実を結び、今年の大会はほぼトラブルゼロで乗り切った。巡回審査における時間管理の徹底、集計システムの高度化、別会場への模型搬送の手際よさなど、それぞれの場面で入念なリスクヘッジをしながら進める仙台建築都市学生会議の面々は実に頼もしい。次回もさらなる運営手法の熟成を期待している。

さくらい・かずや
建築家、東北大学大学院助教

1972年　宮城県仙台市生まれ。
1996年　東北大学工学部建築学科卒業。
1998年　東北大学大学院工学研究科都市・建築学専攻博士前期課程修了。類設計室に在籍。
1999年　伊藤邦明都市・建築研究所勤務。
2000年　東北大学大学院工学研究科都市・建築学専攻助手。
2004年　博士号（工学）取得。
2005年　SOY source 建築設計事務所共同設立。
2006年　東北大学大学院工学研究科都市・建築学専攻助教。

主な建築作品に、『O博士の家』（2006年、東北建築賞特別賞）、『日本バプテスト仙台基督教会』（2007年、グッドデザイン賞）など。
URL=http://www.soy-source.com

Kazuya Sakurai

竹内 昌義

審査員（予選）
コメンテータ（ファイナル・せんだい
メディアテーク 1F サテライト会場）

作り手の世界観

全体の傾向として、模型は非常に大きいものが多いのだが、ただ、大きければいいというものではない。反対に模型がないとさすがに弱い。「せっかくいい案なのだから、ちゃんと出せばいいのに」という作品が2つほどあった。
図面がCAD化している今、模型というのは、作り手の世界観がよく表れるのだと思う。巧拙は別として、「こういう場所がいい」「こういう建築をつくりたい」という実感の有無である。そして、その世界観がうまく出た模型が上位に勝ち進んでいった。

たけうち・まさよし
建築家、東北芸術工科大学教授

1962年　神奈川県鎌倉市生まれ。
1986年　東京工業大学工学部建築学科卒業。
1987年　フランス、パリ建築大学第8分校在籍。
1989年　東京工業大学大学院理工学研究科建築学専攻修士課程修了。ワークステーション一級建築士事務所勤務。
1991年　竹内昌義アトリエ一級建築士事務所設立。
1995年　みかんぐみ共同設立。
2000年－東北芸術工科大学デザイン工学部建築・環境デザイン学科准教授。
2008年－同、教授。

主な建築作品に、『長野県伊那東小学校』改築計画（2008年）、『開国博 Y150 はじまりの森』（2009年）など。

Masayoshi Takeuchi

槻橋 修

審査員（予選＋セミファイナル）
司会（ファイナル）

体感がデザインを進化させる

年々高まる、出展作品の完成度、プレゼンテーション力には感服する。全体的には、「建築の方法論」に重点をおいた提案が多く、新しい技術や都市問題を扱う作品では、技術とデザインとのバランスに欠けるものが散見された。無論、他分野の問題に関する分析が浅いのは致し方ない部分もある。だが、技術や社会問題を頭で理解するのではなく、「デザインの眼」を通して感じとることが重要だ。デザインという面からその問題を描き出せた時、デザインそのものにも新しい世界が拓けるはずだ。

つきはし・おさむ
建築家、東北工業大学講師

1968年　富山県高岡市生まれ。
1991年　京都大学工学部建築学科卒業。
1998年　東京大学大学院工学系研究科建築学専攻博士課程単位取得後退学。
1998年－東京大学生産技術研究所助手。
2002年　ティーハウス建築設計事務所を設立。
2003年－東北工業大学工学部建築学科講師。

主な編著書に、『旅。建築の歩き方』（編著、彰国社刊、2006年）など。2006年より雑誌『建築ノート』（誠文堂新光社刊）を監修。主な建築作品に、『八木山ゲストハウス』（2005年）、『山形大学工学部100年記念館プロポーザル案』（2006年）、『ステイブルハウス』（2008年）など。

Osamu Tsukihashi

中田 千彦

審査員（予選）
コメンテータ（ファイナル・せんだい
メディアテーク 1F サテライト会場）

過去のレッスンから、精密さを高めた造形感覚

予選審査会の前日、会場を一巡して最初に感じたのは、せんだいメディアテークのフロア全体から迫ってくる個々の作品の力強さであった。その雰囲気をつくり出す1つの要因として、ある種の造形の傾向のようなものも見出すことができる。箱を山のように積み上げる造形の流行は以前からあったけれど、今年の出展作の中には一見ランダムに見せながら、建築空間の構成としてきちんと機能的にも成立させているものも見られたし、さらに美しさを獲得しているものもあった。また、層状の構造体を縦横に用いて、柱や壁といった建築の持つ既成概念的な要素をかき消すような空間構成の傾向もさらに強まっていたように思う。すでに過去のボキャブラリー（デザイン要素）でありながらも、その精度を格段に上げている作品群に注目が集まったのも事実である。

なかた・せんひこ
建築家、宮城大学准教授

1965年　東京都生まれ。
1990年　東京藝術大学美術学部建築科卒業。
1993年　コロンビア大学大学院（アメリカ合衆国、ニューヨーク）Master of Architecture（建築修士課程）修了。
1994年　東京藝術大学美術学部建築科常勤助手。
1997年　京都造形芸術大学通信教育部専任講師。
2000年　京都造形芸術大学芸術学部環境デザイン学科助教授。
2003年－新建築社に在籍。『新建築』誌、『a+u』誌副編集長。
2005年　東京藝術大学大学院美術研究科博士課程満期退学。
2006年－宮城大学事業構想学部デザイン情報学科准教授。RENGO DMS に参画。

Senhiko Nakata

馬場 正尊

審査員（セミファイナル）
コメンテータ（ファイナル）

卒計だから可能な
トライアルを見たい

500以上の作品を俯瞰しながら、この時代を生きる学生たちの問題意識の束を汲み取ろうとした。それは時代意識の表出でもあるはずだ。そこにはいくつかの空間モデルが存在していた。1、小さな部分の集積を全体化しようとする作品群。それは新しい集住形態（人が集まって居住、活動する形態）を模索したものに多く見られた。2、建築が山や丘のように地形化し、自然の一部のように表現されたタイプ。3、空間のシークエンス（連続性）で物語を構築しようとするタイプ。4、そしてなぜか死生観をテーマとした作品が多く見られたのは不思議だった。その場合、空間は詩的になるが、それを社会的な存在として説明するのは至難の業だろう。傾向に収斂されない、大胆で社会的な案を僕は見たい。

ばば・まさたか
建築家、東北芸術工科大学准教授

1968年　佐賀県伊万里市生まれ。
1991年　早稲田大学理工学部建築学科卒業。
1994年　早稲田大学大学院建築学科修了。株式会社博報堂に勤務。
2001年　早稲田大学大学院理工学研究科建築学専攻博士課程単位取得後退学。
2003年　Open A設立。建築設計を中心に、執筆、都市計画などを行なう。
2008年〜東北芸術工科大学デザイン工学部建築・環境デザイン学科准教授。

最近の作品に『勝ちどきTHE NATURAL SHOE STORE オフィス&ストック』(2007年)、『房総の馬家家と連棟』(2008年)など。主な著書・共著に、『POST-OFFICE／ワークスペース改造計画』（共著、TOTO出版刊、2006年）、『「新しい郊外」の家』（太田出版刊、2009年）など。

Masataka Baba

堀口 徹

審査員（予選）
コメンテータ（ファイナル）

「私小説か社会性か」を超えて

作品に込めたメッセージ性を語る時「私小説か社会性か」という2元論に陥りがちだが、意外と私小説も社会性も個人の身体を起点とするメビウスの輪の裏表のようなものかもしれない。今年の出展作から感じたのは建築のディテールにも至らない肌触りや躓きのような微細なスケールと、都市や大規模建築に至る巨大スケールが未分化に共存する世界である。この両極端のスケールの共存は、私小説と社会性の2元論を乗り越えようとする無言のメッセージなのかもしれない。

ほりぐち・とおる
建築批評家、東北大学大学院助教

1972年　アメリカ合衆国オハイオ州生まれ。
1995年　東北大学工学部建築学科卒業。
1999年　オハイオ州立大学 Knowlton School of Architecture 修士課程 修了。
2003年　東北大学大学院工学研究科都市・建築学専攻博士後期課程修了。博士（工学）取得。東北大学大学院工学研究科都市・建築学専攻リサーチフェロー、阿部仁史アトリエ。
2006年　東北大学大学院工学研究科都市・建築学専攻助教。カリフォルニア大学バークレー校客員講師。
2007年　ザルツブルクサマーアカデミー（阿部仁史スタジオ）アシスタント。

主な共著に、『プロジェクト・ブック』（共著、彰国社刊、2005年）、『阿部仁史フリッカー』（共編、TOTO出版刊、2005年）など。主な活動に、「ハウスレクチャシリーズ」コーディネーター（五十嵐太郎と共同2003年〜）、「仙台市卸町地区のまちづくり」（阿部仁史、本江正茂と共同、2003年〜）、「送電用鉄塔のデザイン研究」（阿部仁史ほかと共同、2005〜06年）、「SC3公共交通空間デザイン研究会」（2007〜08年）など。

Tohru Horiguchi

本江 正茂

審査員（予選）
コメンテータ（ファイナル・せんだいメディアテーク 7Fシアター サテライト会場）

「場所の意味」は脆いのに

「外国人の多い」「学生街の」「歴史のある」「オフィスの集まる」そして「何もない」場所。地名とその意味が安定して結びついている場所が敷地に選ばれやすい。だがそれでは、既に社会的に刻印されている「場所の意味」を、ブランド化している「場所のイメージ」を、ひたすら消費するばかりである。「場所の意味」は脆い。新しい建築の構想によって、具体的な状況を発展させて新たな意味を析出できるのでなければ、空間の専門家たる建築家が参与する意味などない。新しい「場所の意味」の生産に寄与せよ。

もとえ・まさしげ
建築家、東北大学大学院准教授

1966年　富山県富山市生まれ。
1989年　東京大学工学部建築学科卒業。
1993年　東京大学大学院工学系研究科建築学専攻博士課程中退、同助手。
2001年〜宮城大学事業構想学部デザイン情報学科講師。
2006年〜東北大学大学院工学研究科都市・建築学専攻准教授。

システムデザイン作品に『時空間ポエマー』『MEGAHOUSE』など。主な共訳書に、『シティ・オブ・ビット』(W.J.ミッチェル著、共訳、彰国社刊、1996年)、『Office Urbanism』（共著、新建築社刊、2003年）、『プロジェクト・ブック』（共著、彰国社刊、2005年）など。
URL=http://www.motoelab.com/

Masashige Motoe

厳 爽

審査員（予選）

「日本一」を意識するな

はじめて予選審査員として関わり、敷地条件やビルディングタイプ、図面・模型表現など、すべてが異なる527点の作品を短時間で100に絞る審査は大変難しかった。そして、葬儀場に慰霊空間、「死」に触れる暗いテーマの多さに驚かされた。昨年の日本二『私、私の家、教会、または牢獄』（大阪大学・斧澤案）のインパクトが強すぎて、今年まで引きずっているのか。ほかにも、模型の色や質感、図面の表現など、昨年の入賞作品を意識しすぎてしまった印象は拭えない。しかし、これらには入賞作品を超えることができない宿命がある。つまり、自分がつくりたい作品に自分のオリジナリティをどこまで表現できるかが見せどころなのだ。「日本一」になることだけが目的ではないのだから。

やん・しゅあん
宮城学院女子大学准教授・博士（工学）

1970年　中国北京市生まれ。
1992年　中国礦業大学建築学科卒業。
1998年　東京大学大学院工学系研究科建築学専攻修士課程修了。
2001年　東京大学大学院工学系研究科建築学専攻博士課程修了。日本学術振興会特別研究員（東京大学大学院）。
2002年　東北大学大学院工学研究科リサーチフェロー。
2004年〜宮城学院女子大学芸学部生活文化学科准教授。

専門は医療福祉建築の建築計画。2006年度日本建築学会奨励賞。
主な著書に、『環境行動のデータファイル──空間デザインのための道具箱』（共著、彰国社刊、2003年）、『超高齢社会の福祉居住環境──暮らしを支える住宅・施設・まちの環境整備』（共著、中央法規出版刊、2008年）、『建築大百科事典』（共著、朝倉書店刊、2008年）など。ほか論文多数。

Shuan Yan

EXHIBITION

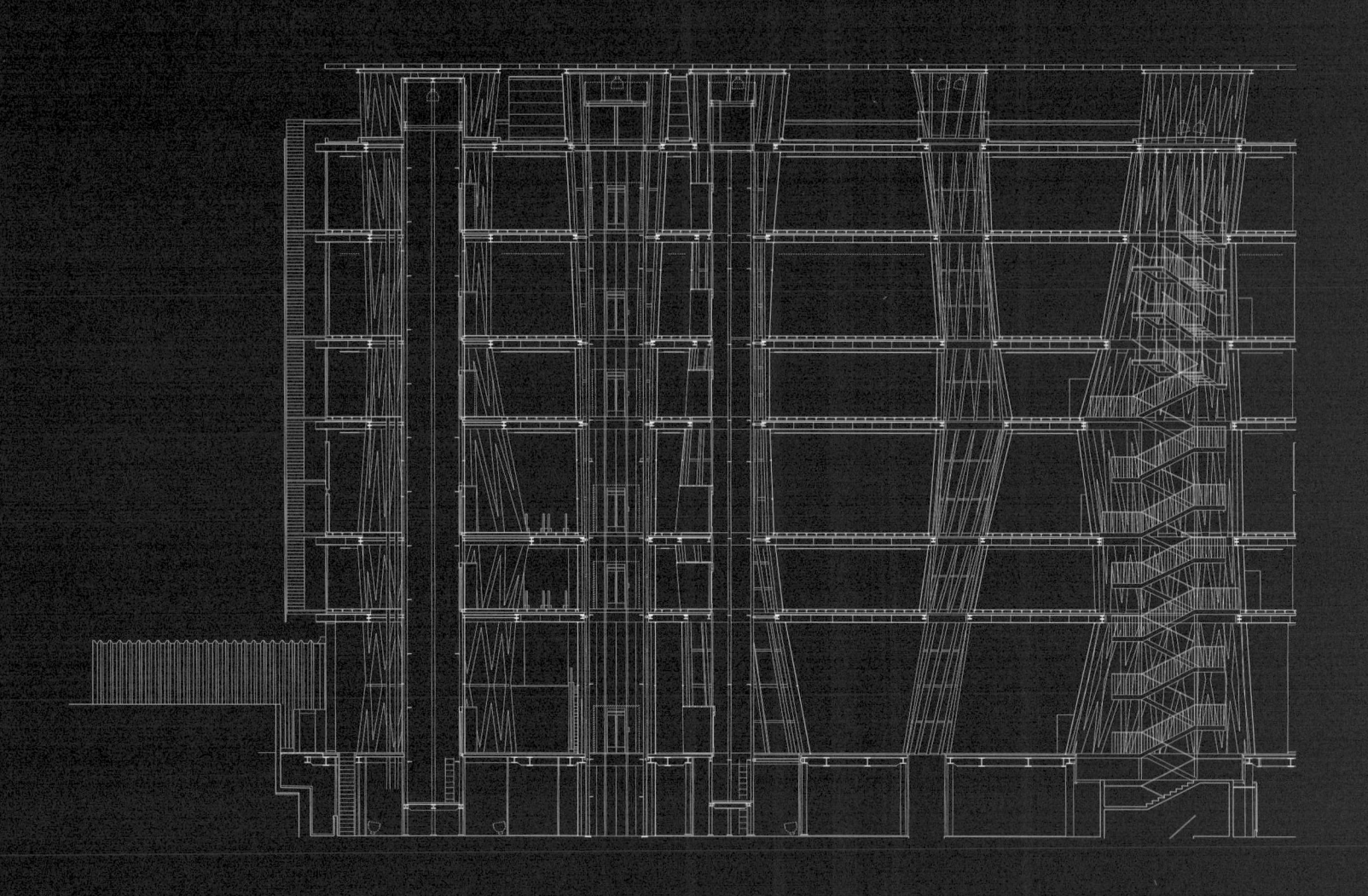

7年目の日本一決定戦＿＿春の祭典

普段、僕はせんだいメディアテークで「キュレーション」という仕事をしている。作品や資料を借用したり、アーティストと相談して展示の意味づけをしたり。会場空間のテンションに留意しながら、新たな真実を解りやすく見せる。時にモノの持つストーリーにしたがいながら、そしてある時は新しい価値の創出の瞬間を共有しながら。

しかし、この「卒業設計日本一決定戦」の展示やイベントに関しては、そういったキュレーションの考え方はちょっと止めて、建築学生たちのアニュアル（年鑑）を純粋に楽しんでいる。20年後、30年後の建築家やアーティストたちとのファースト・コンタクトの場として。

言うまでもなく「日本一決定戦」で学生たちがまさに世に出る瞬間が、ファイナル（最終審査）の時だ。出展者は卒業を目前に、連日の徹夜の中で4年間の集大成を具現化し、その緊張と疲労と興奮のピークで、一線級の建築家と口頭試問で試されるのだが、口先だけでは日本一への坂道を到底越えることはできない。当然、「リアリティのある模型」の出来は日本一への道標の大きなバロメータとなっているのである。

僕のような文字通り門外漢からすると、卒業設計自体は非常にバーチャルなモノだと感じているから、あまりにも正確無比な模型には心が弾まない。荒唐無稽（こうとうむけい）でも、いつかこんなところに住んでみたいなあ、と思えるようなパトス（熱情）溢れるもののほうが、ずっと楽しい。しかし、すでに7年近く、側で見ていて感じるのは、その虚構を支える千の規則を積み上げた作品が、結局のところファイナルへの道を進んでいるということだ。狂気の設計であればあるほど、模型の設定やスケール感などは強力なリアリティの積み重ねでなければおもしろくないし、メッセージ性も半減してしまうのだろう。だから、一方ではラプトゥスな（狂気の）夢を追いかけながらも、建築という「秩序世界」を存分に味わえる。そんな学びの集大成の現場であってほしいと思っているし、それは案外キュレーションという作業にも似ているなあと思う。

せんだいメディアテーク学芸員
清水 有
Tamotsu Shimizu

Gallery Tour

Photos by Izuru Echigoya.

7F Studio
6F Gallery 4200
5F Gallery 3300
3F-4F Sendai City Library
2F Library
1F Plaza

2009.03.09.AM
せんだいメディアテーク

「市民」へ、そして「未来の建築家」へ
――「せんだいメディアテーク」と「せんだいデザインリーグ 卒業設計日本一決定戦」

ガイド：**清水 有**（せんだいメディアテーク学芸員）

大企画展向きの広々展示スペース
――6階「ギャラリー4200」

清水：この「せんだいメディアテーク」は、1995年の設計競技で選ばれた伊東豊雄氏の設計です。今日のギャラリーツアーでは、昨日ファイナル審査が行なわれた『せんだいデザインリーグ2009 卒業設計日本一決定戦（以下、SDL09）』のイベントを通して、5階・6階の展覧会を中心に、「せんだいメディアテーク」を案内しましょう。
ではまず6階の「ギャラリー4200」、この名前の由来をご存知ですか。
（学生たち、考え込む）
このあとで行く5階は「ギャラリー3300」です。
学生／梯：天井の高さですか。
清水：そうです。ここ6階の天井の高さは、その名の通り4,200mmです。5階は3,300mmで、アマチュアの美術愛好家団体でも設営しやすい高さ。6階の展示作業は、高所作業車に乗った美術専門の作業者がヘルメットを被って行ないます。
次に床。素材は松で、木目を生かしたフローリングです。松はやわらかい素材なので長時間立っていても足が疲れにくいです。床のもうひとつの特徴は、OAフロアになっていること。ケーブルなどを天井や床に這わせる方法は、大変見苦しいし経費も余分にかかります。ここでは電話やインターネットの回線、電気のスイッチや差し込み口などが全部、床下に入っているので、見た目が美しく合理的。特に現代のインターネットやパソコンなどを多用する作品の展示にはとても役立ちます。
6階ギャラリーは可動の展示壁をスリット状の収納倉庫に収めると、まったく壁のないスペースになります。この壁は華奢な女性でも2人いれば簡単に移動できます。

SDL09では、66枚の壁を使って、ギャラリーに展示スペースを形づくっています。今年の会場構成は、昨年も会場設営を担当した学生会議の畠君が考えたので、非常にわかりやすくできています。

展覧会で求められる展示作品とは

清水：一般的に、展覧会とは展示する「モノ」が大事ですよね。では建築の展覧会の場合はどうか。SDLの場合、模型、パネル、ポートフォリオという3つの「モノ」で構成されています。毎年、関わるうちに気がついたのは、まず、ある程度大きな「模型」をつくることが大事だということです。そして、A1サイズのパネルは、ひと目でパッとわかりやすいこと。図面などをうまく使って、提案の概要をきちんと、そして視覚的に見せることが大事だと思いました。

6F Gallery 4200

　模型のレギュレーション（応募規格）は、1m×1m×1m以内です。でも、ここに展示されているものを見てください。そのサイズに収まっているものがどのくらいあるか、……あやしいですよね（笑）。SDLが始まった当初は、「卒業設計だから、多少は大きくても許してください」みたいな感じで、出展者たちは大きい模型を堂々と出してきた。アドバイザリーボードも審査員も、それに目をつぶるようなところがあったんです。でも、最近の学生はよく考えています。昨日、「梱包日本一」で見たと思いますが、最初からコンパクトに小分けにして、大きな箱に細工し、1梱包に全部収めて送ってくる。それを「できれば、建て増しして全部展示してください。ダメだったらいいです」というような、謙虚なのか知恵なのか……。でもおもしろいですね（笑）。
　それから、ポートフォリオには自分の思いがいっぱい書いてあったり、データがたくさん詰まっています。僕は写真の展示が専門なので、写真についていうと、どれも写真の中にいろいろなことをぎゅっと凝縮していて素敵なのですが、それに付随する「言葉」が足りないように感じます。まあ、3つも提出物があるので、模型をきちんとつくる、写真もきっちり撮る、さらに文章も、というところで、やはり破綻をきたすわけですよね。しかし現在、コミュニケーション能力がとても求められています。言葉も大事にしてほしいですね。
　ではここで、このツアーに参加している吉本さんも出展者ですので、ケーススタディとしてみんなで見せていただきましょう。……ID303『線路上都市』ですか。『ナントカ都市』というタイトルが多いですよね（笑）。

学生／吉本：これは「船上都市」という言葉に掛けています。僕のモチベーションは、副都心線が開通することによって、東横線が地下化されるという背景から生まれています。そこで、東京の渋谷というポテンシャル・エネルギー（潜在能力）を持つ場所に、新しい建築を計画する提案です。渋谷周辺の雑居ビルが集まった部分や、高架の上などのように空所ができている場所に反応するかたちで、街のような建築をつくりました。

清水：おもしろいですね。ちょっと話がそれますが、実は僕がまだ学生だった頃、今回の審査員長の難波先生の授業を取っていて、「都市の光の部分、闇の部分」についての話を聞いたことがあります。当時は、いってみれば東京などの「都市」が情報の交流の場だったんです。今は、だいぶ変わってきていますね。でもいつの時代でも、都市が人に与える影響については興味深いです。
　さて、今回の出展作品には、一方で、墓地や火葬場など、死について考えるという傾向が強い気が

します。その辺を、みなさんはどう分析しますか。
学生／吉本：僕の大学では特にそういう傾向はないですが、建築案がリアリティを獲得するために、社会性とか、ある特定の機能を入れないといけないという段階で、無意識の中からそういうことが出てくる人が多いのかもしれません。
清水：今まで、社会の中で隠蔽されすぎていたということなのかな。
学生／吉本：はい、そういう気がしますね。
清水：そうですか。ところで、今、こんなふうに展覧会場をまわってみて、来年、実際に卒業設計に取り組む3年生のみなさんはどう思いますか。
学生／橋本：どれも立派で、なんだか圧倒されています。あと1年で自分がそこまで辿り着けるんだろうか、という距離感を覚えました。
清水：卒業設計は、いつから始めるのですか？
学生／吉本：卒業論文が終わってからなので、実際の作業は3週間ほどでしたね。
清水：そんなに短期間なんですか。すごい。しかし、卒業論文を進める過程で、頭の中に卒業設計も着々と進んでいるということなのでしょうね。では、ここからは普段はあまり見る機会のない建築の裏側の部分を、少しですが、特別にご紹介しましょう。……搬入用のエレベータで5階まで移動しましょう……。今年も学生会議のメンバーがこのバックヤードで一生懸命働いてくれて、ここで、何回彼らは涙を流したことか……（笑）。ではどうぞこちらへ。普段は、美術品や彫刻などの宝物を運びます。今日はみなさんが宝物です。このエレベータの箱は3m×3m×4mでかなり大きく圧巻ですよね。2001年の『BIT GENERATION 2000＋1 テレビゲーム』展の時に、ポケモン（ポケットモンスター）のデコレーションを施した「ポケモンカー」という自動車（フォルクスワーゲン・ビートル）をここから搬入しました。

仲よしグループの展覧会にも対応
——5階「ギャラリー3300」

清水：では、5階です。扉が上下に開くので、頭上に注意してください。
今、北側にいるのですが、「せんだいメディアテーク」は、表側だけでなく裏側もきれいに使ってほしいというスタイルでできています。ある意味で、バリアフリー、というか広い意味でユニバーサルデザイン[*1]とでもいうのでしょうか。管理する側と、展覧会を見る側とがゆるやかなマージン（境界）で仕切られて、お互いに対立関係を生まないスタイルです。
伊東氏は、以前は美しさを主眼に建築の設計を考

5F Gallery 3300

えていたけれど、「せんだいメディアテーク」の設計がきっかけで変わったそうです。ここでは、みなさんのような若い人たちが入ってきた時、そこにいるだけで楽しいアフォーダンス*2を生むような生き生きとした空間をつくりたいという夢が形になったからでしょうね。

東側から美しい自然光が入っています。伊東氏はこういう空間ができることを、図面段階から想像していたのでしょう。技術が発達して、事前のシミュレーションも簡単になったけれど、「実際にイメージを描く力」は、やはり大切だと思います。

ここの照明は、ウォールウォッシャータイプです。ウォールは壁、ウォッシャーは洗うという意味ですから、光で壁を洗うような演出ができるタイプの照明システムです。壁面に絵画などを掛けて、指でボタンを押せばパッと簡単に照明が点灯し、すぐに展覧会が始められます。

ここはアマチュア専用のギャラリー。では外へ出て南側へまわりましょう。ガラスのチューブを通して、6階や下階の図書館も見えます。ゆるやかに階をつなぐ美しい設計を見ることができます。建物すべてが「伊東豊雄色」に染まらないための工夫もあります。全体が均質な空間にならないように、個性的な家具を置いています。5階と6階の家具をデザインしたのは誰だか知っていますか。

(一同、誰も知らない様子)

1・5・6階の家具のデザインは、カリム・ラシッドさんという、エジプト出身ニューヨーク在住の著名なデザイナーです。7階はロス・ラブグローブさん、3・4階は手塚義明＋小池ひろのさん、2階は妹島和世さんのデザインした家具です。各階ごとに伊東豊雄氏のインテリアと合うものを少しずつ取り入れています。

「建築にできること、建築にしかできないこと」
—— 1階オープンスクエア

清水：では1階で、入賞作品を見ながら「建築にできること、建築にしかできないこと」を考えてみましょう。

昨年の審査では、「建築作品を通して、建築と関わっていない人にどうやって影響を与えるか」が大きなテーマでしたが、今年も、平田審査員が「共感できる空間をどうやってつくるか」と言っていました。それから、難波審査員長の審査基準は、とても明解でしたよね。

学生/梯：集合住宅と商業建築でしたか……。

清水：そうです。コンペの評価の基準は、審査員の顔ぶれに左右されますが、同時に、時代の流れと重なる部分も多いように感じました。また、建築を勉強しているみなさんはよくご存知と思いま

1F Plaza

すが、コミュニケーション能力は最も重要なファクターの1つだと思います。私の説明は以上ですが、質問はありませんか？

学生/吉本：キュレーターという立場からみて、SDLの意義はどんなところにありますか。

清水：通りがかる人たちが「なんだこれは！」と驚いている様子を見かけます。これは見る人を引きつける、イベントとしてのおもしろさがここにあることの証明ですよね。「日本一」というキーワードによる審査のわかりやすさに負うところも大きい。いわば「建築オタク集団」の持つ膨大なエネルギーが、一般の人に向けて開かれていく。会場の市場みたいな賑わいを見ていると、文化施設「せんだいメディアテーク」としては90％成功だと思います。

学生/吉本：建築の評価基準をどうお考えですか。

清水：「これがコンペですよ」という「ウラ日本一」で竹内氏が話したひと言に尽きると思います。「勝負は、時の運」*3 ですよね。逆に「戦いに終わりはない」ということでもある。

学生/吉本：順位を決めていくこと以外に、SDLで「建築が今、何を問題にしているのか」をあぶり出す必要があると思いますが？

清水：その通りだと思います。「せんだいメディアテーク」は建築を「売り」にしている公共施設でもあるから、そういう側面について、これからもっと強くならないといけない。あなたにメールを送って相談することがあるかもしれません。そういう意見を率直に受けたいと思うんです。今は、上から言われる時代ではないのかもしれない。

学生/吉本：評価基準を明確にしないといけないと思います。そうすると、基準をめぐる葛藤の中で今、学生が何を問題にしているのか、という大きな流れも見えてくると思います。

清水：全く同感です。審査の公開性も大きなポイントですね。審査のプロセスやそこから生まれる、往々にして未完成ながらユニークな「特別賞」が、実は、SDLの最も大きな成果といってもいい。

建築を社会に開く

学生/吉本：「個人的なモノローグ」を社会的に一般化することの重要性についてはどうですか。

清水：「せんだいメディアテーク」という建物自体、言ってみれば伊東豊雄氏という一人の建築家のモノローグから始まり、今の「社会にしっかりと受け入れられている状況」があるのかもしれません。さっきも小学生が、図書館に本を探しに来たのに、このSDL09を見つけて、展示を見に来たんです。こういうのがセレンディピティ*4 かもしれませんね。建築には、社会へのそういう「開き方」が大

切だと思いますね。
最後に今回のギャラリーツアーでみなさんにお伝えしたかったことを私なりにお話しします。それは、この建築とSDLというイベントが実に幸運な出会いをしている、ということです。
「せんだいメディアテーク」は、自然光がふんだんに入り、建築内に散在する「チューブ」や多様な施設の雑居、公開空地として認定されている1階プラザの屋内通路に象徴されるように「障壁の乗り越え（バリアフリー）」が大きなコンセプトとなっています。そして情報化社会における無数の自閉空間・自閉組織の結節点（ノード）であろうとしています。一方、SDLは社会に対して高度に自閉化した専門的なイベントであると同時に、参加者一人一人にとっては「個」や「建築界」という障壁を乗り越え、自らの「建築モノローグ」を社会に向けて発信しようという試練に立ち向かう最初

のステージです。こうしたイベントが「せんだいメディアテーク」で開かれることによって、たとえば図書館を訪ねた誰か、つまり「通りがかりの市民」が、高度に先鋭化したイベントとふれあうことになるのです。
こうした出会いは「せんだいメディアテーク」だからこそ生じる「幸運な必然」であり、同時にSDLの歴史と理念が全国から呼び寄せる出展作品の力によるものだと思います。社会とはじめて向き合おうとする「建築家の卵たち」にしか生み出せない、得体のしれない熱気の放射が「通りがかりの市民」を立ち止まらせるのかもしれません。
このように「せんだいメディアテーク」という建築と、SDLというイベントの目的がみごとに共鳴していることを、実際に自らの足でギャラリーツアーに参加したみなさんに感じていただけたなら幸いです。ありがとうございました。

＊ギャラリーツアー参加者：篠原麻那美（札幌市立大学3年）、佐々木千尋、橋本美佳（岡山県立大学3年）、吉本憲生（4年）、田中浩介（3年）、梯誠（3年）、佐藤ふき（2年・以上、東京工業大学）
（順不同・敬称略、いずれも2009年3月時点での学年）

註：
＊1 ユニバーサルデザイン：文化・言語・国籍の違い、老若男女の違い、身体的、精神的な障害・能力の違いを問わずに、誰もが利用できる施設・製品・情報の設計（デザイン）をいう。
＊2 アフォーダンス：環境がそこに生活するものに対して与える「意味」。
＊3「勝負は、時の運」：公開審査が同時中継されていた「せんだいメディアテーク」1階オープンスクエア「ウラ日本一」での竹内氏のコメント。日本二を決めるときに、審査員がファイナリストにコメントを求めたとき、竹内氏は「こういうときは、悪口を言っちゃダメですよ」と言った。しかし、そのファイナリストは自分の長所ではなく、対戦相手の短所に言及したことについて、「逆効果」と断言した。
＊4 セレンディピティ：何かを探している時に、探しているものとは別の価値あるものを見つける能力・才能。何かを発見したという「現象」ではなく、何かを発見をする「能力」のことを指す。

Events @Sendai Mediatheque

もうひとつの真実
梱包日本一・ウラ日本一決定戦

リポート：**櫻井一弥**（予選審査員）

Photos except as noted by Kazuya Sakurai.

公開審査会場での「梱包日本一」表彰式。太田佳織さんが受賞の喜びを語る。

Photo by Nobuaki Nakagawa.

ファイナリストの卯月さん（前列中央）は、梱包日本三を受賞。会場全体から、暖かい拍手。

Photo by Nobuaki Nakagawa.

外装まで美しくあれ！「梱包日本一決定戦」

前回の2008年より始まった企画である。会場に搬入される作品の梱包は、展示品である模型・A1パネル・ポートフォリオを衝撃や振動から堅固に守るのは当然のこと。それに加えて梱包日本一は、それぞれの展示物を取り出しやすく入れやすい、しかも軽くて美しい、それ自体が作品と呼べるような梱包箱を表彰するものだ。

今回は、梱包日本一決定戦として、日本一、二、三と特別賞を決定した。仙台建築都市学生会議の担当者が、設営をした当事者ならではの実感のこもった評価によって事前選定した約10点の梱包箱の中から、機能性と美しさ、さらには設営側に対するわかりやすさと思いやりといった観点で選定。日本一には副賞として、梱包道具セットが贈られた。次回以降の出展者もぜひ参考にしてほしい。そして中身も外装も「日本一」のダブル受賞を目指せ！

3月9日、オープンスクエアでの展示。

Photo by SF-NEKOTALO.

梱包日本一：ID447 日本大学 太田佳織さん
「機能的とはこういうことだ！」（小野田「梱包日本一決定戦」審査員長の言）。

梱包日本二：ID204 芝浦工業大学 吉澤健一さん
あちこちにポケットがあり、必要なものが楽しく収納されている遊び心のある梱包箱。

梱包日本三：ID165 東京理科大学 卯月裕貴さん
模型の形状に合わせて多くの可動部分がピタッと納まる、よく考えられた梱包箱。作品も日本三でダブル日本三受賞。

梱包特別賞：ID126 京都造形芸術大学 上原一太さん
美しくて頑丈、木工細工のよう。でも重いので特別賞。

106 | SENDAI Design League 2009

東北大学百周年記念会館川内萩ホールにおけるファイナル（公開審査）の模様は、せんだいメディアテーク内のサテライト会場で同時中継されていた。1階オープンスクエアでは予選審査員の竹内、中田、櫻井が、7階スタジオシアターでは予選審査員の本江と鈴木茜（2008年ファイナリスト、東北大学）が、審査映像に適宜解説を加えながら、それぞれの会場と一体になって盛り上がる。1階の担当であった私は、オープンスクエアに床座した約300名の観客と共に、手に汗握りながら審査の行方を見守っていた。ファイナル審査開始の30分前ぐらいから、テレビ番組の本番が始まる前に行なわれる、いわゆる「前説」のような感じで、予選審査の状況を伝えたり、来場者にどこから来たかを聞いてみたり。ファイナリストのプレゼンテーションが始まってからは、審査会場での議論の隙をついて、今後の審査がどのような展開になるかを勝手に予想し、盛り上がっていた。

途中で、「審査が偏った評価軸に基づいているのではないか？」との疑義が会場から寄せられたため、急遽、本会場の萩ホールに電話連絡した。その意見は審査中に紹介され、審査の方向性にある程度の影響を与えることができたようだ。本会場とサテライト会場との一体感を高めるという意味でも、有意義だったと思う。

サテライト会場における解説付きの中継という企画が始まって3回目となるが、毎回サテライト会場が選ぶ「勝手にウラ日本一」を、来場者の拍手の多さで決めている。今回の「ウラ日本一〜三」は、公開審査での結果と同じ。審査結果の適切さが証明されたということか。

サテライト会場での「ウラ日本一決定戦」

Photos by SF-NEKOTALO.

Events @Sendai Mediatheque

5階、6階、7階それぞれのモニタに配信された公開審査を見つめる。
Photos by SF-NEKOTALO.

yokai_DESIGN＋仙台建築都市学生会議が、グリーンと黒の養生テープで床パターンを制作。来場者受付、ウラ日本一会場、入賞作品展示と、それぞれの場面ごとに変わる備品の配置を床の座標で確認できる、汎用性を意識したデザイン。

Photo by Izuru Echigoya.

EXHIBITOR
出展者・作品

TEAM SDL09(撮影協力):掛本 啓太／佐々木 暢／鈴木 早苗／畑山 美智子／村上 崇／青葉 勇樹／伊藤 寿幸／伊藤 幹／遠藤 友美／大橋 秀允／熊坂 友輝／後藤 真宏／真田 菜正／中里 純

ID	学校名　学部学科
	氏名　しめい
🌑🌒🌓	作品名
	作品概要・コンセプト

🌑 = 予選通過者
🌒 = セミファイナルでのディスカッション対象者
🌓 = ファイナリスト／受賞者は賞名を付記

110-153ページのリストは、仙台建築都市学生会議＋せんだいメディアテーク発行の『Sendai Design League 2009卒業設計日本一決定戦 公式パンフレット7th』内「作品紹介」からの転載である。パンフレットは出展登録時の未完成状態の画像が多く含まれているため、出展模型を中心に会場で撮影した写真をもとに再構成している。

TEAM SDL09(撮影協力):掛本 啓太／佐々木 暢／鈴木 早苗／畑山 美智子／村上 崇／青葉 勇樹
伊藤 寿幸／伊藤 幹／遠藤 友美／大橋 秀允／熊坂 友輝／後藤 真宏／真田 菜正／中里 純
撮影監修:越後谷 出

001
宮城大学　事業構想学部デザイン情報学科
阿部 真理子　あべ まりこ

触覚のドレス

ぶかぶか、しわしわ、どこかにつなげられた袖、ばらばらにされたパーツ、ポケット、はだけたり、露出したり、そういう1枚の建築で、衣服のように空間を包み込む。本、人、行為を包み込む図書館。

002
大阪大学　工学部地球総合工学科
善野 浩一　ぜんの こういち

都市の教会。

内部はまさに都市音源装置であり、中心部では視覚は遮断される。ただ音だけが増幅されて聞こえてくる。結局都市は音でつながっている。そんなことを考えさせられるような建築を提案する。

003
岡山県立大学　デザイン学部工芸工業デザイン学科
新井 真弓　あらい まゆみ

けんちくトランプ

建築なのに、トランプをつくってしまった。遊んでいると、建築図面ができるトランプです。いつでもどこでも、ちゃらんぽらんな建築ができあがります。お！あなたは建築が好き？よかったら一緒に、遊びませんか。

004
日本大学　理工学部海洋建築工学科
椎橋 亮　しいはし りょう

この街にもビルが建つ

視線によって、「街と建築」「外部と内部」はつながる。街に対して整然と並べられたボリュームを、傾かせて立体的に配置し、多角的な視線を得ることを可能にすることで、視線の相互関係を生み、空間をつなげる。

006
京都大学　工学部建築学科
榮家 志保　えいか しほ

ほどかれ

たくさんの人や出来事を、建築は飲み込みすぎた。ぶくぶくと太った建築は中身を守るために強固な皮膜を覆う。街にはもう、飲み込めなかった残りモノしかないのかもしれない。太った建築をほどき、街をほどく。

007
大同工業大学　工学部建築学科
入波平 さやか　いりなみひら さやか

水間―海の延長線上にある宿

「海での行為」がそのまま途切れることなく緩やかにつながることで、海を近くに感じることができるといいと思った。私はその空間を「水間」と名づけ、ダイビングや釣りを目的とした人々を対象とした宿泊施設を設計した。

008
日本大学　理工学部建築学科
夏目 将平　なつめ しょうへい

浮島美術館は泳ぐ―建物を泳がせるという手法による日本の港空間の再生

地方と都会の美術館のあり方を、「建築を泳がせる」という手法により再定義するものである。

009
九州産業大学　工学部建築学科
石倉 法隆　いしくら のりたか

SCHOOOOL―安心して子育てができるまちづくり

まちにのびる軸型小学校は地域に多く面する「interface」。計画地周辺で増えつつある、空き家などの未利用地、固有資源の教材活用、地域活動などとの連携を行ない、まちの幹となる小学校です。

010
武蔵工業大学　工学部建築学科
坪山 励　つぼやま れい

ものづくり⇔避難所

普段の使い方から災害発生、復興までの時間を設計します。刻々と変わる状況の中で建築の使い方が大きく変わるような空間を提案します。

011
大阪市立大学　工学部建築学科
内藤 まみ　ないとう まみ

drapes house

幼い頃、カーテンの中でよくかくれんぼをした。そこは外とつながった隠れた空間。カーテンの中での生活はいろいろな「外」とつながった自分の生活なのだ。

012
京都工芸繊維大学　工芸学部造形工学科
茅原 愛弓　ちはら あゆみ

WALKING * HOLIC

あらゆることがかつてなかったほど身近な存在となった現代社会の中で、私たちは限りある人生をせわしなく過ごし、なにかを取り戻そうと必死になっている。はかなく消えゆく、もしくは壊れてしまいそうなものへの巡礼の道。

013
愛知淑徳大学　現代社会学部都市環境デザインコース
青山 翼　あおやま つばさ

働かざるもの食うべからず―空間を媒体とした社会へのメッセージ

働かずに生きている人がいる。本来なら生きていけないはずの人たち。いわば自己中心型の怠け者。彼らは年々増殖している。「働かざるもの食うべからず」この作品は、私から社会へのメッセージである。

016	宮城大学　事業構想学部デザイン情報学科 小野寺 美幸　おのでら みゆき	**025**	東北大学　工学部建築・社会環境工学科 伊藤 周平　いとう しゅうへい
	模様が建築を生成するとき		最期の場所—地上、地下、その狭間
	模様から空港を生成する。模様は設計手法であり、形態である。都市から空港、そして航空機への一連の流れを模様によって操作する。模様によって支配された建築は、模様なしでは存在し得ない。		国家によって意図的に隠蔽された存在である死刑囚。彼らの存在を想起させるモニュメントであると同時に、彼らが執行前の準備期間として自らの罪と向き合う場所の提案。「罪と罰」、「生と死」とは何かを世に問う。
018	宮城大学　事業構想学部デザイン情報学科 千葉 麻里江　ちば まりえ	**026**	東京藝術大学　美術学部デザイン科 井口 陽介　いぐち ようすけ
	Marble—混淆がもたらす対話		まちのちから—上野公園南部再開発計画
	互いに影響し合い、ある瞬間に混ざり合って1つとなり、また分かれ、他と境界を共有していく。「マーブル」が生まれる軌跡がつくり出す、それぞれが特徴を持って共鳴し合う空間。		まちの個性、地形、建築、ランドスケープ、インテリア、すべてに関係性を持つ空間の提案。
020	神戸芸術工科大学　デザイン学部環境・建築デザイン学科 生駒 寿文　いこま としふみ	**027**	北海道工業大学　工学部建築学科 丹野 宏柄　たんの こうへい
	50%		終末窯
	常に変動していく空間を考えた。その変動を生むために、建築が身体に働きかけ、何かを誘発し、個々の場所にできる凹凸により、都市においての人と人との関わりや関係を考えた。時を刻む交わりの建築を提案する。		「窯」に、「陶芸」に、「陶芸家」に習う人の住まい、生き方、死に場所、墓。その土地から人とともに生れ、ともに育ち、ともに生き、亡き後も生き続ける建築。
021	明石工業高等専門学校　建築・都市システム工学専攻 福本 遼　ふくもと りょう	**028**	愛知淑徳大学　現代社会学部都市環境デザインコース 山田 康介　やまだ こうすけ
	いなみ野フットパス—ため池と流のみち		PipeHolic—都市基盤設備を用いた空間演出
	「いなみ野フットパス」は、地域に点在する「ため池」を水の流れに沿って訪ね、「ため池」の水環境や地域の歴史を体験する。地域環境が育んできた水系のしくみや景観の豊かさについて、理解や再評価を促すミチの提案である。		日常生活を機能として支える一方で、今までまったくデザインされてこなかった都市基盤設備配管。これらを用いて既存の都市空間をデザインすることができないか。その可能性を都市・街区・建築スケールで探った。
022	愛知産業大学　通信教育部造形学部建築学科 田中 奈々子　たなか ななこ	**029**	北海道大学　工学部環境社会工学系建築都市コース 磯部 陽一　いそべ よういち
	はなれみ—観望建築の進化形		elephant
	「はなれみ」は、地上約400kmの低軌道に投入され、訪問者は3日間の「宇宙キャンプ生活」を体験する。「ネオフィリア（新し物好き）」たる人類が、地球をまるごと観望するための、宇宙観光施設である。		三日月湖周辺の住民に、今の生活が成り立っている経緯を暗示させる建築です。治水により川は死んで、人々の生活が生まれました。自然と人、双方に敬意を込めてこの建築を提案します。
023	金沢工業大学　環境・建築学部建築学科 斉藤 祐太　さいとう ゆうた	**030**	昭和女子大学　生活科学部生活環境学科 小倉 万実　おぐら まみ
	Art Village		U
	大衆化していく美術館において、大衆化の先には何が待ち受けているか。美術館の日常化。つまり、日常生活の中にアートが介入してくるのではないか。その時、美術館という建物はどのような顔を見せるのか。		団地の建替をU字型で行なった。Uは流動性と静止性を同時に持ち合わせるなど建築的にたくさんの可能性を持った形である。そこで普通の団地がただの箱の積み重ねであるのに対しUという形で行なったらどうなるのかを考えた。

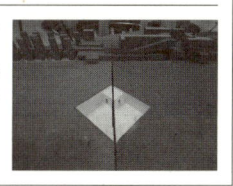

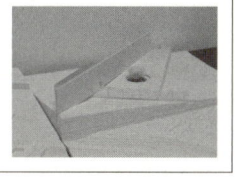

031 東京藝術大学　美術学部建築科
森 純平　もり じゅんぺい
そら_から

600mに連なった空っぽな白い箱。ころがす、きりぬく、とじる、ひらく、そして切り取られた行為と時間。遠いから見えるもの、近いから見えるもの、遠いから見えないもの、近いから見えないもの。

033 広島工業大学　環境学部環境デザイン学科
小松 秀暢　こまつ ひでのぶ
主人公だけのまち

都市劇場のはじまりに関する話。みんなが主人公となる大きな舞台では確固たる主人公という存在が積層するガラスによって消えてゆく。ここに生まれる新たな劇場形式は主体と客体を入れ替える。

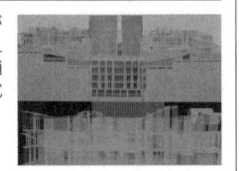

034 大阪工業大学　工学部建築学科
笠井 拓郎　かさい たくろう
顔が見える都市

現在の都市には、多くの人が集まって生活している。それにもかかわらず孤独感や疎外感を覚える人が少なくない。この「顔が見えない都市」に私性の集合・複合によって生まれる「顔が見える都市」を計画する。

036 愛知産業大学　通信教育部造形学部建築学科
山田 真希　やまだ まき
世代間の絆を生む家

高齢者住居・幼児と親のための施設・児童館の複合施設を計画する。お互いの顔の見える関係をつくり、自然に交流し合える空間。人の住む気配がある空間に自分の居場所があるという安心感が、利用者たちの絆となる。

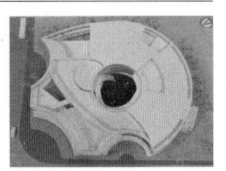

038 愛知産業大学　造形学部建築学科
日比野 圭祐　ひびの けいすけ
覚醒ボディーワールド

都市を生活の基盤としてしまった人間の身体感覚を呼び起こし、一人一人の内側にある自然治癒力を高め、心と身体に備わる癒しの力を活性化させる建築を提案する。

039 山口大学　工学部感性デザイン工学科
椿 拓也　つばき たくや
思いは瓦礫の隙間に

今は光陰に移されて、しばらくとどめがたし。鎮魂空間は瓦礫の下に、魂はいずこへか去りにし。それぞれの心の中に願いゆくは、消えざるに死にゆくことか。

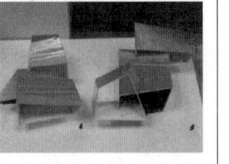

041 日本大学　生産工学部建築学科
後藤 侑希　ごとう ゆき
人の為の森、森の為の建築

森にはさまざまな植物・多くの生き物が住まい、そこからさまざまな場所・景色・時間が生まれる。森に森のための建築を建てる。そこは今まで知ることのできなかった森の世界を見せる。森のことをもっと知れたら…森をもっと好きになる。

042 豊橋技術科学大学　工学部建設工学課程
長井 裕志　ながい ひろし
図書さんぽ

情報に距離を与える。これにより、人は移動を伴って情報を得ることになる。ここでは、すべての本を一筆書きに配置した本棚に、表紙を見せて置くことで、散歩の時のように情報が風景として映し出される。

043 愛知産業大学　通信教育部造形学部建築学科
山田 浩子　やまだ ひろこ
HAPTIC cell

プラスチックの可能性を活かした建築。その名のとおり、変幻自在の「柔軟性を持った(plastic)」建築を提案する。

044 小山工業高等専門学校　建築学専攻
影山 榮一　かげやま えいいち
THE BUTTERFLY EFFECT

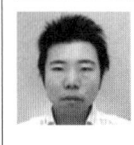

我々を取り巻く環境は、単純ではない。毎日、予想もできないことが起こる。それを建築に取り入れたいと思った。建築という人間の恣意的操作と、自然という予想不可能性から生まれ出たものの境地を見たいと思った。

045 大阪芸術大学　芸術学部建築学科
香川 早苗　かがわ さなえ
増殖する細胞住宅—外に強く、内にやさしく

美しい海に囲まれた沖縄県の八重山最古の川平村は、観光地として人気が高く、宿泊施設や移住者増で過去の面影を失いつつある。厳しい自然から身を守りながら、現地の人と移住者の交流を活性化する、新しい住まい方を考える。

047 武蔵野美術大学　造形学部建築学科
宮崎 めぐみ　みやざき めぐみ
共棲の記憶

木と人は、もっと近くにいた。時間は、自然の感覚の中で廻っていた。人は、人としてこの地に棲んでいた。

048
京都造形芸術大学　芸術学部環境デザイン学科
小笹 雄一郎　（おざさ ゆういちろう）

オーバーラップするパブリックスペース—現代における市庁の提案

もともと市民のためのはずの閉鎖された市役所。それを都市へと開くことで、市役所の業務は都市へと染み出し、市民への触媒となり、市役所に反応が起こる。そしてその反応は市民へと還元されていく。

049
国士舘大学　工学部建築デザイン工学科
石川 知弘　（いしかわ ともひろ）

Ambiguous relation

友人や知人で生活共同体を構成し、ここに住まう。友人同士、会話くらいはいつでもしたい夫婦なら一緒の空間、友だち以上恋人未満だったら…。壁の高さ、床の高さ、曲がった空間により、ちょうどいい関係性をつくり出す。

050
京都大学　工学部建築学科
千葉 美幸　（ちば みゆき）

触れたい都市

人間と、都市と、建築と。もっと柔らかな関係を。そそり立つ都市の高層建築の壁面を砕く。新たに現れる環境としての3次元的空間。私たちは、くずおれた建築の膝にのぼり、背中に掻き付き、その頬にキスをする。

日本二

052
職業能力開発総合大学校東京校　建築施工システム技術科
小川 武士　（おがわ たけし）

izumi

街の顔であり、街の核となる駅前空間に広場、生涯学習施設、図書館などのプログラムを挿入する。重なり合う空間はキャンパスとなり、憩い・交流・文化が湧き出す場となる。

053
宮城大学　事業構想学部デザイン情報学科
岡 杉香　（おか すぎか）

こどもと建築の純粋な関係

四角い箱の中に整然と並べられた椅子に座り、そうすることに何の疑問も抱かずに勉強する。そんな小学校を変えるため、ある空間モデルによって子どもと建築の純粋な関係を追求する。

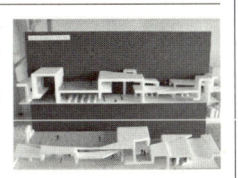

054
東京電機大学　工学部第一部建築学科
吉岡 祐馬　（よしおか ゆうま）

ソトナカ・ソトナカ・ソトナカ

内部と外部を織り混ぜるように構築することで内外の関係はより密接なものとなる。そんな空間を現代の都市に当てはめて考えた時、都市と建築は新たな風景をつくり出す。

055
大同工業大学　工学部建築学科
杉山 博紀　（すぎやま ひろき）

駿府町割り美術館—芸術の孵化器

若手芸術家の台頭する場は、東京などの大都市に集中してしまっていて、私の生まれた静岡にはそのような挑戦の場は少ない。静岡の駿府という土地に歴史的背景を考えた若手芸術家の台頭できる美術館を提案する。

056
東京造形大学　造形学部デザイン学科
大橋 秀一　（おおはし しゅういち）

DANCING SPACE

建築は不動産ではなく、動くものであると考える。人が場を求めて動くのではなく、建築自身が場を求めて動く。場をすぐに形成し、その地の環境に対応し、建築をすべて背負い移動することが、建築が動き出すということである。

057
早稲田大学　理工学部建築学科
西野 安香 / 畑中 真美 / 藤原 海　（にしの やすか / はたなか まみ / ふじわら うみ）

包囲×放囲

既存の都市空間に異なる空間性を持つ場を見つけ、人々の居場所を立体的に重ねる。「囲む高架」を都市とつながる地上レベルと都市から隔たれる上空レベルに分け、地上面に大人の居場所、上空面に子どもの居場所を配していく。

058
武蔵工業大学　工学部建築学科
柿添 宏　（かきぞえ ひろし）

知の集積

学生の街、東京のお茶の水に学生がとことん学問と向き合える場をつくる。それは知が集積された場所、人間の脳のような場所である。人間の脳を読み解き、建築の形成プロセスに落とし込む試み。

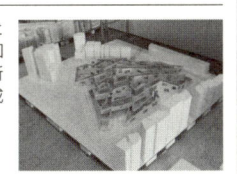

059
武蔵工業大学　工学部建築学科
池谷 郷司　（いけや さとし）

STAMPs

この先に見える風景。

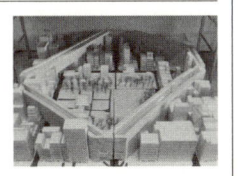

060
北九州市立大学　国際環境工学部環境空間デザイン学科
渡邉 明弘　（わたなべ あきひろ）

本のない本屋、のようなもの—そこは凸か、それとも凹か？

俺ほどの本好きは世界中を探してもいない。と思ったら、いた。こんなに素晴らしい本は歴史上こいつ以外にない。と思ったら、あった。こんなにたくさん…。身体性のある場所＋本との偶然の出会いをデザインしよう。

061
日本女子大学　家政学部住居学科
福田 悦子　ふくだ えつこ

その窓はやがて道になる
さまざまな用途と機能の混在した道は、単なる通過点ではなくなる。人と街どちらのスケールも持ち合わせたこの通り道は、通過点としての居場所として、巨大すぎる街と人を新たにつなぎ直す。

062
工学院大学　工学部第1部建築学科
古市 のぞみ　ふるいち のぞみ

島を遊牧する学校
学校が1つの塊としてではなく街のあらゆるところに現れたら、どんな環境が生まれるのでしょうか。敷地は東京の佃島。たくさんの魅力的な要素を利用して小中学校を計画する。

063
琉球大学　工学部環境建設工学科
二階堂 将　にかいどう しょう

起動—変化する空間
人が動く。モノが流れる。空間が変わる。

064
琉球大学　工学部環境建設工学科
平野 悠　ひらの ゆう

ぴよ〜ん。
ぴよ〜ん ぽよん ぴよ〜ん ぴよよ〜ん…。

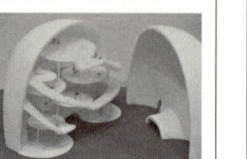

065
高知工科大学　工学部社会システム工学科
加茂 幸治　かも こうじ

屠畜場
社会に存在を知られていない屠畜場。これには歴史的要因やいのちを奪うことへの嫌悪感など、さまざまな理由がある。だが、BSE問題や食肉偽装問題など、肉への関心が高まっている今こそ、社会に対して新しい形の屠畜場を提案する。

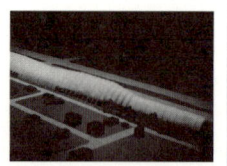

066
大阪芸術大学　芸術学部環境デザイン学科
平木 雄一朗　ひらき ゆういちろう

摘み菜
大阪府・堺に所在した兒山「本家」が解体され、マンションに。危機に直面した分家の東兒山では、景観を再認識する活動「ナヤ・ミュージアム」を発足。ナヤ活動に加え、もう1つの方法「薬草」で新たなまち再生を提案する。

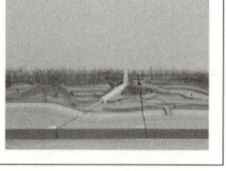

067
デザインファーム建築設計スタジオ　建築科
高田 実　たかた みのる

日の出埠頭再開発案
東京湾に面した日の出埠頭に、周辺の都市システムを媒介として、新たな関係性を築く建築空間を計画する。

070
東京造形大学　造形学部デザイン学科
後藤 亨　ごとう とおる

変化してループする
目に映る景観は歩くことで変わっていく。一方で植物たちの姿は、季節によって変わっていく。小さい花と大きい花、背の高い植物と低い植物、それぞれを視覚に映る「色彩の音」に見立てた、歩くことで変化する色彩のメロディ。

071
日本大学　生産工学部建築学科
遠藤 孝弘　えんどう たかひろ

国境博物館
世界平和の一歩につながる建築。戦争は国境から始まる。世界中の国境で起きているさまざまなことを知らせることが大切なのだ。世界で一番有名だった境界線、ベルリンの壁に世界の現状を知らせる博物館を建てる。

072
大阪工業大学　工学部建築学科
橋本 克也　はしもと かつや

coLLierY
福岡県大牟田市は、かつて炭鉱を中心とした、強力なコミュニティを形成していました。三池炭鉱には日本の進歩の象徴としての歴史があります。この歴史を残しながら閉山後の町にコミュニティを発生させ、町の問題を解決します。

074
日本大学　理工学部海洋建築工学科
上條 経伍　かみじょう けいご

繋げるカベ—羽田地区における木造住宅密集市街地再開発手法の提案
「カベの空間」は「遮断・繋げる」の両義性を備えた場と考える。カベの連続により私から公へのヒエラルキーを強め、それぞれの空間を明確にし、緩やかな空間の連続性を形成する。路地の魅力を活かし新しい時代に対応させる。

075
明治大学　理工学部建築学科
山田 周平　やまだ しゅうへい

露店ユニット—秋葉原の商業実験空間
十字型平面ユニットの重合によって生まれる立体的な通路沿いに露店が展開する、新たな商業空間の提案。趣味が都市構造にまで台頭した時、どのような風景が描けるか。

076	国士舘大学　工学部建築デザイン工学科 岸 孝也　きし たかや **サンカクスケール** 日常化した無意味な鉄塔に、真逆のプログラムを挿入する。垂直に建っていた鉄塔は水平に建ち、そこには今まで遠くから眺めていた鉄塔ではなく、鉄塔の要素を身近に感じることのできるスケールの空間が広がっていく。	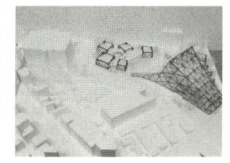
077	青山製図専門学校　建築設計デザイン科 石井 航　いしい わたる **イッテキマス** 外で遊ぶことが少なくなった子どもたちについて考える。敷地内で室内と外とが複雑に絡み合う。そうやって生活の中に子どもの遊び場をつくり出す。「イッテキマス」この言葉がたくさん聞こえてくることを願って。	
079	法政大学　工学部建築学科 狩野 輝彦　かの てるひこ **Parallel Story** 子どもが大人によって管理される小学校。誰もが出入りできる公共施設。相反する2つの物語は自由に交じり合うことによって、成立しなくなってしまう。そんな2つの物語が交わることなく関係を持つような空間。	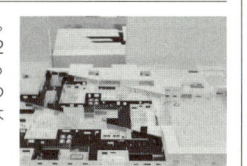
080	法政大学　工学部建築学科 所 芳昭　ところ よしあき **光の散策路** 自然をそのまま反映する「光の美術館」の設計。人工灯が発達した現在、光が「量」的に捉えられていると感じるので、光を「質」的に捉えるための空間づくり。展示物は「光」。光の持つ時間を、建築空間に落とし込む。	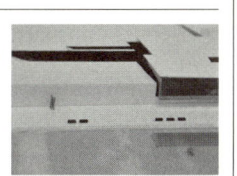
081	北海道大学　工学部環境社会工学系建築都市コース 石黒 卓　いしぐろ すぐる **Re: edit... Characteristic Puzzle** 住宅地の再構成による集合住宅の提案です。10m四方のピースを切り取り、集めることによってできる新しい住宅地の風景を提案します。	
083	大同工業大学　工学部建築学科 渋谷 遼　しぶや りょう **緑の環、建物の環—豊田市立岩倉小学校** 私が提案する「緑の環、建物の環」は校舎、運動場、緑地が融合するような場所をつくることで子どもたちの興味を横方向へと広げる。この配置計画によって、子どもたちの行動領域は室内外の区別なく、拡張していく。	
085	日本大学　理工学部海洋建築工学科 椎川 恵太　しいかわ けいた **小さな街区の集積体—秋葉原再開発における複合施設の提案** 再開発中の秋葉原で従来通りの高層ビルによる開発を行なうのではなく、秋葉原らしさを取り入れ、かつ今までの秋葉原にはないアメニティのある複合施設を計画・設計する。秋葉原独特の雑然とした状況を建築に変換する。	
086	愛知産業大学　造形学部建築学科 荒井 由美　あらい ゆみ **常盤台住宅物語 2050** 常盤台地区が良好な住宅地を形成するに至った最大の要素「街路計画」と東武鉄道が購入者に対して申し入れた「建築規約（任意の紳士協定）」を足がかりに、歴史を継承しながらもまったく新しい保存と発展の形を提示する。	
087	武蔵工業大学　工学部建築学科 鷲見 晴香　すみ はるか **幻想ハテナ—未来人のためのインキュベーター** 騙し絵。それは一瞬の驚きとあとから来る発見を持つ2次元世界。そんな「?」と「!」のタイムラグを持つ建築をつくりたいと思った。絵画、建築、時間を巻き込んだこのモノは、いったいどんな次元の世界になるのだろうか。	
088	早稲田大学　理工学部建築学科 田代 直人／山岸 勇太／山﨑 康弘　たしろ なおと／やまぎし ゆうた／やまざき やすひろ **遊休の上のパレット** 20世紀の産業空間は衰退し遊休化しつつある。欧米では跡地をリセットした再開発を行なったが、日本やアジアは現役で稼働している。完全に絶ち消える前に、水辺の魅力と工業の活気とが接点を持つ共存の場を提案する。	
090	工学院大学　工学部第1部建築都市デザイン学科 栗原 荘　くりはら そう **Search engine** 都市の中で新しく偶然に出会う機会はどれだけあるだろうか？この建築は、都市に溶け出したすべての人が偶然を期待できる居場所です。この建築の仕掛けは、すべて偶然を生み出すためにつくりました。	
091	武蔵工業大学　工学部建築学科 藤本 由香利　ふじもと ゆかり **3月8日 天気は晴れ。** 1冊の本から建築をつくる。言葉は私を想起させる。時間によって、天気によって、気分によって声や音の変化によって日々というより、今も変化し動く。この家は日々変化する日記のような建築。	

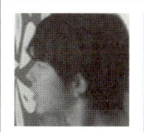

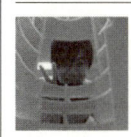

092
名古屋工業大学　工学部建築・デザイン工学科
岡 慶一郎　おか けいいちろう

都市のテントに住まう

研磨された生活が交差する先に何を見たか。

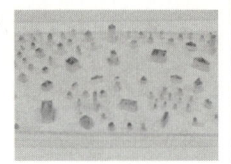

094
東北大学　工学部建築・社会環境工学科
加藤 拓郎　かとう たくろう

海苔

社会性とか、都市とか、批評精神とか、テーマ性とか、ストーリーとか、全部うそっぱちだと思います。いい建築は、愛にあふれていると思います。この家は、10年後の愛する家族へのプレゼントです。

095
秋田県立大学　システム科学技術学部建築環境システム学科
藤本 篤　ふじもと あつし

別れ路

「空間をつくる」＝「場所をつくる」＝「その場で過ごす人の時間をつくる」と考えることができるなら、私は「別れの時間」を考えた。湖の望める小さな火葬場で。

096
大阪大学　工学部地球総合工学科
若林 可奈　わかばやし かな

School Squeezed !

都心部の小学校。建て混んだまちに不似合いな大きな校舎で学ぶのは、150人の子ども。大きすぎた校舎は「Squeeze」される。余分なものをしぼり出された校舎はミニマルで、子どもたちの秘密基地のようだ。

097
豊田工業高等専門学校　建築学科
中峰 宏恵　なかみね ひろえ

ニュータウンはサトヤマへ—これから30年、そして30年、また30年

ニュータウンは都市の人口と面積が拡大した高度経済成長期を象徴する。しかし、将来の人口減少社会では存在意義がない。いずれ、郊外は縮小し建物が残される。その時郊外は開発で失ったものを取り戻すだろうか。

098
京都精華大学　デザイン学部建築学科
阪本 大賀　さかもと たいが

瞬間最大東京

東京をコンテクストに立ち上がる建築。

099
北海学園大学　工学部建築学科
桑原 和宏　くわばら かずひろ

違和感建築—尺度の変換

尺度の変換された非日常空間、プログラムを体験する違和感を覚えながら私たちの身体と頭脳はフル稼働する。そのための多様な場、行為を誘発する場を多くつくることで、人と人、人と建築の関係性を新たに提案する。

101
琉球大学　工学部環境建設工学科
三上 安敦千暁　みかみ あんとんちあき

ハプニングを提供する宿

「特別なサービスより、特殊な一夜を提供する」。日本中どこでも味わえるようなホテルのサービスは、快適だけど旅を終えたら忘れてしまう。真っ先に伝えたい土産話は、笑い話と忘れられない出会い。→ハプニング。

102
武蔵野美術大学　造形学部建築学科
芝山 雅子　しばやま まさこ

路地の谷

壁に囲まれて暮らす。曲がった壁がつながっている路地のような場所。谷のようないろいろな幅の隙間。重なる景色とつながるかたち、そして他人と自分の行為。それらが混ざり合うことで、新たな街の表情をつくり出す。

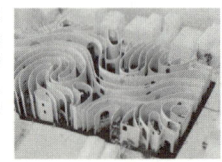

103
日本大学　理工学部海洋建築工学科
朽木 健二　くちき けんじ

浮力を得る市場

東京の築地市場は、情報化や国際化などの流通環境の変化に対応しきれず、移転が決定した。そこで、浮上という手法を用い、周辺環境の変化に柔軟に対応し、発展性を備えた市場を提案する。

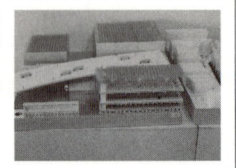

104
昭和女子大学　生活科学部生活環境学科
中村 萌　なかむら もえ

troncon—こどもらしく

現在の園舎は四角い箱のようなものが多く、子どもたちは閉じ込められるようにして1日を過ごす。人格の基盤をつくる重要な時期を過ごす保育園を、もっと子ども優先で、子どもがありのままの姿で過ごせる場所にしたい。

105
京都造形芸術大学　芸術学部環境デザイン学科
若松 堅太郎　わかまつ けんたろう

日本地方集落高層案

この建築は将来を見据えた農村集落の提案です。昔、農地だった場所に広がった振興住宅地を集約し、他の土地を農地に戻します。自国で、安全な食糧、豊かな生活を確保し、将来の新しい生き方と豊かさを構築します。

106 武蔵野美術大学 造形学部建築学科
藤巻 芳貴 ふじまき よしたか

死、そのカタチのカタチ。

人間が死して後に残るカタチに興味がある。死して後に残るのは「骨」と遺された者に焼き付けられた「記憶」である。商業化し形骸化した現在の死に、建築を通して「散骨場」という新しいカタチのあり方を模索する。

107 琉球大学 工学部環境建設工学科
東條 良太 とうじょう りょうた

Nuclear fusion—明日への光

災害などで避難者は親しんだ地域から引き離され（separate）仮設住宅で生活する。6角形（ベンゼン核）内や余地で人々がさまざまな反応（reaction）を起こし、新たなコミュニティの形成を促す提案。

108 東京理科大学 理工学部建築学科
吉川 潤 よしかわ じゅん

生命の島

都市に地形を見た。地球の地形は建築によって豊かになる。東京の西新宿の高層ビル群は4枚の層に包まれ、新宿は島となる。

110 名古屋市立大学 芸術工学部都市環境デザイン学科
三田村 聡 みたむら さとし

IC – Inter Change In Circles

車の高度の低下という機能しか持たない高速道路ICの巨大なランプを人のスケールまで落とし込み、円の持つ特性やさまざまなプログラムと組み合わせることにより、「都市の裏」と化している高架下を豊かな空間へ変化させる。

111 東北芸術工科大学 デザイン工学部建築・環境デザイン学科
横田 純 よこた じゅん

town clock—オタメシハウスと変化する幼稚園

郊外がずっと人の住む場所であるために必要なのは、きっと時計のような場所。短針と長針で1つの時計になるように、数年で住人が移り変わるオタメシハウスと毎日時間で用途が変化する幼稚園で街の魅力をつくる。

112 東京理科大学 理工学部建築学科
高橋 農 たかはし みのり

秩序と無秩序の共存

秩序ある建物の中、人がどれだけ無秩序であるかを見てみたい。建築単体がどうおもしろく、美しいかよりもまず、人間がその大きさに合った小さな空間で暮らす、その集合がいかに魅力的であるかを考えるべきだと私は思う。

114 筑波大学 芸術専門学群
吉川 晃司 よしかわ こうじ

廃墟は生き続ける

磯崎新の描いた『つくばセンタービル』の廃墟のドローイングを元に、現在の状態から建物が徐々に変わっていく様子を表現した。建築というのはさまざまな意図が複雑に折り重なって変化していくものでもあると思う。

115 和歌山大学 システム工学部環境システム学科
加納 賢太 かのう けんた

むすびめ

まちに同心円を描きながら並ぶ、風景と建築、そして歴史。それらを結び合わせ、つなぎ合わせる建築物を計画することで、住人にまちのもつ魅力、問題をみせる。そして彼らは本当の意味で「まちの住人」となる。

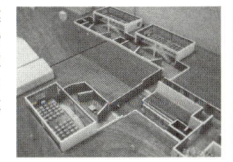

116 東京家政学院大学 家政学部住居学科
甲斐 つぐみ かい つぐみ

YUKU—さよなら、またね

今、日本に火葬場が足りない。人のエゴで都市化するまちから消えた現代の火葬場では、火葬は機械的に行なわれ、遺族のプライバシーは守られていない。ゆっくり「さよなら」を言える、人の最期の空間の提案。

117 東京理科大学 工学部第二部建築学科
筆野 望 ふでの のぞみ

イエの中のインクルージョン

個人の場、共用空間の存在が希薄になっている。個人の場所でありながら共用の場所である空間。生活する空間の中に混入する内包物は共用の空間となる。生活の場は内包物にまとわりつきながら形態を変えていく。

119 日本大学 理工学部海洋建築工学科
爲季 仁 ためすえ じん

層が呼吸する小学校

子どもたちを取り巻く環境が大きく変わり、自然環境と触れ合う機会が少なくなった。現代だからこそ触れながら学ぶ大切さを再認識させる必要がある。その1つのタイプとして自然環境における小学校を提案する。

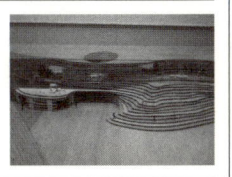

120 北海学園大学 工学部建築学科
奥田 沙希 おくだ さき

大きな宝箱—ネット社会の中で生きる建築

子どもの居場所を考えた時、そこにはさまざまな人がいてほしいと思いました。ネットの普及による意識の中での交流が広まる時代だからこそ、リアルな感覚や体験の場がちりばめられた建築を提案します。

121
明治大学　理工学部建築学科
福田 浩士 ふくだ ひろし

溢れだす

東京の新宿コマ劇場跡地に自己を発信し、それを他者が受信するための場をつくる。「俺はここにいる」「この気持ちを伝えたい」このような想いから建築たちは発生し、人々はそこから自己の欲望を満足させる建築を選択する。

122
名古屋工業大学　工学部建築・デザイン工学科
四宮 健次 しのみや けんじ

42℃の関係

温泉地に建つ集合住宅の提案。大きな温泉を取り囲むように建ち、それぞれの住宅はその内部にまで温泉を許容する。温泉により建築は形を変え新たな関係性を構築する。

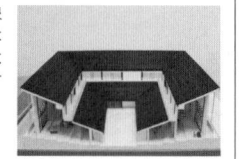

123
東京理科大学　工学部第一部建築学科
伊藤 愛 いとう あい

東京希望的観測

東京の風土は混乱を極めている。小さな家が1年間を通して姿を変えていく。住人は光に目を細め、風の音に耳を澄ませ、季節の匂いを感じ取る。その中で、より賢く、豊かに「住まう」方法を見出す。

124
京都造形芸術大学　芸術学部環境デザイン学科
塚前 亜季子 つかまえ あきこ

都市劇場—集まったり 広がったり つながったり

魚たちの棲み家であるサンゴ礁のように、鳥たちが思い思いにたたずむ樹木のように、そこにはいろいろな光があり、影があり、風景がある。

125
京都造形芸術大学　芸術学部環境デザイン学科
渡邊 奈那 わたなべ なな

駅前小学校—子どもたちの過ごす場所

「おはよー」今日も子どもたちが電車に乗って登校する。ここは駅前小学校。「あの子上手に絵を描いてるよ」「元気な歌声が聞こえてくる」そんな風景が街ににじみ出していく。

126
京都造形芸術大学　芸術学部環境デザイン学科
上原 一太 うえはら かずた

たしかな地を這って

今と地と私。

128
日本大学　生産工学部建築学科
板谷 慎 いたや まこと

ペロットハウス

この場所には突然大きなマンションが建った。今までは多くの人が自然と触れ合っている風景があった。僕が幼い時から見続けていた風景が変化している。そんな風景の中に自然と人間の新たな関係でつくられる住宅地の提案。

129
早稲田大学　理工学部建築学科
緒方 洋平 / 金光 宏泰 / 和知 力嗣 おがた ようへい / かなみつ ひろやす / わち りきつぐ

額縁

今、垂直性に象徴を求める時代は終わったのではないか。敷地は東京の虎ノ門、東京タワーに情報発信、周囲のビルに視覚を奪われた愛宕山。最新ジャーナリズム空間をつくる。愛宕山を登る行為は世界につながることに転化する。

130
昭和女子大学　生活科学部生活環境学科
家入 悠 いえいり はるか

city circus

まちは、人々のさまざまな生活が重なり合ってできているものだと私は考える。その重なりを意図的に操作した空間を街の一部分につくることによって、普段の生活を違った視点で見ることができ、街がもっとおもしろく感じられる。

132
横浜国立大学　工学部建設学科
原田 雄次 はらだ ゆうじ

時を紡ぐもの

島の見えざる環境によって過去と未来を紡いでいくような建築のあり方を考えてみた。島の中の土の足し引きが時間とともに行なわれ、緩やかな地殻変動のように建築が醸成していく。やがて建築は島になった。

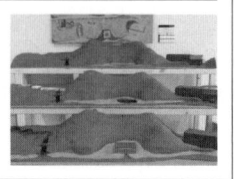

134
日本工業大学　工学部建築学科
畑端 直翔 はたばた なおと

BUILDING CUT BY STREET

大きなボリュームが道に切り取られ、上層部へいくほど小さなボリュームとなる。道がヴォイドとして残ることで、モノや活動がいろいろなところに垣間見られ、路地は好きなものに囲まれた空間となる。

136
広島女学院大学　生活科学部生活デザイン・情報学科
村田 奈穂 むらた なほ

心臓—「生きづく」駅

街はもっと筋肉質であるべきである。本計画は、広島県の広島駅を「広島の心臓」となるよう一種の象徴として表現した。

137　琉球大学　工学部環境建設工学科
柿内 裕之　かきうち ひろゆき

ちゃっく

開くことによって住居と商業のヒエラルキーをなくした時、そこに豊かな空間が展開し、機能が連続した時、さまざまな関係の場が生まれることをめざした。足し算するのではなく引き算による再開発。

138　多摩美術大学　造形表現学部デザイン学科
畑 和博　はた かずひろ

中沢新一パヴィリオン

「理性的な人間だけを相手に建築を設計するのでは、もう先がないんじゃないか」と思い、あらゆる「禁じ手」に手を染めて妖怪建築をつくりました。みんな、このテーマで設計してみたらいいのに、と思います。

141　京都大学　工学部建築学科
黒田 弘毅　くろだ ひろき

遊歩都市

そこを訪れると、刺激を受け、興味が沸いてくる。新しい発見と、成長を得られる。成長はやがて文化を育む。その文化は、いろいろなところで生まれ、溢れ出し、外へと流れ出す。人の心の中、建築、街、都市へと。

142　福井大学　工学部建築建設工学科
久永 雅幸　ひさなが まさゆき

空葬

空へ還りたい人、空へ送りたい人、その後も地上で生き続ける人のための。

144　東京理科大学　工学部第二部建築学科
田村 彩　たむら あや

リビング広場

建築とランドスケープの中間的なものの提案。生活空間の延長として使える広場と都市におけるリビングルーム的な広場が同時的に存在している状態をつくった。

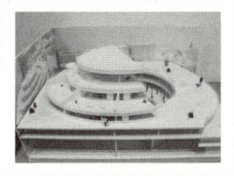

145　工学院大学　工学部第1部建築都市デザイン学科
木村 香奈江　きむら かなえ

刻印

この世の中は恐怖だ。街並み、流行、それは家族や友だちでさえ、流れは目紛（めま）ぐる）しく、刹那（せつな）で、実体を持たない。精神病者、そして現代人へ、自分の存在を感じられるように、一瞬を捧げる療養施設の提案。

146　東海大学　工学部建築学科
渡邉 拓也　わたなべ たくや

深遠体—都市の深度を用いた青山現代美術館

都市での、見えないものを感じるような奥深い体験に魅力を感じた。実際には見えない「奥」を想起させる、閉じながら開く美術館を提案する。

147　中部大学　工学部建築学科
荒川 智充　あらかわ ともみつ

Nagoya edutheque

educe + theque ⇒ edutheque「人の能力や活動を引き出す」場所として、あらゆる社会教育施設を1つに集約し、プログラムを組み換える。人が生活し、育成していく、新しい総合文化施設となる。

148　日本大学　理工学部海洋建築工学科
島田 かおり　しまだ かおり

熱海のイエ

対象地とした「熱海温泉」の一画を「エンガワ」や「リビング」を含む「イエ」として見立て、地域住民と滞在者によるコミュニティ形成を促す長期滞在型の温泉まちづくりを提案する。地域間は「足湯の道」で連携する。

149　武蔵野美術大学　造形学部建築学科
西岡 諒　にしおか りょう

記憶をもつ

急速に変化し続ける都市の風景の中で、唯一変わらないもの。変わり続ける都市の日常の中で、変わらない記憶を見つけながら暮らしていく。そんな都市に住まうことを提案します。

150　京都造形芸術大学　芸術学部環境デザイン学科
中島 義徳　なかじま よしのり

都市を「編集」する

都市を「編集」することによって再構成してみる。都市の隙間を、みんなの集まる場所へと変換していくことで、都市に新しい価値を生み出す。やがて、新しい風景が広がっていく。

151　日本大学　工学部建築学科
美濃 孝　みの たかし

にじむ生活／うまれる家族—都市に棲む表層

1本のスロープに「個性」や「ライフスタイル」をにじませることで、新しい家族を生み出し、都市のランドスケープとなってゆく。

152 東京理科大学 理工学部建築学科
佐々木 玲奈 ささき れな

郊外ブラジルタウン

とある郊外の小さな街。ここに年々増え続ける外国人定住者のために、新しく住む場所をつくる。いろいろなボリュームの建物がさまざまな密度で集まり、それによってできた隙間が、大勢のための豊かな生活環境を生み出す。

153 琉球大学 工学部環境建設工学科
大川内 智昭 おおかわち ともあき

やまにあるもの

自然と触れ合う機会が少なくなった現代社会、この現代社会で暮らす子どもたちは、どんな未来を描くのだろうか？より豊かな心を育むために、自然の木を切らずに取り込み、自然と一体となった保育園を提案する。

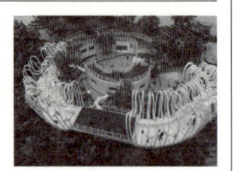

154 静岡文化芸術大学 デザイン学部空間造形学科
寺田 隼 てらだ しゅん

媒体都市空間

人々のコミュニケーションの場をつくるため、車道の上空に市街地の建築を吸収する人工地盤をつくり出す。その人工地盤は、車道上に長く延び、都市、建築、人々に関係性を生み出す。

157 芝浦工業大学 工学部・一部建築学科
徳田 直之 とくだ なおゆき

遊刑地

登場人物は拘束されている人と、自由に遊び回る人。どうしようもなくわかり合えない二者のための1つの建物を設計した。その建物は東京・渋谷を破壊する。破壊の先に創造を知る。

158 多摩美術大学 芸術学部環境デザイン学科
高橋 卓 たかはし すぐる

小さな丘と小学校

小学校生活を、ひたすらに自由だった子どもたちが少しずつ社会性を身につける大切な時期と考え、のびのびと広がる丘の風景と小学校たるために不可欠な建築物の均衡によって、小学生のイメージを表現した。

159 大阪大学 工学部地球総合工学科
濱野 真由美 はまの まゆみ

塔の目、うつるもの、物語

ある塔の話をしよう。それは小さな港町に灯台として建てられた…。建築と人、時間、物語。

160 芝浦工業大学 システム工学部環境システム学科
山中 賢一 やまなか けんいち

一期一宴—山谷からはじまる

バックパッカー：壁を越える者。東京・山谷に聳え立つ見えない壁を解体する。さまざまな言葉が反響し、こだまする空間は、何のしがらみもない一期一会の空間となる。その時、壁は壁でなくなり、宴の音が街に響く。

161 愛知産業大学 造形学部建築学科
新井 光 あらい ひかる

LIFE IN CELLULAR FRAMES

ジャングルジム状の格子とプレファブのパネルを用い、住民の手による積極的な増減築を促すことで、集合住宅でありながら多様性のある景観を実現する。カルス（細胞塊）は成長し、生活空間は建物の周囲を煙のように漂う。

162 名古屋市立大学 芸術工学部都市環境デザイン学科
寺嶋 利治 てらしま としはる

50坪ハウス

日本の都市の状況が大きく変化し始めている。その1つに人口減少問題が挙げられる。これまでの人口増加期において、コンパクトに住むことが実践されてきたが、もはやコンパクトに住むことに意義はあるのだろうか。

164 芝浦工業大学 工学部・一部建築工学科
渡邉 純矢 わたなべ じゅんや

SOMATOGRAPHY

東京オリンピック2016マラソンコースの中継地点に、「身体性メモリアル」を挿入する。ランナーの身体部位—肺、腕、手、脚、足底、目、耳、心臓—という媒体を用いて、大都市東京との応答を形態化させる。

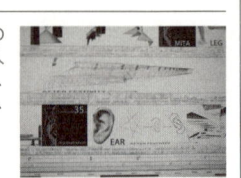

165 東京理科大学 理工学部建築学科
卯月 裕貴 うづき ひろたか

THICKNESS WALL

通常、壁は隣室との間に一様な厚さで存在する。人は開口部を見た時に、自分を囲む壁の厚さを認識する。壁を不均一な厚みにすることによって、そこに違う「厚さ」が存在する時、今まで抱いていた隣室との距離感は揺らぎ、自己認識の中の壁厚は変化し続ける。

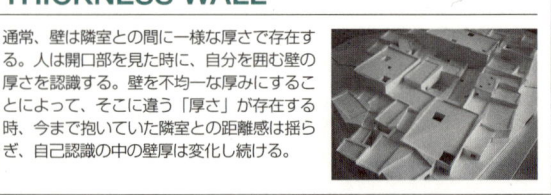

166 東北芸術工科大学 デザイン工学部建築・環境デザイン学科
麻生 合歓 あそう ねむ

反転世界—突然な必然による偶然を装った出会い。

突然の出会いには、偶然を装っている可能性がある。さらにそれは必然によるものかもしれない。これはミースやコルビュジエに前習えばかりしている現代高層建築に対するアンチテーゼである。

167
東京電機大学　工学部第一部建築学科
阿部 秀彦　あべ ひでひこ

hacomachi

街に平面的に広がる街路、広場、公園といったパブリックスペース。これらを街ごと折り畳んで積層することによって生まれる複雑な視線の錯綜が、新しい風景をつくり出してくれるのではないか。

168
名古屋工業大学　工学部建築・デザイン工学科
金澤 潤　かなざわ じゅん

みんなのミチ みんなのマチ

街区の設計システムの提案。1つの家の独立性をはずして街区が存在する。家族の枠組みを越えて家が迷路のように存在する。

169
明石工業高等専門学校　建築・都市システム工学専攻
国居 郁子　くにすえ いくこ

ほってもって—海抜－0.4mの記憶の器

客土により海抜＋0.3mとなった均質な農地を、「ほって」その土を「もって」、かつて海抜-0.4mの湿田が広がっていた頃の「記憶の器」となる、湿地環境と土手を、パッチワーク状につくり出す。

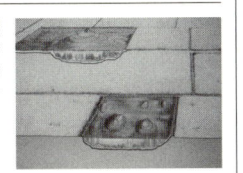

170
慶應義塾大学　環境情報学部環境デザイン系列
正木 和美　まさき かずみ

yadokari—都市と海の狭間に棲む

今まで四角い箱でしかなかった海の家が、ヤドカリのように砂浜を自由自在に動き回り、ヤドカリが自分の成長に合わせて貝殻を変えていくように、四季、光、風、天候、気温などあらゆるものを感じ、変化する。

171
宮城大学　事業構想学部デザイン情報学科
千葉 光　ちば ひかる

「そこからコノ世界を見る時、」—影の現実を見つめる建築

21世紀のはじめから2016年東京オリンピック開催までの間、戦争・災害の数だけ建築が増殖していく。神聖であり、または虚無的であり、時に暴力的な空間は、事象終結を契機に生まれるあらゆるモノを受け入れていく。

173
九州産業大学　工学部建築学科
江藤 優介　えとう ゆうすけ

境界の変容—織り込まれた境界

境界が2系統、あるいはそれ以上に繊維や細胞のように複雑に織り込まれたらどうなるだろうか？たとえば、スピードの違うもの同士の空間、プライベートとパブリックなど。相反するものが1つの面をつくり出す。

174
東京藝術大学　美術学部建築科
和田 郁子　わだ いくこ

音街—オトマチ

音の聴こえる坂の街、東京・神楽坂の坂と路地を活かして音の流れを設計しました。今の都市や家は人や物の気配を閉じこめています。気配のしない都市ではなく、気配の伝わってくる都市のつくり、家のつくりを提案します。

175
明石工業高等専門学校　建築学科
黒田 潤一　くろだ じゅんいち

過疎地域の小学校リノベーション計画—神河町全体の小学校ネットワークの提案

本計画は兵庫県神河町を対象地区とし、学校間での場所性を活かした新しい小学校運営の形態を考え、学校の運営の継続や廃校を復活させることで町の活性化につなげることを目的とする。

176
日本大学　理工学部建築学科
池田 真人　いけだ まさと

3次元町家群構想

町家建築の住居形態、集落構成の仕方は、平地において理想的な集落形成の仕方である。町家建築を3次元的に構成することで、町家建築の崖地での生存の仕方を提案する。

177
前橋工科大学　工学部建築学科
長島 綾子　ながしま あやこ

古い私の新しい城

老いた人たちの住処。数十年暮らしてきた家から大切なものを少しだけ包み新しい家へ移る。新居はぎこちなく揺れる城壁のような覆いの中。揺れる城壁は周りの人々を呼び込み社会の片隅に置かれていた私たちを城主にする。

179
摂南大学　工学部建築学科
新森 雄大　にいもり ゆうだい

厩舎と家

成績を残せなかった競走馬の中には、引退後の身寄りがなく、人間の都合によって殺されてしまう馬がいます。この問題は、私たちが生きる社会における家族間の疎遠による、老人の孤独死問題と何か似ている気がします。

180
近畿大学　理工学部建築学科
須田 大志　すだ たいし

Green ripplet—広がる緑の増殖都市

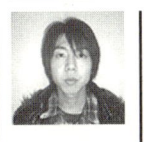

自然を切り開くことでつくられてきた、現在の都市形態から脱却し、建築と自然が共存することで、人間が都市における新たなライフスタイルを築き、多様な生活活動、生命の集合体となる、省エネルギーの都市を提案する。

181
日本大学　理工学部建築学科
井手口 航　いでぐち わたる

非均質空間—均質空間における多様性と変容性

均質な空間は、感覚の排除である。働いている人と休憩している人、内部と外部、自然と人工。これらのものが大きな1つの空間の中で同時に展開される風景。風が吹いてはじめてそこが外部だと気づくような、そんな空間。

182
法政大学　工学部建築学科
橋本 健　はしもと けん

人と都市の間

建築と都市の間を反転によってつくり出す。反転の操作は「都市のボリュームの反転」「住宅と余白の反転」「車道と歩道の反転」の3種類を行なった。建築に敷地が持つ記憶を内在させ、都市をつくるように建築をつくる。

183
工学院大学　工学部第1部建築学科
鈴木 沙祐里　すずき さゆり

現代境内—境内空間の再考

かつて神社の境内はコミュニティの中心であり、境内を中心に集落が形成されていた。現代、都会の神社は埋もれてしまっている場合が多い。かつてのように境内を中心としたコミュニティが生まれる「現代境内」を提案する。

185
芝浦工業大学　工学部・一部建築学科
木曽川 剛士　きそがわ ごうし

flow・stock—経済の空間化

建築において、経済は足枷でしかない。どのようなダイアグラムよりも、建築の形態を決定づけていたのは実はコストではなかったか。そこで、経済を建築の構成要素として捉え直す。

186
琉球大学　工学部環境建設工学科
金城 春野　きんじょう はるの

FRAME

ただのコップでワインを飲むより、美しいグラスに注いで飲む方がよい。器で中身の価値観を変えることができるのならば、建築物においても同じことが言えるはずである。FRAME。

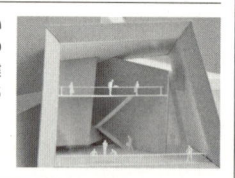

187
北海道工業大学　工学部建築学科
田中 理恵　たなか りえ

もやり—霧の空間化

霧によって生み出される空間は幻想的でどこか異空間を感じさせる。ランドスケープをデザインした広場と偶発的に発生した霧や釧路の気候特性を融合させ、利用する人々の五感を研ぎ澄ますような空間を提案する。

189
大阪大学　工学部地球総合工学科
杉中 浩之　すぎなか ひろゆき

かさなるいたのはざまで

ウチとソトを境界なくつなぐイタの重なりによって生み出される、スキマのようなスミカを無数の柱が突き抜ける。霧に浮かぶその様は、幻想的で美しい。

190
東北職業能力開発大学校　住居環境科
芳賀 翔太　はが しょうた

HITO

人は問題と共に生き、人が不完全であるため問題が増え続ける。建築という未完成な空間は不完全な人に「ゆとり」という変化を与える。

191
法政大学　工学部建築学科
熊谷 浩太　くまがい こうた

Next Ground

2015年、首都直下地震発生。生き残ったオフィスビルと倒壊によってできたビルの間の隙間。需要減少したオフィスビルをつなげる新たな大地の創造によって、人々の生活が震災をきっかけに一変する。

192
広島女学院大学　生活科学部生活デザイン情報学科
日高 佳那　ひだか かな

パラサイトシティー

既存の街を壊さず、いかに都市を楽しくさせるか。そこにある文化、生活を建築が吸収し、新たな機能を入れる。ビル裏、隙間などに可能性と広がりを見つけ都市をつなぎ寄生する。それはどの都市にも建築可能な建築装置。

193
東京造形大学　造形学部デザイン学科
森脇 由梨奈　もりわき ゆりな

原創都市

自然とそこに「住み」「働き」「商う」。偶発的な出会いを生むさまざまな空間ボリュームの集合、自然の法則の再構築から成り立つ、集落のような複合都市計画。

194
東京藝術大学　美術学部建築科
関野 有希子　せきの ゆきこ

Launching Pad

モノのステキさ、つくることの楽しさを伝える商業施設と小さな学校。モノに囲まれた吹き抜けにステキさを濃縮する塔があり、より見えやすくすることでステキさを発散するへこみがある。ここからモノは発信されてゆく。

196 豊橋技術科学大学　工学部建設工学課程
黒田 健資　（くろだ けんすけ）

mixture living

本来、生活と産業は一番身近であるべきだ。しかし現状は、両者をリアルに体感できない関係だ。本提案では、生活の場と産業の場を同次元で扱う。生活と産業が交錯する場にこそ、ほんとうの暮らしがある。

---

197 芝浦工業大学　工学部・一部建築学科
矢野 龍太　（やの りょうた）

装飾と物質

東京はマクロの視点では「商業＝マス」、「墓地＝ヴォイド」であり、ミクロだとその逆になる。物質の「有（マス）／無（ヴォイド）」による装飾の織地。その東京の現実を、建築の現実として現すことを目論んでいる。

---

198 東京理科大学　工学部第一部建築学科
酒井 麻央　（さかい まお）

ようかんのゆくえ―都営住宅のリノベーション

都心に建つ都営住宅団地の再生。均質な配置の住戸に共用のリビングとニワを加えてグルーピングする。まちの要素を吸収しながら新たな都心居住が始まる。

---

199 大阪大学　工学部地球総合工学科
矢野 晃一郎　（やの こういちろう）

いま、京都にみちを通すということ

平安京の碁盤目状の街区に対して、天正の地割で太閤秀吉は強引に道を貫通させ、街区構造を大きく変化させた。ならば、いま京都に道を通すとすると、それはどういうことを意味するのだろうか。

---

200 静岡文化芸術大学　デザイン学部空間造形学科
新田 真弓　（にった まゆみ）

人間動物園

動物園と小学校を統合することにより、切り離されていた日常生活と自然を近づけ、継続的に動物と触れ合うことのできる教育の場を生み出す。ここに通う子どもたちは、動物の偉大さや大切さを肌で感じ学んでいく。

---

201 静岡文化芸術大学　デザイン学部空間造形学科
植野 聡子　（うえの さとこ）

浜松新路地計画

地方都市において、駐車場という存在は不可欠である一方、都市をまとまりのない性格へ導いてもいる。この存在を、立体の建築物として積極的に路地の構成要素に組み込むことで、これからの新しい路地が誕生する。

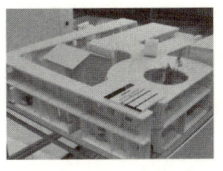

---

203 芝浦工業大学　工学部・一部建築学科
園田 啓介　（そのだ けいすけ）

きのみ きのまま―都市の淀みの可能性

一般人とホームレスの2分化された世界をひとくくりにしてみる。一般人が建築をつくり、建前上は一般人のための空間なのに、一歩入ると空間が反転してホームレスのいる世界、または、いた世界に入ってしまう、そんな空間。

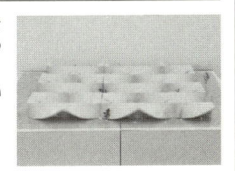

---

204 芝浦工業大学　工学部・一部建築学科
吉澤 健一　（よしざわ けんいち）

fragments

これは駅ビルの設計である。従来のように巨大なボリュームを配置するのではなく、東京・下北沢のスケールに合わせて分割した小さなボリュームを、互いに向き合える範囲内で都市に拡散させる。都市と建築の相乗効果を生み出す。

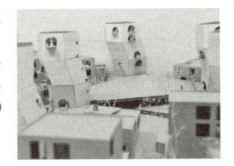

---

206 昭和女子大学　生活科学部生活環境学科
大中 愛子　（おおなか あいこ）

もう一つのパサディナハイツ

集合住宅の廊下は通過のための消極的な空間で、そこでは何のアクションも起こらないと思っていた。でも、菊竹清訓設計の『パサディナハイツ』は廊下のイメージを変えてくれた。だからもう1つの案を考えた。

---

207 芝浦工業大学　工学部・一部建築学科
内山 昌太　（うちやま しょうた）

DOUBLE PLAN

1つの空間を半分に分ける。平面的にではなく、断面的に分ける。これが、この建物の建築的な構成を決定する重要な操作である。

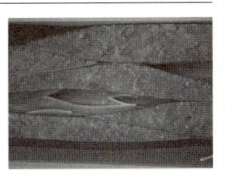

---

208 神戸芸術工科大学　デザイン学部環境・建築デザイン学科
牧野 正幸　（まきの まさゆき）

小さく世界を拡大表示してみる。

小さく世界を拡大表示してみた。

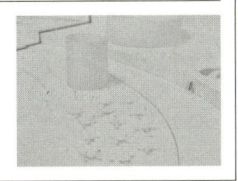

---

210 芝浦工業大学　工学部・一部建築学科
堀川 塁　（ほりかわ るい）

current contour―空調なしの建築

現在の建築は機械空調をされることを前提として建てられてしまっている。機械空調なしの合理的建築を考える時、現代の求める建築の姿があるだろう。

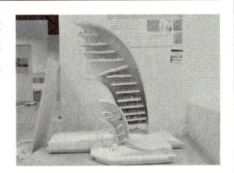

211
デザインファーム建築設計スタジオ　建築科
滝谷 大輔　たきや だいすけ

沈黙の世界
潜水士の学校。街を歩いていてふと見上げると、そこには水深20mで作業している潜水士がいる。地と図と水をまぜることによる新たな出来事の創出。

213
福山大学　工学部建築学科
土床 拓也　つちとこ たくや

book × architecture? × man
図書館の中に、物語を演出する場所をつくる。本と建築と人とを組み合わせることで空間は変化していき、さまざまな雰囲気をもつ場所をつくっていく。

214
横浜国立大学　工学部建設学科
山内 祥吾　やまうち しょうご

あったかもしれない佃島
さまざまな大きさのキューブが山のように集積した建築。都市に人が集まって住むことはもっと特別で魅力的なことのはずである。タワーマンションの建ち並ぶ現在の東京・佃の姿とはまったく異なる、あったかもしれない佃の姿を描く。

215
東京理科大学　理工学部建築学科
村田 加奈子　むらた かなこ

おもてとうらのすきま あるいは、その接点
垂直材を水平材から解放したい。アートの展示という意味においてこの2つは等価である。私たちの身体に属する「面」の付随物ではなく、壁と床に名づく前の存在に戻っていく。それは、空間を分節する指標であった。

216
法政大学　工学部建築学科
北川 裕一郎　きたがわ ゆういちろう

ビルの谷間で
建築で囲んだ外、神田。　内、広場。
東京・神田において貴重なオープンスペースをもつ街区である敷地に、建築と広場を一体として計画する。広場を囲む建築の外側は神田の街並みを構成し、内側は広場と新しい関係性をもつ。

217
大阪大学　工学部地球総合工学科
杉江 順哉　すぎえ じゅんや

小学校 house
田舎の小学校は校区が広く、小学生にとって通学は時に大きな負担と危険を伴うものとなる。そこで小学校に住むことを提案する。新しい小学校が核となり、地域に賑わいをもたらすことを思い描いた。

219
東京理科大学　理工学部建築学科
松本 透子　まつもと とうこ

swim
空間の流れを考える。強制されないゆるやかな流れ、柔らかなつながり。壁をうねらせることでそれをつくり出す。のたうつ壁の中を私たちは泳いで泳いで、泳いでいく。

220
大阪大学　工学部地球総合工学科
小澤 拓人　おざわ たくと

いきたえるかえる、場所時間
コミュニティとは何かを共有することである。そして、共有するものは場所であり時間である。場所の力を目覚めさせ、その場所に流れる時間を創造する。

221
神戸大学　工学部建設学科
皆川 豪　みなかわ ごう

Semi−Ruled Architecture Study #12/ 高齢化社会 + クリエイティブ・コモンズ
ネガティブにとらえられることの多い高齢化社会という状況で、余っていくモノと時間。これらをコモンズ（入会地）にアップロードして共有することにより、状況をポジティブに転化していく。

223
東京理科大学　工学部第一部建築学科
寺町 直峰　てらまち なおたか

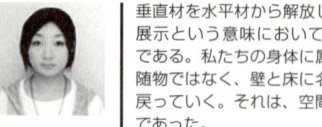

Sequence Wall
図書館と美術館のもつさまざまな機能を壁越しに連続させる。ココから見える「奥」の様子は次の機能へと人の行為を誘発する。人が動くことで見えてくる新たな空間が異なる機能を結びつけ、場の限定性を揺るがしていく。

224
東京理科大学　工学部第一部建築学科
清水 忠昭　しみず ただあき

大きな木の下で
大きな木の下のような、人々が集まれる場所をつくる。敷地は、高速道路・線路に囲まれ孤立している東京・豊島清掃工場の煙突。「モノ」の最終到達地である清掃工場の煙突に、人々が何かをつくり出す活動のできる場を。

225
近畿大学　工学部建築学科
平川 紘司　ひらかわ こうじ

家族の距離—都市に暮らすために
都市に集合することで、現代の社会では失われた人と人の間に存在する距離感を取り戻し、商業主義・合理主義でつくられた都市の価値観を変え、個の計画の価値観がスタンダードとなることを期待する。

226	名古屋工業大学　工学部建築・デザイン工学科 鈴木 健史　すずき たけし でっかいマドとながいドマ 開け放つことのない建築は外部からの情報、外部への情報を遮断している。大きなマドに人が住み着き、レイヤー（層）状にシーンが重なり、「見られる」ことで住人が反応を起こす。	**236**	前橋工科大学　工学部建築学科 赤池 友季子　あかいけ ゆきこ 移ろう環境を詠む—共存する空間性がつながる風景 木々の密度や地形形状、季節や時間等、そこに存在する環境が、空間をつくり出す建築的な要素として現れ、そこでしか生み出せない新たな風景をつくり出す。
228	北海学園大学　工学部建築学科 加治屋 俊幸　かじや としゆき 戸室群住居 隣人の名前も知らない集合住宅。廊下に並んだ鉄の扉をふと、壁だと感じた。扉が壁になり、壁に扉が付いた時、空間の質、家族の定義、隣人との関係が変化する。「集って住まう」ともっと彩りのある集合住宅になる。	**237**	武蔵野美術大学　造形学部建築学科 太田 遊介　おおた ゆうすけ 「ふくげん」のデザイン 50年前に描かれた絵図を元に「ふくげん」による新たな設計手法でまちの再生をめざす。
229	工学院大学　工学部第1部建築学科 小松 拓郎　こまつ たくろう 或る街の残像 都市が本来もっているはずの姿、時間、複雑さを映し出す。ある街の残像は都市の中にあるべき姿で存在し続ける。	**238**	名古屋大学　工学部社会環境工学科 小久保 亮佑　こくぼ りょうすけ 「間」の拠り所 高層のオフィスビルや昔ながらの長屋が混在する名古屋駅北地区。そのとある一画に、「間」をまとった都市生活者のための場を提案する。
233	京都造形芸術大学　芸術学部環境デザイン学科 三山 貴弘　みやま たかひろ Spiral-House 一人で社会と接することが増えた現代、多くの社会的問題にも一人で向き合わなければならない。生活をシェアすることで、互いを補いながら暮らす。それは、一人一人の異なる生活をきっかけにしながら生まれる新しい環境。	**240**	東京工業大学　工学部建築学科 奥山 浩文　おくやま ひろふみ 橋上都市 橋上に災害時の避難拠点に転用可能な公共空間を計画する。人々が集う日常と、緊急時の2つの側面を持つ。自然・橋・空間が一体化し、動線が交差することで新しい都市の断片を生み出す。
234	東京理科大学　理工学部建築学科 今城 瞬　いまじょう しゅん ADDITIONAL LINE 幾何学の問題で、ある場所からある角度で補助線を引く。すると今まで見えてこなかった新たな幾何学の関係性が、鮮やかに現れる。私は、建築に補助線を引くことで、新たな関係性を生み出したいと考えた。	**242**	法政大学　工学部建築学科 菊地 悠介　きくち ゆうすけ 欠陥住戸群 1つでは足りなくて、でも、集まってはじめて生まれる関係性や空間、風景がそこにはある。そんな小さな家たちの話。
235	名城大学　理工学部建築学科 岸 秀和　きし ひでかず 否定による創造 新たなものを生み出す時、必ずそこには現在、または過去への否定があるはずである。建築の歴史もまた、否定の歴史であるならば、「否定」を手法とすることで新たな建築を創造することができるのではないだろうか。	**244**	北海学園大学　工学部建築学科 出村 由貴子　でむら ゆきこ 一期一会の絵画 遠い昔、そこには神がいたそうだ。それは人の心が自然の中に見つけた存在であったのだろう。時代と共に変わりゆく人の心と時を経ても変わらないこの土地。人間らしい創作行為である「建築」を通して見えてくる心。

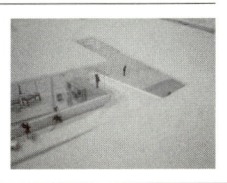

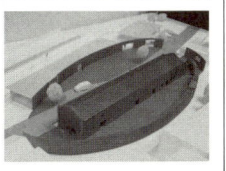

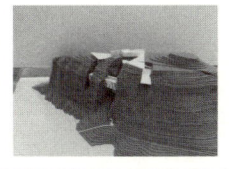

245
京都造形芸術大学　芸術学部環境デザイン学科
櫛田 由貴（くしだ ゆき）

ハコハコハコ—Art のある風景

アートのある風景と日常の風景が重なり交じり合う中で、見たり、触れたり、感じたりしながら人は創造力を育んでいく。内と外、上と下が大きく広がりつながって、そこは大きな公園のような学びの場所となる。

246
東京理科大学　工学部第一部建築学科
小林 啓明（こばやし ひろあき）

名前の無い場所へ続く道

機能的に街の裏側になってしまった川の上に、機能のない空間を置いてみる。その空間は、機能的にも構造的にも周辺から接続される道空間によって補完され、あらゆる行為を受け入れる「名前の無い場所」となる。

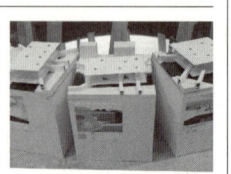

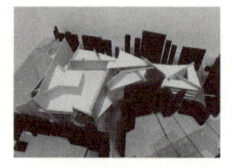

247
東京理科大学　工学部第一部建築学科
高木 秀太（たかぎ しゅうた）

チマチマ商店街

シャッター街化した地方商店街。「スッカラカン」とした大通り。商店街には「チマチマ」としたスケールが必要だ。店舗をせり出し、大通りのヒエラルキーを下げてゆく。商店街に人間らしいスケールが戻ってきた。

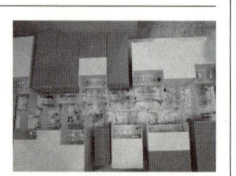

248
琉球大学　工学部環境建設工学科
米盛 琴絵（よねもり ことえ）

『5 人』

4 月新学期、教室で 5 人は初顔合せ。6 月梅雨、すこしお互いのことがわかってきた。そろそろ クラスの係決めをしよう、このくじを引いて。

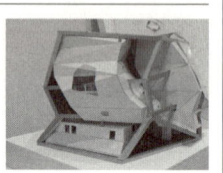

249
大阪大学　工学部地球総合工学科
仁居 智子（にい さとこ）

まるで方舟のような工場

都市の中で食種を生産する工場。そのために必要な土と種を育てる場所。そこに住む人々のための自給施設。生産する機会を与えうる 1 つの可能性。

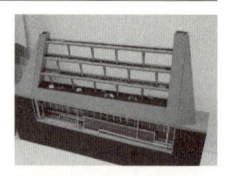

250
近畿大学　工学部建築学科
成松 仁志（なりまつ ひとし）

大きな家 農村の新しい風景

合理化され窮屈になった家を開放するのは農村で放置されている広大な田んぼ跡地である。大きな住宅での大きな生活を提案する。

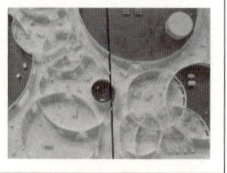

251
慶應義塾大学　理工学部システムデザイン学科
村野 哲哉（むらの てつや）

風景の柱

周辺の景観や風景の特長を巻き込みながら存在する公園を設計した。柱という構造物を用いて風景を抽象化し、周囲の街並みの多様性を再認識させるための場として公園は機能する。

252
東京理科大学　理工学部建築学科
谷口 弘恭（たにぐち こうすけ）

scene complex

互いに支え合って建つ 39 枚の壁は、シアターのボリュームを消すと同時に、街に風景を刻み込む。壁を通り抜ける度に現れる空間は、さまざまな表情を見せて連続する。普段通過するだけだった道が、新しい発見の場となる。

253
信州大学　工学部社会開発工学科
藤岡 佑介（ふじおか ゆうすけ）

layered

棚田の荒廃地において、展示兼休憩施設の設計を行なう。その建築は、山岳地におけるさまざまな視点場に対して、見え方を多様に、かつ連続的に変化させる。

254
東京電機大学　工学部第一部建築学科
寳崎 祥太（ほうざき しょうた）

『つぼみ』—畑のあるマチに住む。

現在の畑は街から離れ、住宅においても畑から離れて存在し、互いの関係が希薄になっている。この提案では壁の形態を変えることで、畑と街と住の距離をなくし、共存できる新しいマチを提案する。

255
早稲田大学　理工学部建築学科
山本 航一 / 佐川 貴康 / 砂越 陽介（やまもと こういち / さがわ たかやす / さごし ようすけ）

遺構化する船—half-build による実験的試み

社会の様相は多種多様となり更新サイクルは加速的に短周期となっている。half-build という手法でさまざまな更新に適応する実験的空間を提案する。時々の遺構を重ね合わせ都市史の博物館のような場へと変容する。

256
名古屋大学　工学部社会環境工学科
今和泉 拓（いまいずみ たく）

メビウス

壁を捻（ねじ）ることで、メビウスの帯のように表裏のない空間をめざした。

257 法政大学　工学部建築学科 津久浦 政慶　つくうら まさよし **NET—繋がる開く集合住宅** それぞれの住戸が空間の一部を開放する。隣接する住戸間で開放された空間同士が繋がる。その繋がりが集合住宅全体に広がっていく。	**263** 北海学園大学　工学部建築学科 帰山 拓磨　きやま たくま **風景をつなぐ駅** 駅というのは出会いや別れの空間であり、記憶に残る場所である。ジグザグした壁が表と裏にある風景をつないでいき、交互に表れる風景がロマンチックな空間を演出していく。人々の記憶に残るような駅を提案する。
258 信州大学　工学部社会開発工学科 竹森 恒平　たけもり こうへい **incomplete wall** この建物は地方への移住を促進するための生活体験施設です。性質の異なる5種類の壁が室内外の領域に緩急をもった関わり方をもたらします。	**264** 日本大学　理工学部建築学科 下大薗 将人　しもおおぞの まさと **SHINJUKU GATE** 1966年新宿駅西口広場が完成、半世紀後2009年、新宿駅南口に新たな都市のゲートが出現する。
259 東京理科大学　工学部第一部建築学科 米倉 夏　よねくら なつ **少女たちの丘** 女子学生寮を設計する。オフィスビルに囲まれ社会から与えられた規則を守りながらも、少女たちは丘をつくる。その丘とは彼女たちの内部から発せられた感情であり、閉じこもる空間であり、他人との交流場でもある。	**265** 日本大学　理工学部建築学科 佐藤 久子　さとう ひさこ **渋谷コロニー—ひととモノの積層** 東京・渋谷を象徴する絵の中に、人が暮らすことによって現れる色を塗る。人とモノの積層。
260 信州大学　工学部社会開発工学科 丸山 日惠　まるやま ひよし **scenic harmony** 山岳において、建物内部から見える「風景」を軸にギャラリー付住居の設計を行なう。開口部から見える「風景」を線分として捉え、建物の内部空間に取り込むことで風景と建物の調和をめざす。	**267** 京都造形芸術大学　通信教育部芸術学部デザイン科建築デザインコース 寺西 正貴　てらにし まさたか **そこにあり続ける建築** 世界中に人のつくり出した建築という痕跡が点在し、近い将来人口が減ることでそれらは必要なくなるかもしれない。これからはその空間をいかに扱うかを考え、その1つの回答として「そこにあり続ける空間」を提案する。
261 東京電機大学　理工学部建設環境工学科 笈入 瑛永　おいれ あきなが **カスミテキケンチク** カスミがつくる関係性。濃さによって多様な距離感ができる。かすかに見えているだけだったり、音や匂いがするだけだったり。誰かがいる気配がする。そんな空間の提案。	**268** 日本大学　理工学部建築学科 小林 加奈　こばやし かな **木漏れ日より** 一人暮らしの時、ちょっと手を借りたい、隣の人が誰かと思ったことがたくさんある。そこから、木の中に住むように、自分のテリトリーをもちつつ、ほかの人が知れる集住を提案する。楽しく毎日を送れるように…。
262 東京理科大学　理工学部建築学科 山中 浩太郎　やまなか こうたろう **Roof Dynamics** 今日、多くの建築はフラットな屋根面を前提とし、その屋根がつくる境界面の下側だけを問題にしている。屋根の存在が薄れている現代において、屋根を再考し、既存の設計手法では獲得できない空間の質を提示する。	**269** 名古屋大学　工学部社会環境工学科 亀嶋 一矢　かめしま かずや **Linking Park** 都市公園の整備により、元あった住宅の立ち退きが進む計画地。そこで自然発生する小さな広場を連結することで、都市に新たな風景をつくる。

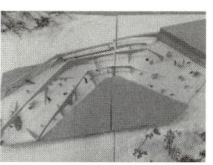

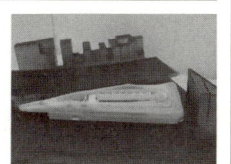

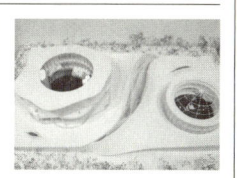

270
近畿大学　理工学部建築学科
瀧谷 弓美 （たきたに ゆみ）

SEX AND THE UNIVER SITY—子創り 安堵 大学
少子社会の到来、解決の糸口を大学構造改革にみる。舞台は我が母校、近畿大学。市、府、交通インフラ企業「大阪モノレール」が結託し、出会いから子づくり、子育て、勉学までも支援できる、大学のターミナル化を提案する。

271
慶應義塾大学　環境情報学部環境デザイン系列
黒川 彰 （くろかわ しょう）

代官山壁群
東京・代官山ならではの「住」と「商」の共存。代官山ならではのパブリックスペースと建築の融合。社会的価値、空間的価値が半永久的に保たれるようなパブリックスペースの提案。

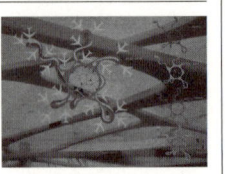

272
日本大学　理工学部建築学科
加藤 友美 （かとう ともみ）

広がるはっぱと都市の森—渋谷区の傾斜低層住居地域における住空間の研究
傾斜地に対してスラブで傾斜を微分することによって生まれる間隔から小さい間隔は家具となり、大きい間隔が空間をつくる。異なるプログラムも隣同士の住居もスラブによってつながった、葉の重なりのような集合住宅群。

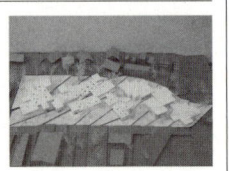

276
京都大学　工学部建築学科
政所 顕吾 （まんどころ けんご）

idium
日本の最南西端、鹿児島。火山地帯固有の、大地のダイナミズムの表象としての建築。そこでは郷土のイデアが、マグマの如く沸々と湧きかえる。

278
桑沢デザイン研究所　総合デザイン科スペースデザイン専攻
寺尾 准 （てらお じゅん）

mid-skin
建築と衣服の間に存在するもうひとつの空間のカタチ。住空間で家族間に「集まる」「散らばる」という2つの関係性のみを与えるのではなく、お互いに制約を与えながら刻々と変化する新しい関係を発生させる空間。

279
筑波大学　芸術専門学群
桑原 優 （くわはら すぐる）

たくさんの2階のある研究室、アトリエ、ギャラリー、図書館
学園都市つくばに建つ公共の研究室、アトリエ、ギャラリー、情報施設。筑波大学やさまざまな研究施設の人と街の人たちが共有する。たくさんの2階を室として浮かべることで壁を取り払い、新しい発見や出会いを誘発する。

280
名古屋工業大学　工学部建築・デザイン工学科
藤田 幸男 （ふじた さちお）

ARACHNOID APARTMENT
超高層の建物の狭間に、くもの巣のような人の巣が出現する。空間が立体的に絡み合い、フワフワ空中に浮いているように感じ、たわんだり、ふくらんだり、凸凹した形状をしており、そこにはさまざまな居場所が存在する。

281
東京理科大学　理工学部建築学科
波多野 現 （はたの げん）

small world
世界は狭くなっている。さまざまな人が行き交う空港はまさに小さな世界。複雑な要素からネットワークを導き出す新しい建築をつくる。UAEドバイ起死回生の新空港。

283
武蔵工業大学　工学部建築学科
岩田 香奈 （いわた かな）

うらハラ
ウラの裏は表である。表があるということは、裏が存在する。空白の土地に、表と裏の混在する特殊な空間をつくり出す。表裏一体となった時、そこにはウラの裏のうらが生まれ、その時、近くて遠く、遠くて近い。

284
日本大学　理工学部建築学科
松島 雄太 （まつしま ゆうた）

PAINTING ARCHITECTURE—風景の建築
環境の変化によって絶えず変化する建築の提案。1枚1枚の壁が風景を描いていく。描かれた風景は新たな風景となり建ち上がる。人と建築はその場所の風景となっていく。

285
多摩美術大学　造形表現学部デザイン学科
藤田 典子 （ふじた のりこ）

森のなかのこども園
子どもだけでなく、おとなにも地域社会にも大切な場所となる「認定子ども園」をめざしました。古くから残る地形と木々をそのまま活かし、環境全体を設計。人や自然とのつながりを五感で捉え、体験する場所です。

286
福井大学　工学部建築建設工学科
河野 強志 （かわの つよし）

巣立つ—育まれる心と絆
子どもの取り巻く環境について。自然の遊び場が少なくなり命の大切さを学べなくなったり、親の育児放棄により愛着を与えられない子ども。そんな親の愛着と子どもの心を育て親子の絆を深める施設。

287	名古屋工業大学　工学部建築・デザイン工学科 伊藤 佑治　（いとう ゆうじ） **サキモリズム** 干拓政策は、農地利用や都市的利用を目的として日本各地で進められてきた。愛知・三重県にまたがる木曽崎干拓において、環境保護と開発を同時に満たす、自然と人間の境界としての集合住宅を計画する。防人（さきもり）のように住みながら土地を守る。	**294**	大阪工業大学　工学部建築学科 片岡 政規　（かたおか まさのり） **天使たちの村** 子どもたちが家族と共に「生」と「死」と向き合い、病気を克服する村（ホスピス）を設計する。そして、家族は病気を克服し羽ばたいていく。
288	金沢工業大学　環境・建築学部建築学科 小林 勇介　（こばやし ゆうすけ） **88 VLDK** void(吹き抜け)=「V」を各住戸=「LDK」にプラスして「VLDK」（吹き抜け付き住戸）というユニットが88戸寄せ集まった集合住宅を提案する。	**296**	新潟大学　工学部建設学科 矢作 沙也香　（やはぎ さやか） **ビルの殻が溶ける** 沿道のビルが戸建住戸に背を向けている。丘にある街のようにビルと戸建を行き来するような感覚にできないだろうか。境をつくっていたビルの殻が溶け、ビルは周辺と新たな関係をもつようになる。そんなビルを建てる。
289	筑波大学　第三学群社会工学類 細谷 脩太郎　（ほそや しゅうたろう） **とけてゆくところ** あると思っていた、あちら側とこちら側の境界線は実はなくて、すぐに歩いていけるものだったということ。自分の目で目の前の世界を捉えなおすということ。	**297**	日本大学　理工学部建築学科 向井 正伸　（むかい まさのぶ） **足尾公害博物館** 群馬県・足尾の荒廃した土地、おどろおどろしい廃墟は私たちに何かを考えさせてくれます。何かを考えさせてくれるこの風景は、ここの土地の重要な機能だと考えました。この機能を最大限生かした公害博物館を設計します。
290	神戸大学　工学部建設学科 石津 優子　（いしづ ゆうこ） **湖景の環** 水辺環境は生活の近代化の進行とともに水辺の汚染をもたらした。一度は汚れてしまった静岡県・浜松市の佐鳴湖。湖と人々との関係は薄れ、現在の佐鳴湖の実情を知る人は少ない。この湖を再認識する装置としての建築。	**298**	新潟大学　工学部建設学科 高坂 直人　（たかさか なおと） **壁中の出来事** 部屋の壁、家の塀、駐車場の柵 身近に乱暴に存在する可視化された境界の必要性を受け入れながら、そこにさまざまな出来事が生じるきっかけを盛り込む。集合住宅の新しい閉じ方の提案。
291	東京理科大学　工学部第二部建築学科 大江 美幸　（おおえ みゆき） **ひみつ基地** 居場所が限られてしまう子どもたち。都市の隙間でものびのびとできる空間を考える。本計画では崖に複合型保育園をつくる。子どもはもちろんいろいろな人が利用できる。さまざまな視線が行き交い、他ではできない経験ができる。	**299**	信州大学　工学部社会開発工学科 香川 翔勲　（かがわ しょうくん） **peron** 床と地面の間、壁と壁の間、屋根と天井の間、といったこの隙間はいったいどうなっているのか？そこで床、壁、屋根に「めくる」という操作を行ない、その隙間の持つ可能性を探りました。
293	東京大学　工学部都市工学科 永野 真義　（ながの まさよし） **Waffle** 「4.5m幅」「グリッド」「スカイライン」。モールのような、公園のような、道のような、団地のような。均質と思われたワッフル状の空間は、緑と人の関係の下にグラデーションを形成し大きな敷地を都市に解放する。	**300**	武蔵工業大学　工学部建築学科 山本 悠介　（やまもと ゆうすけ） **orange—子どもの秘密基地** 子どもの生活は、日常のささやかな出来事の集積からできている。友だちとの挨拶、ありの行列、たくさんの落ち葉。この建築は子どもの生活の舞台であり、そういうものたちを包むやさしい建築であってほしい。

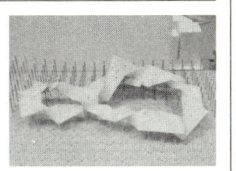

301
北海道大学　工学部環境社会工学系建築都市コース
相場 奈津子　あいば なつこ

まちラボ—住民と店主で商品開発

北海道札幌市裏参道界隈は、小規模で趣味性の高い店が集まるエリア。こだわりのスイーツを出すカフェや宝石箱のような雑貨屋たち。それらが全国に発信していけるような新商品を地域で生み出していく場所を提案します。

302
工学院大学　工学部第1部建築都市デザイン学科
鈴木 高敏　すずき たかとし

住まう美術館

たとえば、美術館の展示室の中に自分の部屋があったらどうだろうか？新しいライフスタイルのための住宅、そして美術館を、強いコンテクストをもった神奈川県・茅ヶ崎の砂防林で展開する。

303
東京工業大学　工学部建築学科
吉本 憲生　よしもと のりお

線路上都市

東急東横線渋谷駅跡地は、立体的な広場の集合となります。遊びにくる若者、仕事をする人たち、住む家族。渋谷に混在するさまざまな人たちが上に横につながりながら（元）線路上で生活する場所です。

304
東京理科大学　理工学部建築学科
村山 圭　むらやま けい

或いは奥という名の消失

1枚では透明なガラスを積層することによって、向こう側の空間の「奥」は白濁し、本来そこにある「奥」は視覚的に消失する。また湾曲したガラスは距離感を狂わせ、その「奥」のもつ濃度は場所によって異なった質をつくり出す。

305
日本大学　理工学部建築学科
小林 輝之　こばやし てるゆき

秋葉原100美術館

世界中で、可もなく不可もない均質空間が、プログラムの枠を超え飽和しつつある。美術館におけるホワイトキューブも同様である。グローバル化に反し、ローカルな空間をもって100のキャラクターを持つ展示空間を提案する

306
前橋工科大学　工学部建築学科
木村 敬義　きむら たかよし

中銀カプセルタワービル、カプセル交換計画案

『中銀カプセルタワービル』のカプセル交換計画案。新たなカプセルは多様な生活様式を受け入れ、全数調査的に個人に対応させられたものであるが、カプセル間の関係性の下で、当然ながら、その理念は破綻してしまう。

307
東京藝術大学　美術学部建築科
加瀬 美和子　かせ みわこ

TOKYO ground-underground JUNCTION—都市構造に対する認識の変換

地下空間における、都市を読み解く装置的建築。

308
京都大学　工学部建築学科
上園 宗也　うえぞの かずや

再生医療都市

カオスが描く近未来 再生医療都市 その美しさは、混沌の中に秩序を見出さんとする崇高な意志の美しさ 再生医療都市 我々は考え続けなくてはならない 再生医療とは何か、生命とは何か。

312
金沢工業大学　環境・建築学部建築学科
山越 あゆみ　やまこし あゆみ

MUSEUM—山折谷折アート空間

このMUSEUMは、紙に切り込みを入れ、凹凸をつけることでトポロジカルな空間を構成していく。建物、吹き抜け空間、柱形状など、さまざまなスケールにおいてデザイン展開させ、空間体験型MUSEUMを創出する。

314
北海学園大学　工学部建築学科
藤田 雅己　ふじた まさみ

street of the wind

住む人々が他人を感じ、緑を感じる集合住宅。其処（そこ）には相手の存在を意識する時間が流れる。其処には自然の存在を確認する空気が流れる。生活の中でそんなことをより身近に感じ取り、心を育む。

315
横浜国立大学　工学部建設学科
福原 光太　ふくはら こうた

変わることのない環境

埋立地の開発は、かつてないスピードで1つの街をつくり上げている。急速な開発、埋立地という大きなスケール、島にある気候。その場所の要素を再認識し、外部空間、あるいは街と連続した、大きな環境を構築する。

316
前橋工科大学　工学部建築学科
武曽 雅嗣　むそ まさつぐ

南牧村高齢者地域福祉開発機関

自然豊かな地方の集落に、高齢者福祉施設からアーティストのためのレジデンスまで。小規模な美術館を媒介にして、時間軸に配慮した建築を提案する。

318	琉球大学　工学部環境建設工学科 鯉渕 翼　こいぶち つばさ 館→町 1つにまとまった図書館の機能をバラバラにしてしまう。それによって生まれた図書館の欠片で町をつくる。小さな町のような図書館。	**328**	京都大学　工学部建築学科 池田 隆志　いけだ たかし 下宿都市 〔特別賞〕 一人暮しの部屋は、1つの小宇宙だ。敷きっ放しの布団、脱ぎ散らかした洋服、部屋一杯のマンガ本の中で、僕らは毎日暮らしている。そんな部屋が無限に膨らんでいったら、どんな建築になるだろう。学生がつくる巨大な下宿。
320	国士舘大学　工学部建築デザイン工学科 佐藤 仁哉　さとう じんや 躍動する住宅—両親のための集合住宅 両親が記憶の渦の中で「終の住処」として暮らすための住宅を提案する。	**329**	武蔵野大学　人間関係学部環境学科住環境専攻 加藤 夏美　かとう なつみ 東京の寓話 多くの人が行き交う東京はとても透明である。居心地が悪く、不安に満ち溢れている。これは、東京という都市の寓話。神聖な井戸のような空間をもつ、家のような寺院の塔は、救済を求める人々の避難場所となる。
322	室蘭工業大学　工学部建設システム工学科 浮須 隆　うきす たかし =+hatake—畑による生活の変容 集合住宅では、無神経に建てられた単純なボリュームの中に生活が押し込まれている。その単純なボリュームに畑を挿入する。外部として扱われる畑が建築に挿入されることで建築はどのように姿を変え、どのような空間をもつのか。	**330**	東京工芸大学　工学部建築学科 井上 久嗣　いのうえ ひさし sequence. 劇場は都市だ。舞台は切り取られた世界だ。都市の中に都市をつくり、切り取られた世界を包む。フィルターで世界から切り離し、そしてつなげる。フィルターの中の世界は、切り取られた世界の現実の世界となる。
324	北海学園大学　工学部建築学科 西屋 健太　にしや けんた つながり、であい、ひろがる、—変わりゆくものと変わらないもの 碁盤の目に区画された街、北海道・札幌。都市の歴史は浅く、急速に進んだ近代化により「整然」とか「つまらない」といわれる都市風景を生んでしまった。札幌という特異なコンテクストを持つ地から新たな都市の広がりを提案する。	**331**	芝浦工業大学　工学部・一部建築工学科 加納 佑樹　かのう ゆうき 孔 これは建築の発生を巡るプロジェクトである。ひとつなぎの壁を外部との関係の中で操作していき、内外や表裏を多重化させていく。その過程、断片を用いて空間を性格付けることで建築と都市の関係性を再構築する。
326	室蘭工業大学　工学部建設システム工学科 佐々木 杏美　ささき あずみ skip the street—街路を挟んだ小学校 小学校は一街区内という概念がある。一街区という枠を超えて複数の街区にまたがった時、都心部においてものびのびとした小学校が生まれる。そこには通路を通して子どもたちの笑顔が街へ溢れ出す。	**332**	神戸大学　工学部建設学科 森田 潤　もりた じゅん 創発する人々 知的創造の生態系を創出する。知的創造とは、新たな関係性の発見である。そこで、ノイズに溢れ、知的創造者同士が関係性を次々に変化させていける場を提案する。
327	明石工業高等専門学校　建築学科 杭瀬 竜太　くいせ りゅうた みちのとしょかん 兵庫県伊丹市の中心市街地にある宮ノ前通りは、店舗や寺社がまばらに位置し、空き地や駐車場が目立っている。そこで、駐車場や空き地になっている場所に図書館の機能を分散して配置し、通りを本と人であふれる空間にする。	**333**	東京工科専門学校　建築工学科 引地 靖子　ひきぢ せいこ 連絡線 文化は人のエネルギーの発露であり、日常的に変化していく。本建築はその変化に注目し、形成過程を示すことを目的とする。また文化の発展に貢献し、多目的で、柔軟性のある、人が身近に感じる建築を計画した。

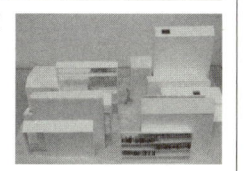

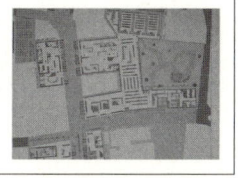

№	大学・学科	氏名	タイトル	説明
334	東京工芸大学 工学部建築学科	高山 慶一 (たかやま けいいち)	カクウセカイ	私の建築はここから存在する。世界は多く存在し、その1つを創造した──世界をつくった。真っ白で何もない世界に人をおいた。人は動き出した。世界を動かした。時間をつくった。この世界の神になった。
335	近畿大学 工学部建築学科	石井 健太 (いしい けんた)	Dressを着る住宅。	建築とファッションについて考えてみました。街に出ると、人々は穴の空いた服を着たり、ズボンをずらしたり、髪を巻き上げたり、個性で溢れ、それが街の色になっています。私は、パブリックとはそういうことだと思いました。
336	金沢工業大学 環境・建築学部建築学科	桑原 幸宏 (くわはら ゆきひろ)	『DANCHI』再生	日本に点在する300万戸の団地は、「家族の崩壊」によって多様化した家族形態に対応できないでいる。団地の再構築には、従来のパブリックからプライベートへのヒエラルキーを崩壊させる必要があるのではないか？
337	京都大学 工学部建築学科	木下 一穂 (きのした いっすい)	ココロとカラダが動く	文化施設に、運動するすがすがしい空気を取り込み、人と全身でコミュニケーションをとることで、人と人の間により具体的なつながりが生まれる。
339	東京理科大学 理工学部建築学科	姉小路 優美 (あねこうじ ゆうみ)	となりのとなり	さまざまな場所で、さまざまな人が暮らしている様子が背景となって生活する。「となり」あるいは「となりのとなり」が見え隠れしながら暮らす提案。
340	東京理科大学 理工学部建築学科	杉原 里菜 (すぎはら りな)	しろやまのいえ	学校へ行く。友だちと遊ぶ。習い事。家に戻る。テレビを見て寝る。そんな当たり前の景色1つ1つが、子どもを育てている。「しろやまのいえ」は見慣れた景色を少し変える。子どもが街を好きになる。
341	新潟大学 工学部建設学科	小泉 祥典 (こいずみ よしのり)	in the park	駐車場が埋め尽くすフィールド。反転する屋外空間と屋内空間。郊外の新たなパークライフ。
343	摂南大学 工学部建築学科	井上 勝也 (いのうえ かつや)	ARCHITECTURE ≠ IDENTITY	私は人のアイデンティティに興味がある。その中で、一人の人間の「自分のこと」に建築はない、と考える。建築を人の中で大切な存在にするために、建築を原風景の1つにする。
346	明石工業高等専門学校 建築学科	溝渕 祥子 (みぞぶち しょうこ)	森のマーケット	多くの問題を抱えた兵庫県・六甲山の自然と、六甲山と関わりが少ない市街地とのつながりをつくり出すために、山とまちの間にある商店街において、間伐材を用いて六甲山の保全活動を行なう交流拠点を提案する。
348	首都大学東京 都市環境学部都市環境学科建築都市コース	原 一樹 (はら かずき)	Somebody to watch over me	「監視（watch over）」を切り口に、あるべき社会の姿と、建築家としてテクノロジーに代わる建築構成を用いて、どのようにそれをめざし導いていけるかを考える。
349	京都工芸繊維大学 工芸学部造形工学科	柳樂 和哉 (なぎら かずや)	川原湯ダム温泉	群馬県の山奥に、数年後にはダムに沈む温泉街がある。その温泉街をダム自体に再構築する。ダムが、そして、温泉が、土木と建築と人とのスケールをつなげる。
351	名古屋大学 工学部社会環境工学科	市川 智章 (いちかわ ともあき)	べこべこ集住体	都市部における集住の提案。床の積層によらない、中も外も混ざり合ったような居場所のつくり方で、都市の状況を楽しみたい。

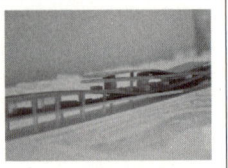

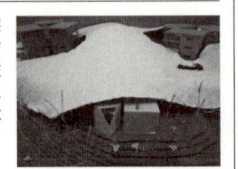

352
関西大学　工学部建築学科
西本 亮平　にしもと りょうへい

Urban aperture

都市に対して複数の「スキマ」をつくり、連続性のある空間をつくり出す。さまざまな場所ができ、人々の意識も内から外へと変わっていく。

355
関西大学　工学部建築学科
川上 真誠　かわかみ まさと

呼吸する建築

この建築を構成する要素は、10cm角の木材と合成繊維である。これらの密度の変化によりさまざまな質の領域を構成し、1枚の壁で1つ1つの領域の関係性を切って、質の違う領域をつくらない建築を提案する。

356
金沢工業大学　環境・建築学部建築学科
永山 裕喜　ながやま ゆうき

BUSTLE PLACE

石川県金沢市の近江町市場の再開発計画。そこには通路上にアクティビティがにじみ出し、私的空間と公的空間が混ざり合ってできる賑わい場所（BUSTLE PLACE）であふれている。

357
室蘭工業大学　工学部建設システム工学科
高野 友佳　こうや ゆか

景色の谷間で—室蘭市アートスペース

斜面を利用し、100m前後の断崖が続く外海と白鳥大橋がある内海が両側に眺められる、北海道室蘭市の敷地に、敷地ができることは敷地に任せ、足りないものを建築化することでそこにしかできない空間をつくり出す。

358
大阪芸術大学　通信教育学部建築科
米谷 真季　こめたに まき

寄生する・寄生される

いつも使う駅。この駅の持つ不便さを解消したいという思いからこの設計が始まりました。でも、この街が持っている雑多な雰囲気は残したい。それを、「寄生」という言葉をキーワードに、考えてみました。

361
日本大学　芸術学部デザイン学科
林 実奈　はやし みな

.com

住宅はそこに住まう人を閉じ込めてはいけない。今、住宅に最も必要なものは、住まう者同士が他とさまざまなつながりや接点をもてる場所・空間だと考える。

363
名古屋工業大学　工学部建築・デザイン工学科
鈴木 康紘　すずき やすひろ

IRODORI BENTO

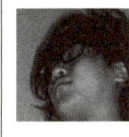

光が染み出す。匂いが染み出す。風景が染み出す。染み出した人間活動は弁当箱に詰められた食材のように辺りの環境に影響を及ぼし、人々の行動に変化をもたらす。現代社会における地縁社会のあり方を提案する。

364
近畿大学　理工学部建築学科
片山 馨介　かたやま けいすけ

白い都市

目的を持たないことを否定した現代の都市。色に溢れ、欲だらけになってしまった都市。人間が失ってはいけない、多くの要素が失われてしまった都市。それを取り戻す場所、それが白い都市。

365
立命館大学　理工学部建築都市デザイン学科
河合 雄介　かわい ゆうすけ

東京空景—Tokyo Skyscape

東京の空を、見上げよう。

366
東北大学　工学部建築・社会環境工学科
植木 貞彦　うえき さだひこ

居場所の見つけ方

本を読むための居場所となる建築の提案。じっくり腰を据えて読書に没頭するも、立ったまま多くの本を読みあさるも自由。人々は施設の中を練り歩き、それぞれの居場所を見つけていく。

367
山口大学　工学部感性デザイン工学科
村上 豪　むらかみ たけし

Floating Scape

都市の中心的機能である庁舎を空中に浮かべる。そこには、庁舎機能や市民のための機能が少しずつしみだし、公私が混ざり合っていく。市民自らの手でつくりあげていく庁舎という居場所の提案。

368
神戸大学　工学部建設学科
村上 裕幸　むらかみ ひろゆき

INDIVIDUALITY IN TIME AND FIELD

兵庫県・神戸において、背後に迫る六甲山の存在は歴史・風土的に重要な意味をもっている。六甲山に存在する風土的事実と歴史的事実をもとに、神戸にとって意味があり個性となりうるものを提案する。

369	東北文化学園大学　科学技術学部住環境デザイン学科 **千葉 航**　ちば わたる **水面と段丘の間へ** ランドスケープのインフラをつくる。	

377 近畿大学　理工学部建築学科
田中 賢人　たなか けんと
忘れた頃にやってくる
避難所を街に常設できるか。小学校の体育館は避難所としては閉鎖的で、災害時に最も必要とされる「復興のためのアクティビティ」を失わせる空間になっていた。街のデッドスペースにならない避難所の提案。

371 京都大学　工学部建築学科
加藤 雄也　かとう ゆうや
300人のための現代都市 
現実に再開発が進められている敷地を対象に、現代の都市における境界のあり方を問う。都市を構築し全体を統御しようとする主体としての自己と、その部分において個々に振る舞う他者との間に生まれる建築を考えた。

378 日本工業大学　工学部建築学科
横山 裕子　よこやま ゆうこ
COB・WEB
好奇心が行為を結び、興味が街をつなぐ。そんな人の「求めること」から「歩いて楽しめる街＝シモキタ」のこれからのあり方について提案する。

372 名城大学　理工学部建築学科
安田 将之　やすだ まさゆき
PLANT APARTMENT 
人のためにではなく、自然のための建築物。それは現代的で未来的でもあるが、なつかしい原風景でもある。自然も人と同じように生活をし、住まいを選ぶことができる。自然たちの集合住宅を提案する。

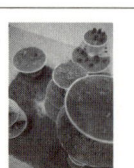

381 滋賀県立大学　環境科学部環境・建築デザイン学科
関谷 要　せきや かなめ
Walking in trees, Living in the sun 
環境問題は、私たちが変わらなければ解決できない問題である。しかし、建設行為は破壊行為であり、そこに環境問題への解決の矛盾がある。この矛盾を解決すべく、私たちが変わることへの建築的アプローチを導き出した。

373 滋賀県立大学　人間文化学部生活デザイン学科
林 真弓　はやし まゆみ
mono log house
私たちは一生の間にどれだけの物と関わるのだろうか。顧みると、自らの持ち物でさえ把握できないことがある。これは個人の物で構成された空間。人がその記憶の蓄積ともいえる物と共に生きて老いていく住まいである。

383 横浜国立大学　工学部建設学科
真鍋 友理　まなべ ゆり
市庭の呼吸
市場にいくつもの庭をつくる。それは市庭となる。庭と市場の空間は365日、24時間それぞれ違った周期で伸縮を繰り返す。この市庭はまるで生きもののようであり、その伸縮はまるで市庭の呼吸のようである。 

375 千葉工業大学　工学部建築都市環境学科
玉置 俊浩　たまおき としひろ
学校につめこむ
少子高齢化の進行した郊外都市。学校では、児童と教師という2種類の人との関わりしかなく、他年代との交流機会が極端に少ない。多世代間の交流を踏まえた「新しい学校」と、郊外都市における合築の提案を試みる。

384 日本大学　理工学部建築学科
的場 弘之　まとば ひろゆき
Mt. Office 
山には周辺の生活が詰まっている。それは人が自然を破綻させ作った暖かい存在だった。山の空間要素を抽出し、オフィスの外壁を破綻させ、そこに取り入れる。それは、まるで子どもの頃の山のように、周辺にとって必要な存在へと変貌する。

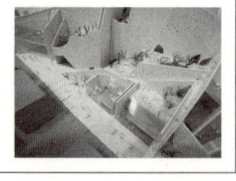

376 武蔵工業大学　工学部建築学科
太田 健裕　おおた たけひろ
ほぐれる屋根の中で
ほぐれた屋根は影を決め、場を決める。ほぐれた屋根は垂れ下がり、場を包み込む。ほぐれた屋根は風や雨を通し、外をつくる。屋根がすべてを決める。

385 早稲田大学　理工学部建築学科
伊坂 春 / 猪股 宗一 / 遠藤 崇光　いさか はる / いのまた そういち / えんどう たかみつ
線的応答   
東京の広尾駅から有栖川宮記念公園へ続く道に面する長さ約450mにわたる敷地に、線的集合体の提案。都市の空白となりつつある公園での日常的な行為が、周囲と連続することによって、空白は再び都市に接続される。

386	近畿大学　工学部建築学科 増田 晋　ますだ しん セイカツノカタチ 機能空間ではなくその他の空間の充実を図ることから、多様化社会における集合住宅を提案する。	**394**	京都大学　工学部建築学科 国松 えり　くにまつ えり ずれた窓のすきまから 「ずれた窓のスキマから」生まれる新しい道が、都市居住における、個人と社会との新たな関係をつくり出します。
387	新潟大学　工学部建設学科 鶴見 哲也　つるみ てつや after the reality 小規模造船所跡地のリノベーション。埋め立てによって生まれ、ずっと造船所だったこの場所。いま、その長い役割を終えた。次は何が描かれるだろうか。その場所にあるもので次を描いてみたくなった。	**395**	神奈川大学　工学部建築学科 大田 聡　おおた さとし 東京低層化作戦—Case1 三鷹台団地 集合住宅の低層化モデルを提案する。高層建築の最大のメリットである「密度」を低層モデルに与えることで、低層モデルを東京中に増殖させる。そして東京を低層にする。本計画は、三鷹でのケーススタディである。
389	日本女子大学　家政学部住居学科 脇本 夏子　わきもと なつこ 都市の礼拝道 都市に描かれた静かなる空間。光・音・時間・空気・既存ビル群・人・人・人—積み上がった陰影は、都市の要素を引きずり込んで織り上げられる。光と影の連続を巡り歩くにつれて、精神は静寂へと導かれる。	**396**	近畿大学　理工学部建築学科 中島 直子　なかじま なおこ ジグザグ—商店街から商店界へ 表情のある道は効率的な歩行を促すよりも、その空間に身を置くことの楽しさを感じさせる。自然的に生じた商店街は個性が混在しており、人々と密な関係を築いていた。商店を分散させることによって道に表情をつける。
390	摂南大学　工学部建築学科 蔵本 恭之　くらもと やすゆき PATCHINCITY 都市に食物の生産者と消費者の新たなコミュニケーションの場を提案する。	**397**	日本工業大学　工学部建築学科 高麗 俊　こうま しゅん ロヂハ イリグチ リビング/ベッドルーム/キッチン/バスルーム/トイレ/の5つの室に分けられたボリュームがスリットを介して並んでおり、そこにスラブを挿入することで室の組合せを選択し、多様な住戸タイプをつくり出す。
391	福井大学　工学部建築建設工学科 山口 亮子　やまぐち りょうこ こころサプリメント—4×∞のすまい 現在、心が病み、周りの人の心のあたたかみを忘れてしまった人々が多くいる。プライベートを大切にしつつも近所の人との関わり合いをより深くすることによって、人の心のあたたかみを思い出すことができないだろうか。	**398**	北九州市立大学　国際環境工学部環境空間デザイン学科 力丸 大輝　りきまる たいき WAYS—始まりの場所 道があることで空間ができ、そこに人が集まりつながる。道は道のまま残る場所もあれば、建築となってゆく場所もある。人が道を歩くことからすべては始まる。きっと世界の始まりもそうだったように。
392	武蔵野美術大学　造形学部建築学科 鈴木 泰地　すずき たいち 気配 私たちの身近にある静寂な空間（路地や神社など）のあり方から着想を得て、大学内の特定の緑地に廃パレットを使って多様なシークエンスをもつ空間を計画し、大学内におけるこの場所のあり方、意味を問う。	**400**	九州大学　工学部建築学科 渕上 貴代　ふちがみ たかよ オノマトペセンセーション オノマトペとは擬態語・擬音語のことである。それらは、ほんの少しの文字数だけで描写力をもち、感覚的に伝えることができる。建築を使う人が「感覚」を選んで使いこなしていく建築。

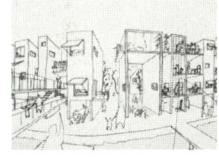

401　北海道工業大学　工学部建築学科
郡川 和加子　こおりかわ わかこ

ウチ─ワタシノスキナモノ

離合集散。読みたかった本。ふかふかのソファ。なんか好きな植物。自分を中心に「お気に入り」が散らばる。そこは自分だけの心地いい「ウチ」。「ウチ」は自分のセレクトで生まれ、片付けることにより消える。

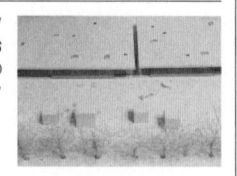

402　九州大学　工学部建築学科
江崎 舞　えさき まい

本当にデザインを必要としているのは誰か？

デザインという言葉で溢れかえった現代の消費社会。その一方で世界の約90％の人が貧困に苦しんでいる。本当にデザインを必要としているのは誰なのか？

403　明治大学　理工学部建築学科
田村 直己　たむら なおき

Film─1000mの都市環境

東京の渋谷～代官山の約1000mの都市環境をつなげる建築の提案。都市へ積極的に介入し、接触していくことで、今まで知らずに通りすぎてしまっていた人々の豊かな営みを体感することができる環境装置のような建築。

404　九州大学　工学部建築学科
森 稔　もり みのる

Bambooo

全国の里山で問題となっている放置竹林の拡大。主な原因は管理者の高齢化と後継者不足。そこで、竹のプロフェッショナルを育成する職能学校を計画。竹の強さとしなやかさを生かした構造が新たな建築空間を生み出す。

405　近畿大学　理工学部建築学科
奥田 裕史　おくだ ひろし

社会と刑務所の狭間に住む…

刑務所と社会の間には、物理的にも精神的にも壁がある。この壁に住むことはできないだろうか。

406　武蔵野大学　人間関係学部環境学科住環境専攻
高倉 小春　たかくら こはる

隙間建築

都市にはもう隙間しか残っていない。既存ビルの隙間をぬって暮らすこの集合住宅では、ずるずるとだらしない生活が繰りひろげられる。そこはただの活気あふれる空間ではなく、複雑に生活が絡み合った住宅となる。

408　法政大学　工学部都市環境デザイン工学科
町田 芽久実　まちだ めぐみ

こだち─森で活動する人々

森のような空間を考える。変わりゆく街並みの中で取り残されるように存在する緑に覆われた原宿団地。老朽化により建替えの決定したこの団地なき後に残る樹木を活用して、樹と建物が一体となるような空間をつくる。

409　鹿児島大学　工学部建築学科
花原 裕美子　はなはら ゆみこ

子どもの地面

ここは、子どもの地面。子どもたちは、いつだっていのちがけのオニごっこをする。

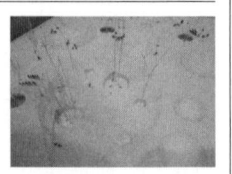

410　早稲田大学　理工学部建築学科
小澤 賢人／川崎 正博／國分 足人　おざわ けんと／かわさき まさひろ／こくぶん たると

ランドマークリゾーム

本計画は、都市機能をつなぐ移動空間の提案である。都市内の既存のランドマークにより画一化された移動空間に対して、密度分布による新たなランドマークのあり方を考え、それを介した面的移動空間を提案する。

411　新潟大学　工学部建設学科
佐藤 謙太郎　さとう けんたろう

FLOW LIFE

定住する家を持たない、地方都市における人間のライフスタイルを提案する。ネットカフェは就寝スペースと情報へのアクセス機能を備えた未来の家の原型であり、そこに都市へ流出した人の生活行為を再び集約させる。

413　京都工芸繊維大学　工芸学部造形工学科
奥山 百合子　おくやま ゆりこ

風の通り道

風の流れと地形、光によって建築をつくる。田園保存という機能を持つこの施設は、建物とそれを取り囲む地形とが一体となって風の通り道を形成し、風の流れに加え光の入射によって建築のかたちがつくられている。

414　国士舘大学　工学部建築デザイン工学科
福原 一真　ふくはら かずま

アカルイチチュウ

日常生活を、ほんとうにただの日常の生活として認識するということはとてももったいないことだと思う。アイディアが日常の何気ない1コマから生まれるのは、稀なことではない。いつもの景色を違う視点で。

417　北海学園大学　工学部建築学科
工藤 健悟　くどう けんご

新たな自然の在り方—都市に新たな自然を喚起させる建築

現在人々が都市に集中しているということもあり、私たちは人工物に囲まれることが日常となり自然と関わることが減少しています。都心において自然と建築のあり方を考え、北海道独自の自然を喚起させる建築を提案します。

419　京都大学　工学部建築学科
平井 慎一郎　ひらい しんいちろう

超都心型大学集合体

都心に大学をつくる。都心における新たな大学の姿にはどのような可能性があるのだろうか……。あらゆる要素の混在する街、大阪・梅田。この超都心部における未来の大学の姿を提案する。

422　東京工芸大学　工学部建築学科
小澤 良太　おざわ りょうた

織

職人を織り込む。敷地は東京・千駄木。かつて藍染川が流れ、藍染めが盛んに行なわれていた。現在は暗渠となっている。かつて染められていた織物がその地に残り、土地自体に、職人とともに織り込まれ、その土地に住まう。

423　横浜国立大学　工学部建設学科
北林 さなえ　きたばやし さなえ

雪のさんかく

北海道・札幌の住宅地。雪国の新たな風景と住まい方の提案。

424　鹿児島大学　工学部建築学科
松添 愛子　まつぞえ あいこ

ミカエリビジン

たった一文字でも人の個性や感情を表現できる「書」は、現代の感情伝達手段として見直す価値がある。書かれた文字は自身の分身となり、己にも働きかける。己について見つめなおす空間は都市の新たなオアシスとなる。

425　東京理科大学　理工学部建築学科
井上 雄貴　いのうえ ゆうき

1kmの壁

1kmの壁。それは都市の異物であり、山のようでもある。1kmの壁はもはや社会的存在となり、その中で暮らす人々は、外の世界とは一歩離れたスケールを抱きながら1つの社会を築く。都市に新たな異景をつくり出す。

427　早稲田大学　理工学部建築学科
松山 晶子／小林 玲子／櫻井 重喜　まつやま しょうこ／こばやし れいこ／さくらい しげよし

それから

現代の都市には一時的居住者が蔓延し、流動している。漱石の『それから』で、自我が移り変わる人間の背景に描かれたニコライ堂に、取り残された建築の姿を見た。そこで人間を構造とした設計で移り変わる建築をめざす。

428　芝浦工業大学　工学部・一部建築工学科
上原 正悟　うえはら しょうご

Espacio de Inversion

生き物がサンゴ礁やうっそうとした森の中に集まるように、人が本能的に引き付けられる空間。立体的な位置関係にある斜をかけた壁の重なりによって、商品が見え隠れする奥行きをもつ商業施設の提案。

429　和歌山大学　システム工学部環境システム学科
羽山 恭平　はやま きょうへい

場の転生

モノの転生を起点とする防災対策、住居環境改善を提案する。増加する空き家を軸組みに解体→補強→結合、を繰り返す。1つの家を成立させていた木軸が地域を成り立たせる構造体へと転生することになる。

432　慶應義塾大学　理工学部システムデザイン学科
武井 隆　たけい たかし

DISCORD

音楽の複合芸術施設の提案。視覚だけでなく聴覚でもつながり合いながら、思い思いに過ごし、時間を共有する。調和していないが不快ではない、不協和音のような状態をつくり出す。

433　九州大学　工学部建築学科
福口 朋子　ふくぐち ともこ

spaces for being

さまざまな問題点を抱え加速度的に枯れていく郊外住宅地。この速度を緩め、棲み続けるためのいろいろな「何でもない場所」を入れ込んでいく。

435　神戸芸術工科大学　デザイン学部環境・建築デザイン学科
折附 隼輝　おりつき じゅんき

小さな家が、つくるまち

一軒の住宅がまちや都市に対してできることってなんだろう。小さな建築のもつ力。そんな建築を提案します。

437
摂南大学　工学部建築学科
田中 沙知 (たなか さち)

字と出会う場所

余白を感じる場所。書くことに実体を感じることができる場所。建築も人間もまた実体である。建築という実体の中で書くことの実体を感じることは、人間らしさを感じることである。隙間に受動され、人は入りたくなる。

438
札幌建築デザイン専門学校　建築工学科3年制
国京 佳史 (くにきょう よしふみ)

ANTHOLOGY—新しい集合の提案

商業地域と住宅街の間に建つ集合住宅。両者の近すぎる現状を変えるため、商業から住宅へとグラデーション状に変化させることで、いろいろな生活が集まった集合住宅を提案する。

439
早稲田大学　理工学部建築学科
片岡 翔／野海 彩樹／安藤 広海 (かたおか しょう／のうみ さき／あんどう ひろみ)

商継—伝承の通学路

町工場に「教育」という機能を与え、ものづくりの伝承の場として再生し、新たな町工場の役割を提案する。そして、その風景の中の町工場が次の世代に受け継がれることを願い、「商継」という言葉にその思いを込めた。

440
京都造形芸術大学　通信教育部芸術学部デザイン科建築デザインコース
高村 希鈴 (たかむら きりん)

斜面で繋がる家

石川県の辰巳用水沿いには豊かな自然環境が広がっている。しかし、周辺住民の関心は薄く、斜面上から臨むとゴミがポイ捨てされている。このような現状から、身近な自然環境を多くの人々に再認識してもらえる住宅を提案する。

441
桑沢デザイン研究所　総合デザイン科スペースデザイン専攻
太田 潤 (おおた じゅん)

建築家の楽譜・音楽家の図面

古くから建築と音楽は多様に関連すると考えられている。本設計では、建築と音楽の、図面と楽譜のノーテーションに特に焦点を当てる。楽譜から建築を起こす一方通行ではなく、同時に図面から作曲も行なっている。

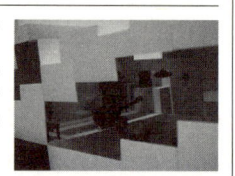

442
神戸芸術工科大学　デザイン学部環境・建築デザイン学科
二井 賢治郎 (にい けんじろう)

ありふれた都市のあふれたイエ

僕は何かが集まるということに可能性を感じています。モノやヒトがうごめき合っているような生物世界をつくりたかった。そんな集合住宅です。

443
明治大学　理工学部建築学科
増田 隼人 (ますだ はやと)

東京墓地

深刻化していく墓所不足とその陰で疎くなっていく日本人の死の概念。止まってしまった墓地の時間と風景、過剰に悲観視してしまう私たちの墓地イメージを払拭すべく、新たな墓地像を東京の中心に据える。

444
近畿大学　工学部建築学科
岡本 麻希 (おかもと まき)

One's whereabouts—隔てるもの。つながるもの。

子どもたちは建築に触れながら成長し生活を送る。そして、自らのスケールを探して居場所をつくっていく。ものと壁・人と建築などさまざまな要素の重なり合いから、子どもたちの笑顔とともに新しい小学校の風景を生み出す。

445
信州大学　工学部社会開発工学科
高木 美帆 (たかぎ みほ)

Sky Project – Nagano West Nursery School

空はいつでもどこでも私たちを包んでいてくれるはず。そんな空を建築に関係づけて設計し、建築を介して空を意識化することをめざす。長野市立西部保育園。空の一部になって子どもたちを包む。

446
東京工業大学　工学部建築学科
坂根 みなほ (さかね みなほ)

群景

世界中を旅する楽団のための6隻の船。この船は訪れた水辺に寄り添い、向かい合い、取り込み、広がり、つながり、すなわちその場所を劇場化する。動く建築と動かない場所がたわむれることにより広がる世界を夢見た。

447
日本大学　理工学部建築学科
太田 佳織 (おおた かおり)

melt

近年、小学校は地域開放と共に、防犯・安全の確保が叫ばれている。高低差を生かし、両方を満たしつつ、「子どもらしい生活」も確保する。子どもと学校、学校と地域、地域と子どもが溶け合う小学校の提案である。

448
神戸芸術工科大学　デザイン学部環境・建築デザイン学科
萩原 盛之 (はぎわら もりゆき)

なにもないところ

これまでの埋立地という場所のあり方を疑問に感じていた。敷地は東京から吐き出された廃棄物の島。間もなく満期を迎えるこの島の、現代におけるあり方を提案する。

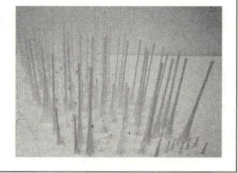

451 熊本県立大学　環境共生学部環境共生学科
岩井 愛実　いわい あいみ
おしゃれしてでかけよう

若者は島から都会に出ていきます。島もちょっとおしゃれして都会にでかけます。そして、島の人もそうでない人も一緒に暮らし始めます。島の暮らし方のおもしろさを見直す集合住宅です。

457 日本大学　理工学部建築学科
岩木 友佑　いわき ゆうすけ
ひっぱられて、つながって。

商業は常に力を持っている。だからこそ、これからの商業建築がどうあるべきかを考える必要があると思った。街とともに生きていく商業建築、それを「引っ張る」という形態操作によって実現する。

459 摂南大学　工学部建築学科
斧田 裕太　おのだ ゆうた
ハコノムレ

ここは子どもと親たちの青空教室。学校でも家でもない。自分たちでやりたいことを探して好きな場所で過ごすところ。ここで遊んだり、誰かと喧嘩したり、つまずいて怪我したり、そのすべてがこの場所の記憶となる。

460 摂南大学　工学部建築学科
荒木 正人　あらき まさと
ここに住む

関係から生まれる境界の持つ豊かさを信じて…。集まって住むことに積極的な空間をめざしました。

461 愛知産業大学　造形学部建築学科
岡 友明　おか ともあき
秩序と自由

川崎にある未だに親しまれる如何（いかが）わしい店。小さな店、古い店は林立し放題だがそこには人間らしい自由がある。このまま大型再開発へと移行するのではなく画一化されない自由を維持しながら発展し続ける秩序を提案する。

463 工学院大学　工学部第1部建築学科
宮崎 唯　みやざき ゆい
私性の宿る場所

いま、ここに必要な空間とは？経済性と効率だけを考えて発展してきた日本の都市と、人間との間に矛盾を感じる。都市に足りない空間からはみ出した、人々の私的活動。建築家はそれに応える必要があると思う。

464 近畿大学　理工学部建築学科
岩倉 巧　いわくら たくみ
都市にぽっかり空いた建築

この計画は都市に対する建築の提案で、大都市の再開発地域を対象に行なう。都市にぽっかり空いた場所をつくることで、周辺地域の人たちやそこに住む人たちに利用される。大きな原っぱは都市のオープンスペースとなる。

466 摂南大学　工学部建築学科
山野 健太　やまの けんた
kurumu

ハコ型の建築は床、壁、天井という3種類の面によってつくられる。もっと違う形で建築空間をつくれないだろうか？1枚の面によってできる建築空間を提案する。そこには新しい面との関係が生まれる。

468 東京工芸大学　工学部建築学科
橋本 翔太郎　はしもと しょうたろう
新宿歌舞伎町高密度集積型複合施設

そのマチならではの建築を考えた。場所は、東京の新宿歌舞伎町。さまざまな文化が混じり合い、ひしめきあって1つの雰囲気を形成するマチである。この構成を建築に落とし込むことでマチの一部となる建築をめざしました。

470 広島工業大学　環境学部環境デザイン学科
和気 聡志　わき さとし
建築は植物を纏う

消費するだけの場所や空間は、画一的な歓びしか生み出さないのではないだろうか？ただ買い物を繰り返す人々。人々が安らぎ、人々の活動を誘発する空間を生み出したいと考えた。そこは、公園のように自由な商業施設。

471 近畿大学　理工学部建築学科
松尾 康弘　まつお やすひろ
つながりのある風景

私は住んでいる地域の人とつながりがなく、どんな人が住んでいるのか知らない。地域の人とそんな関係でいいのであろうか…少なくとも私は嫌だ！そこで、地域の人とのつながりの手助けができる建築をつくる。

475 京都造形芸術大学　芸術学部環境デザイン学科
木村 周平　きむら しゅうへい
都市のスキマの立体化

テラスという外部空間を積み上げていくと、そこにあったはずの外部と内部の境界が薄れていく。知らないうちに誰かと出会う集合住宅。

476
前橋工科大学　工学部建築学科
会田 一恵 あいた かずえ

ART+MY ROOM
まちの中に建つ美術館には、アートと自分をつなぐ「部屋」が散らばっている。訪れた人は、自分だけの部屋を探し歩きながら、まち・人・空を感じる。一人一人が思い思いの空間でアートと時を過ごしている。

478
広島国際大学　社会環境学部建築創造学科
安藤 卓師 あんどう たくし

CHANGES IN ATTITUDES
一人一人が地球温暖化に対して個々の考えを持てる、そのような施設を提案する。具体的に、広島市内を今の地球の状態として捉え、個々の施設を然るべき場所に配置し、それらが地球温暖化防止につながると考える。

479
近畿大学　理工学部建築学科
交久瀬 夏子 かたくせ なつこ

都市の中で解放される個人
都市の中で、機能は明確にゾーン分けされている。そのため、人々は常に目的によって縛られ、都市に対して疎外感さえ覚える。そこへ「解放区」を挿入することで、失いかけている個人の活動の可能性を引き出す。

480
京都造形芸術大学　通信教育部芸術学部デザイン科建築デザインコース
小畠 卓也 おばた たくや

それは単なる空隙か
異なる地域、文化からの人々を、新たなコミュニティのメンバーとして迎える私たちは、どんな空間を共に築いていくことができるのだろうか。個々の差異が強くなるほど、魅力的になる空隙は都市生活をより楽しくする。

481
室蘭工業大学　工学部建設システム工学科
矢崎 亮大 やざき りょうた

programme2 — space with two programmes
建築内部で起こる「人の行為」の大半は、プログラムに依存する。2つのプログラムが同じ空間の中に重なり合い同居すると、偶発性に富む空間を生み、それぞれ単体では持ち得ない空間をつくる。この建築は図書館であり、劇場である。

485
芝浦工業大学　工学部・一部建築工学科
鈴木 康紘 すずき やすひろ

襞—壁なきあとの抵抗
襞—それは、自分と他者の間に潜む居心地を、感じ取り、摘みとった先にあるもの。細かな折り目はきっと、管理への1つの抵抗となる。大切なことはもう一度、自らの領域を選び取っていくということ…。

487
九州大学　工学部建築学科
森 豊 もり ゆたか

元気モリもり
人が寝たきり状態になった時、その人が見ることのできる風景、体感できる空間は限られてくる。寝たきりの状態でも日々の中で変化を感じ、充実して過ごすための建築の提案。

488
大阪大学　工学部地球総合工学科
幾留 温 いくどめ あつし

空間の背表紙
本棚に囲まれた空間の体験は、可視化され、凝固された情報への志向による浮遊を現出する。フラクタルな操作により書斎の空間を建築に拡大した時、情報からの問いかけに新たな答えを出すことができるだろう。

491
広島大学　工学部第四類
長島 薫 ながしま かおる

風景とくらす
広島県の宮島・厳島神社からの風景を考えました。景観破壊が問題視される宮島口に、見る場所、見られる場所として魅力的な建築を提案したい。

493
大阪市立大学　工学部建築学科
今村 謙人 いまむら けんと

ナナメに棲む—身体感覚によるパブリックとプライベートの新しい提案
ナナメによって、パブリックとプライベートの境界を緩やかに分ける、都市における集合住宅。

495
広島大学　工学部第四類
田中 規之 たなか のりゆき

accidental — edit
現代美術館が機能を置き去りにし、偶発的に生まれる空間を許容する。その空間を人々が編集することによって、新たな美術館の姿が見つかるのではないかと考えた。

496
広島大学　工学部第四類
百々路 三視郎 ももじ さんしろう

商店街の破片
全国の駅前商店街に廃墟化して残る大型ショッピングセンターを切り刻み、立体路地を取り込みながら再生する計画である。

497	広島大学　工学部第四類 **保科 渉**　ほしな わたる 旧司法省改修計画 復元された屋根は単なる威風の看板に過ぎない。見た目だけの時代は過ぎ去りつつある。中身も有効に活用すること。本計画は外観が重要文化財であることを前提とし、人の手で運ぶことのできる材料での改修計画である。	**505**	近畿大学　理工学部建築学科 **久田 勇一**　ひさた ゆういち 記憶の礼拝堂 悲しみは山を削る亀裂として刻まれ、傷口を縫うように建築は挿入される。樹木を人々が植えてゆき、緑の世界が増殖してゆく。傷跡は消えてゆき、死の悲しみ、建築の存在は人々の記憶から薄れ、時の流れの中に消えてゆく。
498	芝浦工業大学　工学部・一部建築学科 **花輪 貴一**　はなわ たかかず GEON――一つの形態は幾多の現象空間へ 私は建築が人に与える影響というのは視覚によるものが強いと考えているので、ものを見るという行為を改めて考察してみた。ここで生まれた視覚心理学的建築構成単位GEON。これが人々にさまざまな影響を及ぼす。	**507**	近畿大学　工学部建築学科 **佐々木 望**　ささき のぞむ 小さな学校のミクロな世界 小さな学校の子どもたちはみんな外が大好き。狭い隙間、小さい場所、大きい場所、毎日行動も授業の場所も変わっていく。小さな学校で子どもたちがつくり出す小さな集合が、ミクロな風景をつくり出す。
500	東京工芸大学　工学部建築学科 **渡辺 奈津子**　わたなべ なつこ 広告する都市 広告に新しい媒体「建築」を提案する。広告は本来誰もができる、してきた行為である。それは伝えるという行為となんら変わらない。むしろそれが本来の意味である。今日曖昧に氾濫する「伝える」を取り戻す場所をつくる。	**508**	日本工業大学　工学部建築学科 **伊藤 聖明**　いとう きよあき Green Belt 東京都・八丁堀の30m×176mの敷地にさまざまなシーンを持つ公園を設計し、道を挟んだ隣の公園につながるようにする。それにより、全長30m×800mのGreen Beltを形成する。
501	北九州市立大学　国際環境工学部環境空間デザイン学科 **湯原 彰一**　ゆはら しょういち くも 商店街が浮かび上がることにより、人と人、ヒトとモノの出会いがより浮かび上がる。	**510**	広島大学　工学部第四類 **千原 宏一**　ちはら こういち ボクらの風景 個々の活動がレイヤーのように重なり合い、1つの大きな集団としてのアクティビティが見えてくる。
502	大阪大学　工学部地球総合工学科 **吉田 甫**　よしだ はじめ 布のかたち 布が空間をかたちづくる。壁や床との距離は近くなり、ここではすべての人がジベタリアン。布における新しいかたちを提案する。	**511**	名古屋工業大学　工学部社会開発工学科 **福元 彩**　ふくもと あや 破壊でもなく、侵食でもなく 森に建築を建てるということ。森という、一貫した秩序の中に、建築を巻き込むということ。
504	武蔵野美術大学　造形学部建築学科 **川松 寛之**　かわまつ ひろゆき 溶けていく領域 すべてのコト、モノには、それぞれの領域があり、相互に影響、干渉し合うことで、それらの存在は成立している。建築の領域、領域間のあり方を再考することで、自己と他者の領域が溶けていくような建築の提案。	**512**	名城大学　理工学部建築学科 **横山 将基**　よこやま まさき kuro-no-naka-no-shiro-no-naka-no-kuro 建築と身体をメディア表現というキーワードで結ぶこと。

514
明治大学　理工学部建築学科
亀田 康全　かめだ やすまさ

様相の明滅—敷地を建築にすることについて

これから先、建て替えでもなく、保存するでもない建築のあり方を考える必要があるのではないか。たとえば敷地とそこに既に建っている建築を、新たに敷地として捉えること。雲のようで霧のようでスポンジのようなもの。

515
法政大学　工学部建築学科
大野 麻衣　おおの まい

キラキラ—わたしにとっての自然

わたしは「キラキラ」という概念がとても大好きです。それはとても感覚的な「わたしの解釈する自然」のようでもあり、その「キラキラ」をつくり出していくような空間を建築化したいと考えました。

[特別賞]

518
京都工芸繊維大学　工芸学部造形工学科
小野 晃央　おの あきお

prologue

現在、線の一部となった東京の上野駅は、始まりの場として記憶される場であった。そこで雑踏や人ごみを取り入れ「はじまり・繋がり」を感じる駅をつくり出す。人々のストーリーのプロローグを奏でる場へと生まれ変わるために。

519
鹿児島大学　工学部建築学科
野崎 尊　のざき たかし

EVILA—死者と共生する街

「生きている」は「死」が存在するから実感できることである。近代から造成されている郊外住宅地では死とは切り離された街になっている。死者と共に生き、生がより感じられる今後の住宅地のあり方を提案する。

520
武蔵工業大学　工学部建築学科
福田 和貴子　ふくだ わきこ

SUPER FAMILY SOCIETY

集合住宅において平面に納まっていた家族は崩壊し縦に再構成される。集合した縦型家族はそれぞれの横のつながりをつくり、家族間のつながりだけでなく「家族と友だち」など2つのベクトルを持ち、1家族1住宅を打破する。

521
東京工芸大学　工学部建築学科
須藤 周平　すとう しゅうへい

聚合住宅—120人の住む家

多様化する生活様式や家族形態、単身世帯の増加。一方で、その人たちが住んでいる住居は変化していないように感じる。この計画は個人が主体となってきている現代に聚落（じゅらく）のような距離感をもった集合住宅の提案である。

524
首都大学東京　都市環境学部都市環境学科建築都市コース
村井 庄一　むらい しょういち

都市に浮かぶ小屋組

東京という都市における、首都高速道路のスピード感、車が流れてくる連続性、車のヘッドライトなどが、首都高上部の空間と交錯して、ダイナミックな都市空間を演出する。

525
東京工科専門学校　建築工学科
西本 光　にしもと ひかる

開放と解放

2004年人口密度日本一となった東京都中野区。ここに13haもの塀に囲まれた緑地帯、警察大学校跡地が存在する。機能別にやわらかく分節した透明感のある複合文化施設を提案することにより、この敷地を開放する。

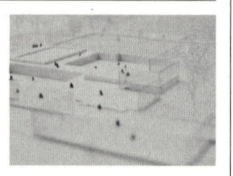

526
東京理科大学　理工学部建築学科
相馬 里陽　そうま りょう

時間の速さは一定か。

時間の速さが一定だという考えを疑ってみる。東京のように時計や手帳を気にしながら生活をする様は、さながら時間が加速しているように感じられる。そんな場所に隣接するように佇む、時間のゆっくり流れる建築。

528
大同工業大学　工学部建築学科
渡辺 明里　わたなべ あかり

EGOIST—公園の中の私的領域

何をするでもない。あらゆるしがらみから抜け出し、少しだけ、いつもと違う時間を過ごしたいという願いから生まれた空間。「思考」を吸い取り、解放する「時忘れ」の空間。私と、私のような人のための空間の提案。

529
明石工業高等専門学校　建築学科
尾崎 恒亮　おさき こうすけ

魚の棚商店街の裏に住む

商店街の「裏」にある複雑な隙間は隣接する建物を利用する人たちが共有できる場所になっている。そこにツールを置くことで、住民の生活行動の溢れ出しを受け止めることのできる場所を提案する。

530
東北芸術工科大学　デザイン工学部建築・環境デザイン学科
黒田 良太 / 鈴木 芽久美　くろだ りょうた / すずき めぐみ

URBAN UPLOADING

この卒業設計は実施である。リアルに社会に接した実験をしたかったからだ。都市の抱える問題を読み、ウェブを作成、提案、将来の都市構造を考え、実際に提案の中の1つの物件をリノベーションする計画をしている。

531
新潟大学　工学部建設学科
佐藤 貴信　さとう たかのぶ

ミル・ミラレル

「見る・見られる」の関係は、コミュニケーションの発達した現代において、より複雑になっている。さまざまな距離感の中でのミル・ミラレルの提案。

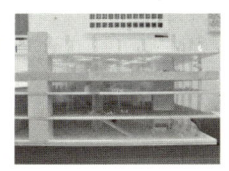

536
神奈川大学　工学部建築学科
齊藤 裕幸　さいとう ひろゆき

闇のNIWA—都市中心部の葬送空間

現代の都市中心は希望に満ちた「光」で溢れているのに対し、絶望に陥った「闇」は失われている。闇は死と重なり、人から避けられているからである。死とは闇とは何か。光の庭と反転する「闇のNIWA」を構想する。

537
広島国際大学　社会環境学部建築創造学科
宿利 康介　しゅくり こうすけ

ヒトツナギノ

人も建物もゆっくりと移り変わり、外とヒトツナギになりながら「使い続ける」団地の提案。

538
東北大学　工学部建築・社会環境工学科
龍神 勇佑　りゅうじん ゆうすけ

Small Land - Large Barge—カンボジア・トンレサップ湖の水上集落再考

カンボジアの巨大湖に浮かぶ水上集落の再考である。水上村は、人口や環境の問題で政治的に消される危機にある。水上生活を残すためLarge Bargeを提供し、Small Landを築いてもらう。

539
北海学園大学　工学部建築学科
中川 彩香　なかがわ あやか

ココロノヒフ—the Fourth skin

皮膚が身体を保護する第1の物体とすると、第2は衣服であり第3は建築である。都市の中に美術館やギャラリーを分散し、面的な広がりを持つ第4の皮膚をつくり出す。第4の皮膚とは、心が動かされる場所。

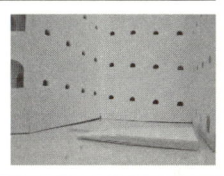

540
前橋工科大学　工学部建築学科
外崎 晃洋　とのさき こうよう

メディアの風景体

ライブラリー、ギャラリー、ホール、カフェなどが、ねじれた距離感をもちながら一緒くたに存在する公共建築の提案。

541
首都大学東京　都市環境学部都市環境学科建築都市コース
水口 朝博　みずぐち のりひろ

交わる住戸、連なる生活

2者による共有スペースが交差点となって、敷地全体へと広がる。窓から見える住戸の誰かは、どこかで自分とつながっている。住戸は交わり、生活は連なる。今日も交差点では何かが起こる予感をさせる。

543
東京電機大学　工学部第一部建築学科
和田 翔太　わだ しょうた

Gradation Wall

外部空間から内部空間へ突然身を置くのではなく、徐々に外部が内部になり「いつの間にか」内部に入り込んだと感じられるような複合建築です。それは都市から切り離された内部ではなく、都市から連続した状態である。

544
明石工業高等専門学校　建築学科
足立 結実　あだち ゆみ

楽々浦ロングなステイハウス

一般的な観光の方法は名所訪問を1、2回の短時間で行なうものであるが、名所を見学するだけの観光スタイルを見直す。地域の自然や文化に触れる活動をし、人々との交流を楽しむ長期滞在施設を設計する。

548
工学院大学　工学部建築都市デザイン学科
長尾 裕介　ながお ゆうすけ

思想の残滓

自分がこの建築に注ぎ込んだ思想が、時が経つにつれて、都市の中にわずかだが決して消えることのない、例えるなら「残り滓（かす）」のような存在になっていくような建築をつくりたいと思った。

551
近畿大学　理工学部建築学科
谷口 勇貴　たにぐち ゆうき

私がここにいるということ

近代の都市計画は死を排除してきた。そのために現代の都市は生の実感が希薄であると感じる。もう一度かつて生きたものの記憶が都市に現れることで生を実感できるのだと思う。そんなことをふと感じる瞬間が現れる。

552
東洋大学　工学部建築学科
佐伯 周一　さえき しゅういち

コンチク（根築）

「街路樹の根っこって窮屈そうだな」って感じました。木の根系は、樹種によって異なった形態を持ち、成長とともに変化していきます。それらの根系の形状を空間をつくる上でのツールとし、「根っこモジュロール」と名づけました。

553
京都工芸繊維大学　工芸学部造形工学科
高藤 千尋　たかとう ちひろ

羽包み—ハグクミ

周りの高層ビルと高速道路によって周囲から切り取られ、周りと違う空気が流れている、そこはまるで陸の孤島。そんな都市のスキマに街の要素をつめこんでみました。そう、ここは雑踏に満ちた都市の中の巣のような場所。

554
室蘭工業大学　工学部建設システム工学科
三浦 鏡介　みうら きょうすけ

AQUA-BUILDING

テーマパーク性の強い水族館という特異なプログラムを、都市の真ん中でいかに成立させるか。都市の均質な表層をまとうことで、水族館は都市の一部となりながらも、魅力のある空間を生む。

558
日本大学　生産工学部建築学科
広畑 智　ひろはた とも

浮遊する城

隣地など関係ない。ここは自分の城だ。城という硬い城壁に囲まれ、匿名性を獲得しながら都市に沈んでいく。浮遊する城。

559
近畿大学　工学部建築学科
村上 賢宏　むらかみ たかひろ

感情流体

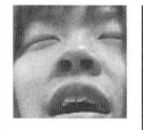

建物と建物、建物と道の境界をなくしていくことでできる、ゆるやかな空間は人をつなぎ、豊かな場所となるだろう。

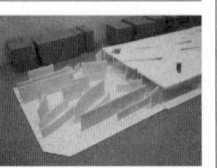

560
明治大学　理工学部建築学科
三木 真平　みき しんぺい

MOUNTAIN

山や海は私たちにとって機能といえるものを含んでいる。場所の名にも機能的ニュアンスを含んでいる。そこで起こることは機能であると同時に一種の現象のように見える。その延長として運動公園が浮かび上がる。

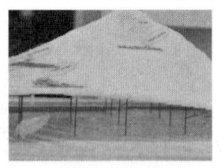

561
桑沢デザイン研究所　総合デザイン学科スペースデザイン専攻
大谷 洋介　おおたに ようすけ

ANAGRAM

都心での一人暮らし、隣の部屋に住んでいる人の顔も知らない生活。そんな集合住宅に穴を開けると一人きりだった世界が、建築から街まで広がっていく。そして街と建築と住人のフラットな関係が生まれる。

562
近畿大学　理工学部建築学科
宍戸 優一　ししど ゆういち

都市の収穫祭

都市の植物工場に都市や農業に関わるさまざまな機能を付加する。ファサードがなく人を寄せ付けなかった工場に表情が現れ、情報発信を行ない人を引き込む装置となる。人は野菜作りを都市にいながら体感し、生ものに触れる。

564
名古屋工業大学　工学部建築・デザイン工学科
福島 巧也　ふくしま たくや

煙突のある風景

大きな煙突のある火葬場が、丘の上に建っている。その煙突は人々の日常風景の中で、死を想起させるものとして存在している。死を意識した生活は、日常をより豊かなものにする。煙突は、そのキッカケを人々に与える。

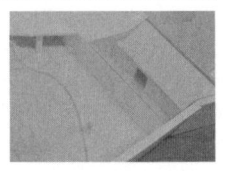

565
和歌山大学　システム工学部環境システム学科
神野 和幸　じんの かずゆき

斜面地でつながる

現在、都市部では田舎への移住がトレンドのようだ。一昔前では考えもしなかったこの人口の逆流を、見捨てられた中山間集落で受け止める。都会人と田舎者。共通項は農業と空き家。独自のリズムで二者はつながる。

566
摂南大学　工学部建築学科
高橋 明史　たかはし あきふみ

イエガタの森

開口には空間をつくる力があるんじゃないか。開口によってできる空間をテーマに小学校を提案する。

568
摂南大学　工学部建築学科
下宮 正浩　しもみや まさひろ

ART-TRANSMITTER

ふと何かを感じさせる散歩道のように、建築が少し、アーティストの感性に働きかける。そんな空間をめざしました。

569
滋賀県立大学　環境科学部
山田 愛　やまだ あい

「その日」のまえに

集落に住んでいた人たちは、生活の不便さからまちに移り住んだ。長い間、集落には誰も住まなくなっていた。最後に来たのは、死期のせまった人だった。「その日」を目前にして。

571
千葉工業大学　工学部デザイン科学科
高橋 寛　たかはし ひろし

奥に広がる風景

血管のように枝分かれする道は、人々を奥へといざなう。

575
和歌山大学　システム工学部環境システム学科
岸田 祥　きしだ しょう

みどりのひみつ基地

林業の衰退により森林の荒廃は進んでいる。自分だけの場所をそこに持つことで他の土地にはないその土地のよさを知り、誇りを持っていく。地域が1つになって林業に活力を与える提案。

577
福井大学　工学部建築建設工学科
矢倉 大地　やぐら だいち

ゆるゆる—すまいの境界をよむ

閉鎖的で完結的な住宅に存在する公、私、社会という異なる領域の間に緩衝領域を組み込むことで領域間の境界をゆるめる。ゆるめられた境界は連続性と開放性をもち始め、領域はつながっていく。住宅は開放される。

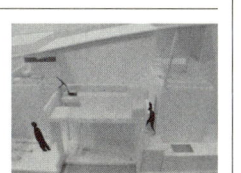

578
東京理科大学　工学部第一部建築学科
大畑 典子　おおはた のりこ

街のなかのこどもミュージアム

街の中の遊び空間の減少や治安の悪化に伴い、子どもたちと街との接し方は刻々と変化しているように思える。都会に住む子どもたちのために、自分たちの街を理解し、楽しめるような子どもミュージアムを提案する。

579
近畿大学　理工学部建築学科
占部 安朗　うらべ やすろう

自殺 / 慰霊 / 建築

現代において自殺は、とても大変な社会問題です。なぜ、自殺は減らないのでしょうか？社会の欠陥や知識不足だけが問題なのでしょうか？もしかしたら、今の均質で無機質な空間も問題の1つなのではないでしょうか？

580
武蔵工業大学　工学部建築学科
田中 祐太　たなか ゆうた

趣味の花

都市に咲いた色とりどりの趣味の花は人を集める。人々は花を飛び回るミツバチのように動き、趣味や人と出会う。そこには趣味の花を中心とした家族が生まれる。

581
京都造形芸術大学　芸術学部環境デザイン学科
濱田 くみ　はまだ くみ

老人と小さな都市の中で

京都における都市的な複合福祉施設を提案する。これは立体都市公園であり、1つの町ともいえる。3層の入れ子状の空間が折り重なり、そこに福祉空間が挟まり込む。新しい都市的空間の理想を形にしてみた。

583
東京理科大学　工学部第一部建築学科
田中 修平　たなか しゅうへい

2.5人称の裁判所

連日起きる殺人、強盗、放火。日常的になり、それはただの情報でしかない。裁判員制度が導入されると共に、人が人を裁くことに無関心な3人称ではない、興味を誘発させる裁判所を提案する。2.5人称の裁判所。

584
和歌山大学　システム工学部環境システム学科
野津 佑紀　のつ ゆうき

いざというとき、いつものように。

住民の生活の枠から外れていった山。その斜面にある避難場所は機能するのだろうか。いざという時、住民たちが向かう避難場所は、行き慣れたいつもの場所であるべき。日常的に利用する避難場所の提案。

585
東京理科大学　理工学部建築学科
高山 祐毅　たかやま ゆうき

消失と現出

ついには消え去る境界。そしてそこに現れる世界。それは、「東京」から解放される瞬間。

586
日本大学　生産工学部建築学科
巣木 大輔　すのき だいすけ

浮遊する団地

1住戸に1つの庭という規格によって街全体を構成している住宅団地。建物の老朽化・世代交代による住宅の更新をデザインプログラムとして、1住戸+1つの庭による、通常の住宅団地とは異なった循環をする住宅団地を提案する。

587
早稲田大学　理工学部建築学科
須田 悠子 / 田附 昌也 / 前田 大輔　すだ ゆうこ / たつき まさや / まえだ だいすけ

共に謡うことを考える

自らの確実性を失っているいま、私を認識するにはその手によって物質をつくり、自らを顕在化することが必要である。この超個人的営みにより創発されたものは、われわれをつなぐ要素ともなる。

590 近畿大学 理工学部建築学科
関島 毅 せきじま つよし

「学校」のある風景

小学校等の教育機関はセキュリティ等の理由から、フェンスに囲まれた校舎の中で日常が繰り返されている。そんな学校はつまらない。学校があることで、街の風景が楽しくなる。そのような開かれた「学校」の提案。

591 工学院大学 工学部第1部建築学科
上野 正明 うえの まさあき

投影される世界

この街の先には何があるのだろうか。習慣化した街は、時間変化の層が存在することで、「ふとする瞬間」を創出し日常を豊かにしている。それが存在しない場に経験変化のズレの層をつくり、新たな「ふとする瞬間」をつくり出す試み。

594 武蔵野美術大学 造形学部建築学科
東條 巌 とうじょう いわお

滲みあう緑。空は高く、

これはコミュニティをつなぎとめる建築。生まれ育った広い緑の中、高い空の下、子どもが、大人が、自然がマーブル模様のように滲み合い、解け合う。4つの小学校を飛び出した、特別な「特別教室」。

595 武蔵野大学 人間関係学部環境学科
塩入 勇生 しおいり ゆうき

碗の家

都市の中にはズレがある。ズレを埋めるモノは境界となり現れる。境界は人が住まう場所になりえる。人が住まうことは境界を緩やかにするだろう。ソフト・ハードを反復しながらその建築は、意義を変えていく。

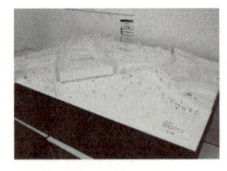

596 神奈川大学 工学部建築学科
成田 佑弥 なりた ゆうや

今日からここがマチの中心—旧川崎南高校の再生

本計画では、廃校を利用し地域を取り巻くコミュニティ・コアを提案する。近年、郊外では大型開発がすすめられ、周辺社会の培ってきたコミュニティが衰退している。機能を失った廃校はどう姿を変えるべきなのだろうか。

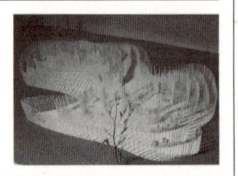

597 関西大学 工学部建築学科
増山 和虎 ますやま かずとら

自意識過剰空間

人の認識により変化する空間を提案します。

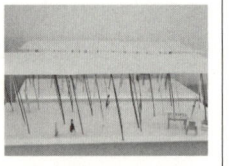

600 近畿大学 産業理工学部建築・デザイン学科
宮本 裕一 みやもと ゆういち

Fes.—日曜日よりの使者

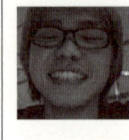

音楽を聴くことで生まれる自分だけの空間。空間がつくり出されるというケンチク的行為が、同時多発するメディアライブラリー。日々スクラップ＆ビルドを繰り返す人々のケンチク。日曜日のように何もないが何かある場所。

603 大阪市立大学 工学部建築学科
髭 貴政 ひげ たかまさ

ヒトの巣、植物の家

大きくえぐり取られた植木鉢の中で、ヒトは自然と遭遇する。ヒトは穴を掘り、自らの身体を隠し、寝床をこしらえて巣をつくる。感じるもの、それははじめて大地にふれた感触と、自然を感じた衝撃。

604 東京理科大学 工学部第二部建築学科
中島 弘陽 なかじま こうよう

官庁×象徴×中心

空間や身体、経済論理のみによって精製された建築が都市に溢れている。また今日の政治の中心地である永田町から霞ヶ関に広がる官庁街も、確固たる象徴性を持つことを避けている。象徴性から出発した建築を考えたい。

606 日本大学 生産工学部建築学科
勝又 啓太 かつまた けいた

ひび割れる都市

東京都・築地の象徴空間として存在してきた市場。再開発の際に消え去ろうとしているその賑わいをプラットフォームとして残す。高い専門性を持った内部空間がリセットされ、そこは都市の受け皿として機能し始める。

607 北海道工業大学 工学部建築学科
高田 正行 たかだ まさゆき

起伏のある家

敷地の潜在力を引き出す空間構築の試み。

609 大阪大学 工学部地球総合工学科
小幡 正裕 おばた まさひろ

新しい1頁

ネットワークの発達により社会はフラット化してきた。そして、新聞はますます読者と対話型メディアへとシフトしている。変化が求められている新聞社の新しいあり方の提案である。

610
芝浦工業大学　システム工学部環境システム学科
三塚 悠　みつづか はるか

三人称の情景

死を通して自分や身近な人のことを考えられる場所がほしいと思った。葬祭場のように閉ざされた死の風景とは違う、新たな死の風景が生まれる。死とはかけ離れた街に思考の発端となるような、死に関わる場面をつくる。

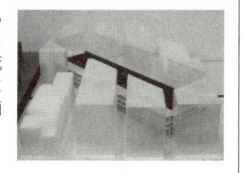

611
京都大学　工学部建築学科
高野 日登実　たかの ひとみ

まちの中の竹のまち

竹からさまざまなものが作られて、人が集まって、まちの中にぽっかりとできた竹のまちです。

612
東北芸術工科大学　デザイン工学部建築・環境デザイン学科
小清水 遥　こしみず はるか

Personal Window

宮城県の仙台駅と住環境をつなぐ場所を通り過ぎる時に、この公園のような場所ではいろいろなことが起こる。「Personal Window」と呼ばれる都市の中のよりパーソナルなスペースに身体をあずけて時を過ごす。

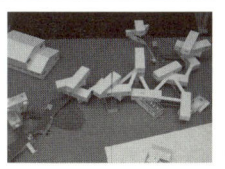

615
近畿大学　理工学部建築学科
西田 恵麻　にしだ えま

CROSS ARCHITECTURE

区画化され整理された土地で、他とのつながりが薄くなっている現代。さまざまなものを交差させていくことでつなぎ、一体化させる。交差していく中でアクティビティを誘発し、発展していく建築を提案する。

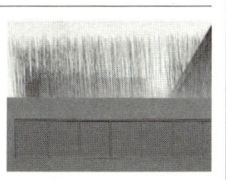

618
京都大学　工学部建築学科
羽村 祐毅　はむら ゆうき

音の記憶

人は声や音なしでは暮らせないように、沈黙なしでも生きることはできない。揺れ動く自然風景とともに、音は明るかったり影を帯びたりする。音は光のように振舞う。建築は音のように振舞うことはできるのか、あるいは沈黙は。

619
桑沢デザイン研究所　総合デザイン科
星 優希　ほし ゆき

たべられるビル

東京の首都高速、防災拠点、隅田川が隣接する敷地に、建物全体で農業を行なう建物を設計した。水耕栽培、区民農園を基盤として、災害時には高速道路を避難経路として利用できる施設である。

622
東北工業大学　工学部建築学科
田島 智久　たじま ともひさ

空間領域、解放 _Vague recognition.

私たちは均質化した空間の中で生活する。空間の単一化により連続性に欠けている。つまり、空間の領域を制限している。曖昧な空間認識により領域を解放することで、新たな生活行為が視覚的、感覚的空間により行なわれる。

623
桑沢デザイン研究所　総合デザイン科スペースデザイン専攻
今村 怜子　いまむら れいこ

小濤

東京都渋谷区松濤で起きている、節税による土地の変化と周辺地域との希薄化。その対策として、松濤で暮らしていた家族の歴史を凝縮したフォリーを点在させることで、松濤らしさを守りながらさまざまな人々の交流の場をつくる。

624
和歌山大学　システム工学部環境システム学科
田渕 秀和　たぶち ひでかず

あそびば

学校の敷地内に住宅を挿入することで、キョウカイを溶解する。そこは子どもたちの「あそびば」になる。

626
近畿大学　理工学部建築学科
中森 雄規　なかもり ゆうき

白紙の上の白線

白い紙の上に描かれた白い線のような建築を考える。ヒトはその頼りない線を眺めて白紙の存在に気づく。私は白い線を描く。肥沃なその白紙の張りや厚みを感じながら…。

627
摂南大学　工学部建築学科
川村 浩一　かわむら こういち

やっぱ好きやねん、大阪

笑いに満ち溢れたみんなの居場所。笑いの空気が滲み出す。再び、大阪の道頓堀は笑いに包まれる。

631
東京理科大学　工学部第一部建築学科
近藤 哲朗 / 長野 楓　こんどう てつろう / ながの かえで

家のかけらは星屑となる

家は砕け散った。家のかけらは森に根付き、森はからのハコを包む。男はハコからソトを眺め、気づく。これは、家と森とそこに住む男の物語。

632 熊本県立大学　環境共生学部環境共生学科居住環境専攻
鶴崎 洋志　つるさき ひろし

風景を成す

地方都市の風景はますます均質化している。熊本も例外ではない。熊本らしい風景を成すための空港を提案する。

633 神戸大学　工学部建設学科
平田 拓也　ひらた たくや

朽ちゆく記憶—軍艦島再生計画

かつて石炭採掘により栄え、現在は廃墟となった島、軍艦島の記憶を継承する。

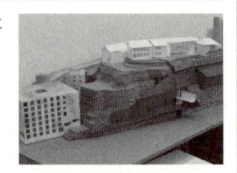

634 神戸大学　工学部建設学科
原田 智弘　はらだ ともひろ

混ざりゆく私の断片を探して

情報化社会で、人は情報の獲得を私的にしてしまっている。しかし、一人だけでは見つけられない自分の新しい部分があるはずである。そんな現代において、変化していく情報や他者とのコミュニケーションについて考えてみた。

641 京都造形芸術大学　芸術学部環境デザイン学科建築デザインコース
二本柳 真里江　にほんやなぎ まりえ

DRAPE

夢や目標に向って努力している人は輝いている。そんな人たちに贈る建築。

644 東京工業大学　工学部建築学科
山道 拓人　さんどう たくと

google planning city

美しい郊外をめざして、ショッピングセンターとオフィスの生態系から考える次世代の都市空間の提案。

645 新潟大学　工学部建設学科
長谷川 千紘　はせがわ ちひろ

まちめぐり

地方の市街地には、地域特有の伝統やコミュニティなど魅力的なものが残っている。地域の伝統や文化を伝え、学び、そして発信する施設を計画する。通過していた道に路地ができ、路地を通じて文化や伝統が伝わってくる。

646 工学院大学　工学部第1部建築学科
飯塚 さとみ　いいつか さとみ

未来構想図—30年後の私たちに贈るもの

現代人に合った新しいライフスタイルが生まれ、尚かつ現代人に合ったコミュニケーションがとれて、プライベートが保てる生活空間を提案する。近未来にふさわしい人間関係を築き、生活しやすい空間をめざす。

648 東京工業大学　工学部建築学科
宮城島 崇人　みやぎしま たかひと

complex of phenomena

北海道釧路の独特な気候と自然現象。海霧、世界三大夕陽、けあらし、流氷…。現象が建築をつくり、建築が関係を現象化させ、人の居場所をつくる。環境的コンテクストと社会的コンテクストを架橋せよ。

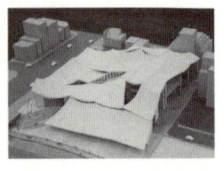

651 近畿大学　理工学部建築学科
岩見 勇輝　いわみ ゆうき

第二心斎橋筋商店街

日本の各地に見られる商店街。しかし、どこを見ても変わらない。では、現在での商店街のカタチは、完成形なのだろうか？否。今ある商店街のあり方を見直し、新しい商店街のカタチを提案する。

652 工学院大学　工学部第1部建築都市デザイン学科
松澤 有紗　まつざわ ありさ

色＋光＋人＝十人十色 その人その色

人生の節目。誕生から死まで、人々が通る通過点。目的を持ち向かうそこは、日常と離れた別世界。それぞれの想いがあり到達するまでのたくさんの感情がある。その人それぞれの色を出した節目を迎えるべきではないだろうか。

654 広島国際大学　社会環境科学部住環境デザイン学科
福岡 はすか　ふくおか はすか

よっこいしょ

人は二足歩行へと進化した。しかし、現在では交通手段の普及・多様化、便利さの追求によって、進化した足を充分に使わなくなっている。そこで、人に厳しいが歩きたくなるような建物の空間構成を提案する。

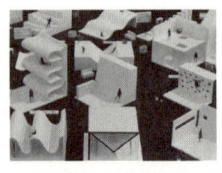

655 近畿大学　理工学部建築学科
佐藤 行彦　さとう ゆきひこ

咲くカタチ

建築には2つの価値観がある。1つ目は社会性であり、2つ目は空間そのものの魅力である。ボクは後者をずっと考えてきた。そこで丘の持つ場所性に着目し、図書館というプログラムを挿入する。

656 昭和女子大学　生活科学部生活環境学科
鈴木 舞　すずき まい
THE SCARS OF WAR—戦争という傷跡と記憶

傷はいつか癒えて跡形もなく消えてゆく。そしてみんな忘れてゆく。だけど、もしその傷が傷跡としてずっとこの先残るとしたら、その傷は忘れたくても忘れられない記憶となって人々の心に深く刻まれてゆくかもしれない。

657 東北芸術工科大学　デザイン工学部建築・環境デザイン学科
鹿野 渚　しかの なぎさ
writing place

人と人がふれあうことなく通信できる現代。デジタル社会で速度ばかりを求める世の中を生きている今だから、手で「かく」という文化、物と物の手渡しが人をつないでいることを伝えていく。「かく」ことを楽しむための郵便局。

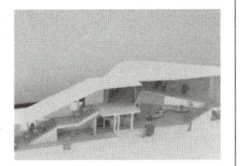

661 東京工業大学　工学部建築学科
鎌谷 潤　かまたに じゅん
バベルの図書館

世界中の書物を収蔵する図書館を設計した。A～Zの26の塔を建て、そこに書名の頭文字に従い、本を収蔵していく。年輪のような書架壁は所蔵量によって成長し、塔同士が有機的に連関し合う。それは生物のようである。

662 京都造形芸術大学　芸術学部環境デザイン学科
松本 新吾　まつもと しんご
浦賀ドック リノベーションプロジェクト

閉鎖した浦賀ドックは、この街の古きよき時代の象徴でもありながら、静かに横たわっている。遺された巨大な船台は、3つの機能により分解され、再び人が集まる場へと生まれ変わり、都市そのものを再構築する。

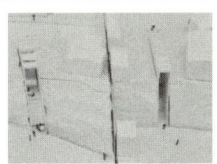

663 札幌市立高等専門学校　インダストリアルデザイン学科
竹津 友香　たけつ ゆか
Stories—非基準階の積層

非基準階の積層による単調で均一な内観や外観にならないことを目的とし、言葉のイメージをふくらませることによって各階を空間化し、それらを積層して高層の建物の設計を行なった。

664 室蘭工業大学　工学部建設システム工学科
角川 雄太　つのかわ ゆうた
POST BUBBLE RESORT

どんな場所にも必ず環境は存在する。特殊な環境におかれている場所で、環境と向き合い建築を計画する。バブルが起きているリゾートで、自然環境と一体化した建築をつくり、失われつつあるリゾート性を取り戻す。

665 前橋工科大学　工学部建築学科
寺岡 俊太郎　てらおか しゅんたろう
自然回遊住宅

地下、地上、空中。土、木、空。大自然の中に暮らし、大自然とともに生きる。そして、そこから住民同士の自然発生的なコミュニティ形成を促す。

666 東北工業大学　工学部建築学科
工藤 聡志　くどう さとし
都市という地形

都市空間を地形として捉えた時の現象。都市という地形性を持った建築空間の提案。

669 広島大学　工学部第四類
木野田 千晴　きのだ ちはる
間にあること

相対することの間にはたくさんの境界が存在する。境界が解けて変化を繰り返すたび、「間にあること」は広がってゆく。ウチとソト、publicとprivate、衰退と繁栄。変化に対応できる建築は、強い。

670 室蘭工業大学　工学部建設システム工学科
田村 聡　たむら さとし
RETAINING WALL PASSAGES—室蘭市海岸町プロジェクト

私たちの暮らしている環境の中に自然に存在している擁壁。普段、私たちはその存在をあまり意識しない。しかし、この街にとって擁壁は都市と人のつながりを分断している。擁壁を使い、都市と人のつながりをつくる道を建築する。

671 武蔵野美術大学　造形学部建築学科
加藤 ユウ　かとう ゆう
clothespace

人を中心とした空間をテーマに制作している中で、身体により近い空間を求めるようになった。そして卒業設計として実寸スケールで、ゴムを使ってそれぞれの人の身体と行為に自由フィットする衣服のような空間をつくった。

672 足利工業大学　工学部建築学科
町田 貴宏　まちだ たかひろ
空中庭園

都市での田園生活の可能性。衰退しつつある日本の「農」の再生と共に新たな緑化を計画する。「農」は死なずに都市に移り住む。

675 千葉工業大学　工学部建築都市環境学科
小沼 慶典　おぬま よしのり

ファイナル スケール

人間の最後のスケールでできている建築です。

676 日本大学　工学部建築学科
笠原 弘幹　かさはら ひろよし

距離感

ある島の再利用を計画する。そこでは、ある時期、ある時、人は必要とし、訪れ、行事を行ない、そして島を去る。社会との距離感があり、強くつながりを持たない建築のデザインをめざす。

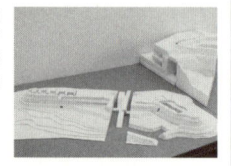

677 千葉工業大学　工学部建築都市環境学科
田村 潤一郎　たむら じゅんいちろう

archinature

オーロラを建築化する。自然を内包しながら空間はつながる。

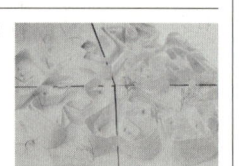

678 北九州市立大学　国際環境工学部環境空間デザイン学科
黒木 斗志生　くろき としお

切り取った風景

京都議定書が結ばれた国立京都国際会館の隣に位置する公園に、環境ミュージアムを計画する。周りの風景を切り取り、建物に活かすことが新たな風景を生み出しヒトと自然の距離を縮める。

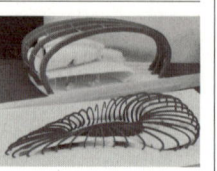

681 東北工業大学　工学部建築学科
石澤 拓也　いしざわ たくや

primitive city wall

都市にその土地らしい「居場所の原風景」といえるような居場所をつくる。そのための原初的な壁を持つ建築。

684 東北工業大学　工学部建築学科
小林 知博　こばやし ともひろ

SLALOM BRIDGE

都市における地域活動とは何か。本計画では集合住宅と市民文化施設の複合というプログラムによって、多彩な市民活動が交差し、ブリッジをスラロームのように回遊しながら景観や活動を体感していく。

686 北海道工業大学　工学部建築学科
荒木田 ちぐさ　あらきだ ちぐさ

futon—多和平長期宿泊施設

偶然から生まれる形。その中に隠れている必然の線を集めてゆく。偶然の中の必然の線は、私たちを確かに導いてくれる。いつしか私たちはfutonに絡み合ってゆく。そこには、偶然と必然が相乱れる空間がある。

689 名古屋工業大学　工学部建築・デザイン工学科
杉山 浩太　すぎやま こうた

洞窟のようなビル群

高層建築が密集し、人を寄せ付けない都市における街区の内側のあり方を問う。細長いボリュームを隙間は残しつつ積み上げていき、街区をまるごと横に回転したようなボリュームの集合体を提案する。

690 神戸芸術工科大学　デザイン学部環境・建築デザイン学科
稲田 真一　いなだ しんいち

道頓堀新町

道頓堀にマチをつくる。それもすごく大阪らしいマチを。大阪ミナミのキモは「猥雑さ」であるように思う。猥雑でチープでゴチャゴチャしたミナミが青春時代の庭だった。ミナミに大阪らしさを象徴するマチをつくる。

691 桑沢デザイン研究所　総合デザイン科スペースデザイン専攻
米山 夢衣　よねやま ゆい

ShibuyaSkyCity—雲間に見える広告

これから300年後には、900m上空に人々は住み、ネットワークは飛行船となる…。

692 立命館大学　理工学部建築都市デザイン学科
島崎 和也　しまさき かずや

あの窓をこえて

裂けた壁のその向こうに新しい世界が広がる。

693 立命館大学　理工学部建築都市デザイン学科
藤川 裕子　ふじかわ ゆうこ

ないしょのじかん—こどもの居場所を内包した集合住居

子どもにとって、社会の中でさまざまな人と関わり合いながら成長することが大切だと考える。「地域で子どもを育てる」という意識の拠点となる場所。学童保育などの専用施設に代わる、新しい子どもの居場所を提案する。

696	千葉大学　工学部都市環境システム学科 兼平 翔太　かねひら しょうた **階層逆転** 再開発の波に晒される東京都中央区月島。ここには、下町住人が、日中不在の高層マンションによって住環境を脅かされているという背景がある。月島に滞在する時間によって、住居を構える階層を再構築した。		**703**	大阪大学　工学部地球総合工学科 梶木 仁美　かじき ひとみ **それは気泡のように** 普遍的なものなんて何もない。常に流動する世の中で、建築だってもっと流動的であっていいんじゃないか。気泡のように発生して、いつのまにか姿を消す、仮設的建築を提案する。
697	千葉工業大学　工学部建築都市環境学科 梅村 大輔　うめむら だいすけ **まちをつなぐコウカ** 鉄道高架化によってまちはつながるように思えるが、実際にはそうではない。高架下にクラインガルテンをもうけ、農業コミュニティによってまちをつないでいく。		**705**	日本大学　生産工学部建築学科 石黒 裕子　いしぐろ ゆうこ **何もない美術館と動く自然** 展示も家具もない美術館。何もない場では人の行動が生まれる。「動く自然」と人の視線がつくり出す「何もない美術館」。
699	武蔵工業大学　工学部建築学科 和泉 里沙　いずみ りさ **つながる街** 機能を単位空間とし、空間と空間をかみ合わせた。それにより2つの空間の特性をもつ新しい空間が生まれ、空間のつながりや動線の役目となる。流れをもつ曖昧な空間を感じることができる。		**706**	大阪大学　工学部地球総合工学科 谷口 誠規　たにぐち せいき **霧の葬場** 霧のもつ光、音などに関わる物理的性質。それらの性質を葬儀の場に組み込み、霧の町におけるその土地特有の葬儀のあり方を探る。
700	前橋工科大学　工学部建築学科 山田 早斗　やまだ はやと **記憶の欠片—繁栄していく都市の片隅で** この建築はコンクリートのがれきに埋まる。その速さは現代の消費文化の速さと重なる。そのがれきによって生み出された木漏れ日の下で、繁栄していく都市の表裏を回顧する場所を提案する。		**708**	東京大学　工学部建築学科 飯田 雄介　いいだ ゆうすけ **大きな屋根の下で** ひとつ屋根の下にみんなで住んでいるような住処。毎日表情を変えながら何百年と生き続ける住処。いつまでも変わらずにみんなの住処である建築。みんながいなくなった後も、そこには変わらない居場所があります。
701	京都大学　工学部建築学科 坪山 紀子　つぼやま のりこ **終の棲家—都市の高齢者集合住宅** 住人の視点と市民の視点、2つの視点を踏まえながら、高齢者集住を計画した。建築から都市への発信を通して住人と市民との交流を生み出し、従来の生活スケールを大切にしながら、変化に富んだ「終の棲家」をめざす。		**711**	昭和女子大学　生活科学部生活環境学科 上野 舞　うえの まい **海底図書館** 海、と聞いてどのような光景を思い浮かべるだろうか。水族館？TVの映像？多くの人は本物の海を知らない。もし海底を観察しながら、本を読むことができたなら…。私はダイビングの体験を元に、海底図書館を計画した。
702	足利工業大学　工学部建築学科 今井 明　いまい あきら **ミズノカタチ—地域交流の場** 無形、気化、氷、透明、反射 etc.「無限の形を持つ水」「いろいろな効果を持つ水」。これら水の持つ力を形にする。これにより地域間の交流だけでなく、他地域との交流も生まれるよう提案するものである。		**712**	東北大学　工学部建築・社会環境工学科 堀田 竜士　ほりた りょうじ **路地に読む物語** 路地のリサーチから抽出した「豊かな路地」の空間性を、建築に落とし込む。

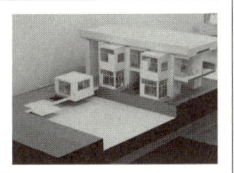

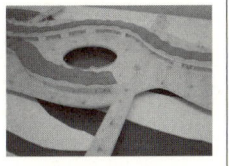

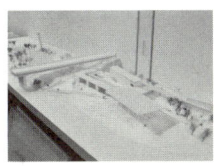

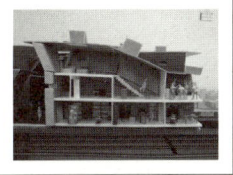

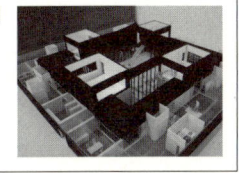

714 東京理科大学　理工学部建築学科
沖本 貴史　おきもと たかふみ

揺れるように記憶する

建築としての空間、知の集積としての空間、プログラムの有無によって異空間、影としての空間、光としての空間、シークエンスとしての異空間、身体の近くが空間、本の周りとしての空間。そういう波立つような空間。

715 昭和女子大学　生活科学部生活環境学科
上阪 亜沙美　うえさか あさみ

case

多くの人は建築に難しいイメージを持つ。だが、プラスチックでできたお菓子のケースのような、ひとつなぎの家があってもいいじゃないか。みんなが集まる大好きな祖母の家をベースに、家族の case を提案した。

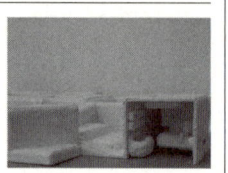

716 近畿大学　理工学部建築学科
谷口 幸平　たにぐち こうへい

地形となりて 森となる 棲みか

人と大地、人と森との関係を都市に呼び戻すための試み。

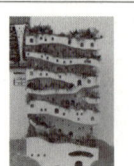

718 大阪大学　工学部地球総合工学科
末重 隼人　すえしげ はやと

All Blue—誰も知らない世界

海の中にいるような空間。魚について知り、水の汚さについても知ってほしい。子どもはそこで何かを感じると思う……。

725 千葉大学　工学部都市環境システム学科
鈴木 雅也　すずき まさや

カゼノトオリミチ—視覚欠如における都市と建築の可能性

私たちは視覚に依存している。視覚優位の価値観社会に生きている。だけど目には見えない魅力はたくさんある。視覚障害者の空間認知能力をヒントにした「風の通り道」を空間化し、新しいデザイン手法を提示する。

727 関西大学　工学部建築学科
徳永 真丈　とくなが しんじょう

ちょっとよりそって…

人がよりそっていくように家もよりそっていきます。雰囲気が少しずつ漏れていきます。雰囲気は家を伝わって街に広がっていきます。街の境界が緩やかになっていきます。そして街は「おおきないえ」になっていきます。

729 早稲田大学　理工学部建築学科
石川 悠介／成瀬 功一／呂 知世　いしかわ ゆうすけ／なるせ こういち／ろ ちせ

都市の骨格—産業埋立て地の再編

20世紀の遺物である産業埋立て地の開発は、無秩序に行なわれている。この状況に疑問を抱いた私たちは、埋立て地に共通して存在する特異な地形をヒントとみなし、新たな21世紀型都市として再編します。

732 九州産業大学　工学部建築学科
吉丸 貴一郎　よしまる きいちろう

線ヲ刻ム

建築表現の自明性が危機に瀕している現代という時代で「建築」を素朴に提案することに疑問をもった。そこで、描く操作という、この表現を規定する次元から「建築」を延命するための戦略を導くことを試みた。

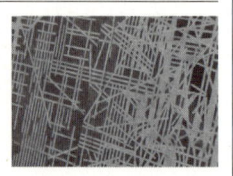

733 工学院大学　工学部建築都市デザイン学科
高橋 伸明　たかはし のぶあき

House in Wonderland

植木鉢のような建築をつくりました。自然と建築を同時につくれないかと考えました。植木鉢は植物(自然)と、鉢(建築をつくる要素の壁)でできています。それをものすごく大きくしたら不思議な空間ができました。

746 京都大学　工学部建築学科
宮重 達也　みやしげ たつや

twine houses

外の世界から独立して存在する住宅。もっと周りを感じ、感じられる住宅があってもいいんじゃないか。共用部をつくることでなく、空気をつなげることで、適度な距離を保ち暮らす集合住宅をつくった。

747 千葉大学　工学部都市環境システム学科
山本 倫広　やまもと のりひろ

PRIVACY MANSION—人間はどの様に近接して居住するか

断絶を生む物理壁ではなしに、作法・ルール・結界など心理壁により相互プライバシーを獲得すれば、より豊かな関わる機会を提案できる。壁のない、もとい見えない壁の住居を提案する。もう壁はいらないかもしれない。

748 神奈川大学　工学部建築学科
三澤 穂高　みさわ ほたか

flow line junction

我々はいろいろなモノに囲まれて生活している。素材—金属、木、プラスチック、綿—は移動し、その道中で形を変え、他の素材と組み合わさり、完成されたモノとなって生活に溶け込んでいる。そういった現象を建築化した。

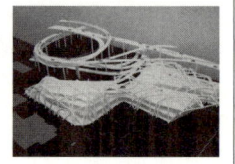

749
日本大学　理工学部建築学科
楠 友介（くす ゆうすけ）

Line City

世の中ほぼすべてのものは線引きされている。都市に言及すれば地域差や地価などさまざまな線が引かれ、それらはある種のバリアになっている。どこにでも存在するラインを視覚化することでリニアな建築空間の構築を試みる。

751
大阪大学　工学部地球総合工学科
中村 洋志（なかむら ひろし）

Long Ring Long Land

Long Ring Long Land
人・建築・森のあるべき姿。

753
大同工業大学　工学部建築学科
曾我 貴宏（そが たかひろ）

紡ぎ出すヒダ

ヒダのようなフィヨルドには、なぜ街ができるのでしょうか？ それはその地形がもたらす、引き込む、見守りあう、拠点という3つの特性があるからです。その特性を活かした一人親世帯のための集合住宅を提案します。

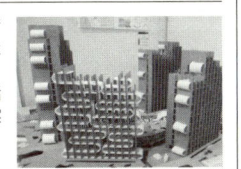

754
室蘭工業大学　工学部建設システム工学科
三上 裕貴（みかみ ひろき）

Comic Architecture

僕はマンガを愛してる！ マンガは魅力の塊だ、マンガは日本が誇る文化の1つだ！ そんなマンガの魅力を持った建築をつくろうと思いました。あれ？ 文字数が限界だ！ 続きは会場のComic Architecture創刊号で。

757
奈良女子大学　生活環境学部住環境学科
桑田 智佳（くわた ちか）

光の美術館

太陽の光、月の明り、駅の光、電車の光、車のライト。取るに足りない日常の景色が「展示物」になる。そして、その「展示物」は刻一刻と変化する。いつもの景色も違った視点で見てみると、少し違う世界に見えてくる。

766
東京大学　工学部建築学科
菱田 哲也（ひしだ てつや）

最後の超高層

東急は渋谷に総床面積100haの再開発を計画しています。私はそれに対してほぼ等しい床面積のカウタープロポーザルをし、超高層のあり方を問い直そうと思います。

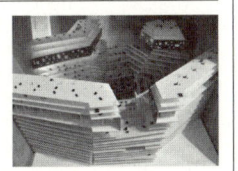

768
東京大学　工学部建築学科
伊集院 良重（いじゅういん よしえ）

NOMAD

川べりに水路を掘る。それは常時には親水広場、洪水時には貯水池となる。空間は水位変動で日々刻々と表情を変え伸縮する。各々の機能を持つ内部空間を屋上のトラックがつなぐ。ここはぐるぐる動くことで機能する場所。

770
近畿大学　理工学部建築学科
日野 晃太朗（ひの こうたろう）

sou

火葬場という非日常的空間により、日常に潜む死というものの存在を再認識し、それにより自分自身の生や孤独に気づかされる。葬送という日常から切り離された行為に伴う自己の思考の場を提案する。

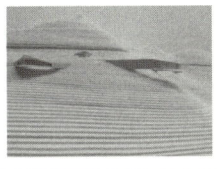

772
東京理科大学　工学部第二部建築学科
宇田川 あやの（うだがわ あやの）

寄り添い庭

共働き夫婦のいる、その家族のための集合住宅をつくりました。子どもたちやお年寄りが、地域に出向くのではなく、地域が住空間に介入する路地のような庭をつくりたいと思いました。

773
広島国際大学　社会環境科学部住環境デザイン学科
木内 隆文（きうち たかふみ）

AIR SHIP―浮かぶ建築

人間にとって空を飛ぶことは夢であった。今日その分野は急速に発展成長を遂げた。今回の提案はその夢を日常生活、暮らしの中に近づけることを目的とする。

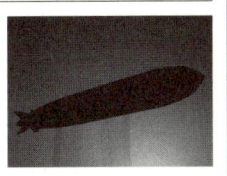

776
明治大学　理工学部建築学科
岩寺 静香（いわでら しずか）

OUTSCALE HUMANSCALEからのはじまり―尋（ひろ）

自分の行為や存在する場を介して他の事物に意識が向かう時、自らと他を結びつける。ここを訪れる人々が自分以外の何かに興味を持てるような空間をつくる。これが建築空間に留まらず、都市へと広がるように……。

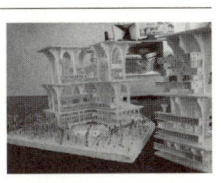

INDEX
さくいん

	あ		
	あいた かずえ	会田 一恵	476
	あいば なつこ	相場 奈津子	301
	あおやま つばさ	青山 翼	013
	あかいけ ゆきこ	赤池 友季子	236
	あそう ねむ	麻生 合歓	166
	あだち ゆみ	足立 結実	544
	あねこうじ ゆうみ	姉小路 優美	339
	あべ ひでひこ	阿部 秀彦	167
	あべ まりこ	阿部 真理子	001
	あらい ひかる	新井 光	161
	あらい まゆみ	新井 真弓	003
	あらい ゆみ	荒井 由美	086
	あらかわ ともみつ	荒川 智充	147
	あらき まさと	荒木 正人	460
	あらきだ ちぐさ	荒木田 ちぐさ	686
	あんどう たくし	安藤 卓師	478
	あんどう ひろみ	安藤 広海	439
	い		
	いいだ ゆうすけ	飯田 雄介	708
	いいつか さとみ	飯塚 さとみ	646
	いえいり はるか	家入 悠	130
	いぐち ようすけ	井口 陽介	026
	いくどめ あつし	幾留 温	488
	いけだ たかし	池田 隆志	328
	いけだ まさと	池田 真人	176
	いけや さとし	池谷 郷司	059
	いこま としふみ	生駒 寿文	020
	いさか はる	伊坂 春	385
	いしい わたる	石井 航	077
	いしい けんた	石井 健太	335
	いしかわ ともひろ	石川 知弘	049
	いしかわ ゆうか	石川 悠介	729
	いしくら のりたか	石倉 法隆	009
	いしぐろ すぐる	石黒 卓	081
	いしぐろ ゆうこ	石黒 裕子	705
	いしざわ たくや	石澤 拓也	681
	いしづ ゆうこ	石津 優子	290
	いじゅういん よしえ	伊集院 良重	768
	いずみ りさ	和泉 里沙	699
	いそべ よういち	磯部 陽一	029
	いたや まこと	板谷 慎	128
	いちかわ ともあき	市川 智章	351
	いでぐち わたる	井手口 航	181
	いとう あい	伊藤 愛	123
	いとう きよあき	伊藤 聖明	508
	いとう しゅうへい	伊藤 周平	025
	いとう ゆうじ	伊藤 佑治	287
	いなだ しんいち	稲田 真一	690
	いのうえ かつや	井上 勝也	343
	いのうえ ひさし	井上 久嗣	330
	いのうえ ゆうき	井上 雄貴	425
	いのまた そういち	猪股 宗一	385
	いまい あきら	今井 明	702
	いまいずみ たく	今和泉 拓	256
	いまじょう しゅん	今城 瞬	234
	いまむら けんと	今村 謙人	493
	いまむら れいこ	今村 怜子	623
	いりなみひら さやか	入波平 さやか	007
	いわい あいみ	岩井 愛実	451
	いわき ゆうすけ	岩木 友佑	457
	いわくら たくみ	岩倉 巧	464
	いわた かな	岩田 香奈	283
	いわでら しずか	岩寺 静香	776
	いわみ ゆうき	岩見 勇気	651
	う		
	うえき さだひこ	植木 貞彦	366
	うえさか あさみ	上阪 亜沙美	715
	うえぞの かずや	上園 宗也	308
	うえの さとこ	植野 聡子	201
	うえの まい	上野 舞	711
	うえの まさあき	上野 正明	591
	うえはら かずた	上原 一太	126
	うえはら しょうご	上原 正悟	428
	うきす たかし	浮須 隆	322
	うだがわ あやの	宇田川 あやの	772
	うちやま しょうた	内山 昌太	207
	うづき ひろたか	卯月 裕貴	165
	うめむら だいすけ	梅村 大輔	697
	うらべ やすろう	占部 安朗	579
	え		
	えいか しほ	榮家 志保	006
	えさき まい	江崎 舞	402
	えとう ゆうすけ	江藤 優介	173
	えんどう たかひろ	遠藤 孝弘	071
	えんどう たかみつ	遠藤 崇光	385
	お		
	おいれ あきなが	笈入 瑛永	261
	おおえ みゆき	大江 美幸	291
	おおかわち ともあき	大川内 智昭	153
	おおた かおり	太田 佳織	447
	おおた さとし	大田 聡	395
	おおた じゅん	太田 潤	441
	おおた たけひろ	太田 健裕	376
	おおた ゆうすけ	太田 遊介	237
	おおたに ようすけ	大谷 洋介	561
	おおなか あいこ	大中 愛子	206
	おおの まい	大野 麻衣	515
	おおはし しゅういち	大橋 秀一	056
	おおはた のりこ	大畑 典子	578
	おか けいいちろう	岡 慶一郎	092
	おか すぎか	岡 杉香	053
	おか ともあき	岡 友明	461
	おがた ようへい	緒方 洋平	129
	おかもと まき	岡本 麻希	444
	おがわ たけし	小川 武士	052
	おきもと たかふみ	沖本 敬文	714
	おくだ さき	奥田 沙希	120
	おくだ ひろし	奥田 裕史	405
	おくやま ひろふみ	奥山 浩文	240
	おくやま ゆりこ	奥山 百合子	413
	おぐら まみ	小倉 万実	030
	おさき こうすけ	尾崎 恒亮	529
	おざさ ゆういちろう	小笹 雄一郎	048
	おざわ けんと	小澤 賢人	410
	おざわ たくと	小澤 拓人	220
	おざわ りょうた	小澤 良太	422
	おぬま よしのり	小沼 慶典	675
	おの あきお	小野 晃央	518
	おのだ ゆうた	斧田 裕太	459
	おのでら みゆき	小野寺 美幸	016
	おばた たくや	小畠 卓也	480
	おばた まさひろ	小幡 正裕	609
	おりつき じゅんき	折附 隼輝	435
	か		
	かい つぐみ	甲斐 つぐみ	116
	かがわ さなえ	香川 早苗	045
	かがわ しょうくん	香川 翔勲	299
	かきうち ひろゆき	柿内 裕之	137
	かきぞえ ひろし	柿添 宏	058
	かげやま えいいち	影山 榮一	044
	かさい たくろう	笠井 拓郎	034
	かさはら ひろよし	笠原 弘幹	676
	かじき ひとみ	梶木 仁美	703
	かじや としゆき	加治屋 俊幸	228
	かせ みわこ	加瀬 美和子	307
	かたおか まさのり	片岡 政規	294
	かたくせ なつこ	交久瀬 夏子	479
	かたやま けいすけ	片山 馨介	364
	かつまた けいた	勝又 啓太	606
	かとう たくろう	加藤 拓郎	094
	かとう ともみ	加藤 友美	272
	かとう なつみ	加藤 夏美	329
	かとう ゆう	加藤 ユウ	G71
	かとう ゆうや	加藤 雄也	371
	かなざわ じゅん	金澤 潤	168
	かなみつ ひろやす	金光 宏泰	129
	かねひら しょうた	兼平 翔太	696
	かの てるひこ	狩野 輝彦	079
	かのう けんた	加納 賢太	115
	かのう ゆうき	加納 佑樹	331
	かまたに じゅん	鎌谷 潤	661
	かみじょう けいご	上條 経伍	074
	かめしま かずや	亀嶋 一矢	269
	かめだ やすまさ	亀田 康全	514
	かも こうじ	加茂 幸治	065
	かわい ゆうすけ	河合 雄介	365
	かわかみ まさと	川上 真誠	355
	かわさき まさひろ	川崎 正博	410
	かわの つよし	河野 強志	286
	かわまつ ひろゆき	川松 寛之	504
	かわむら こういち	川村 浩一	627
	き		
	きうち たかふみ	木内 隆文	773
	きくち ゆうすけ	菊地 悠介	242
	きし たかや	岸 孝也	076
	きし ひでかず	岸 秀和	235
	きしだ しょう	岸田 祥	575
	きそがわ ごうし	木曽川 剛士	185
	きたがわ ゆういちろう	北川 裕一郎	216
	きたばやし さなえ	北林 さなえ	423
	きのした いっすい	木下 一穂	337
	きのだ ちはる	木野田 千晴	669
	きむら かなえ	木村 香奈江	145
	きむら しゅうへい	木村 周平	475
	きむら たかよし	木村 敬義	306
	きやま たくま	帰山 拓磨	263
	きんじょう はるの	金城 春野	186
	く		
	くいせ りゅうた	杭瀬 竜太	327
	くしだ ゆき	櫛田 由貴	245
	くす ゆうすけ	楠 友介	749
	くちき けんじ	朽木 健二	103
	くどう けんご	工藤 健悟	417
	くどう さとし	工藤 聡志	666
	くにきょうよしふみ	国京 佳史	438
	くにすえ いくこ	国居 郁子	169
	くにまつ えり	国松 えり	394
	くまがい こうた	熊谷 浩太	191
	くらもと やすゆき	蔵本 恭之	390
	くりはら そう	栗原 荘	090
	くろかわ しょう	黒川 彰	271
	くろき としお	黒木 斗志生	678
	くろだ けんじ	黒田 健資	196
	くろだ じゅんいち	黒田 潤一	175
	くろだ ひろき	黒田 弘毅	141
	くろだ りょうた	黒田 良太	530
	くわた ちか	桑田 智佳	757
	くわばら かずひろ	桑原 和宏	099
	くわはら すぐる	桑原 優	279
	くわはら ゆきひろ	桑原 幸宏	336
	こ		
	こいずみ よしのり	小泉 祥典	341
	こいぶち つばさ	鯉渕 翼	318
	こうま しゅん	高麗 俊	397
	こうや ゆか	高野 友佳	357
	こおりかわ わかこ	郡川 和加子	401
	こくぶん たると	國分 足人	410
	こくぼ りょうすけ	小久保 亮佑	238
	こしみず はるか	小清水 遥	612
	ごとう とおる	後藤 亨	070
	ごとう ゆき	後藤 侑希	041
	こばやし かな	小林 加奈	268
	こばやし てるゆき	小林 輝之	305
	こばやし ともひろ	小林 知博	684
	こばやし ひろあき	小林 啓明	246
	こばやし ひろみ	小林 勇介	288
	こばやし れいこ	小林 玲子	427
	こまつ たくろう	小松 拓郎	229
	こまつ ひでのぶ	小松 秀暢	033
	こめたに まき	米谷 真季	358
	こんどう てつろう	近藤 哲朗	631
	さ		
	さいとう ひろゆき	齊藤 裕幸	536
	さいとう ゆうた	斉藤 祐太	023
	さえき しゅういち	佐伯 周一	552
	さかい まお	酒井 麻央	198
	さかね みなほ	坂根 みなほ	446
	さかもと たいが	阪本 大賀	098
	さがわ たかやす	佐川 貴康	255
	さくらい しげよし	櫻井 重喜	427
	さごし ようすけ	砂越 陽介	255
	ささき あずみ	佐々木 杏美	326
	ささき のぞむ	佐々木 望	507
	ささき れな	佐々木 玲奈	152
	さとう けんたろう	佐藤 謙太郎	411
	さとう じんや	佐藤 仁哉	320
	さとう たかのぶ	佐藤 貴信	531
	さとう ひさこ	佐藤 久子	265
	さとう ゆきひこ	佐藤 行彦	655
	さんどう たくと	山道 拓人	644
	し		
	しいかわ けいた	椎川 恵太	085
	しいはし りょう	椎橋 亮	004
	しおいり ゆうき	塩入 勇生	595
	しかの なぎさ	鹿野 渚	657
	ししど ゆういち	宍戸 優一	562
	しのみや けんじ	四宮 健次	122
	しばやま まさこ	芝山 雅子	102
	しぶや りょう	渋谷 遼	083
	しまさき かずや	島崎 和也	692
	しまだ かおり	島田 かおり	148
	しみず ただあき	清水 忠昭	224
	しもおおぞの まさと	下大薗 将人	264
	しもみや まさひろ	下宮 正浩	568
	しゅくり こうすけ	宿利 康介	537
	じんの かずゆき	神野 和幸	565
	す		
	すえしげ はやと	末重 隼人	718
	すぎえ じゅんや	杉江 順哉	217
	すぎなか ひろゆき	杉中 浩之	189
	すぎはら りな	杉原 里菜	340
	すぎやま こうた	杉山 浩太	689
	すぎやま ひろき	杉山 博紀	055
	すずき さゆり	鈴木 沙祐里	183
	すずき たいち	鈴木 泰地	392
	すずき たけし	鈴木 健史	226
	すずき まい	鈴木 舞	656
	すずき まさや	鈴木 雅也	725
	すずき めぐみ	鈴木 芽久美	530
	すずき やすひろ	鈴木 康紘	363
	すずき やすひろ	鈴木 康紘	485
	すずき たかとし	鈴木 高敏	302
	すだ たいし	須田 大志	180
	すだ ゆうこ	須田 悠子	587
	すとう しゅうへい	須藤 周平	521
	すのき だいすけ	巣木 大輔	586
	すみ はるか	鷲見 晴香	087
	せ		
	せきじま つよし	関島 毅	590
	せきの ゆきこ	関野 有希子	194
	せきや かなめ	関谷 要	381
	ぜんの こういち	善野 浩一	002
	そ		
	そうま りょう	相馬 里陽	526
	そが たかひろ	曾我 貴宏	753
	そのだ けいすけ	園田 啓介	203
	た		
	たかぎ しゅうた	高木 秀太	247
	たかぎ みほ	高木 美帆	445
	たかくら こはる	高倉 小春	406
	たかさか なおと	高坂 直人	298

	たかだ まさゆき	髙田 正行	607		ながい ひろし	長井 裕志	042		ひろはた とも	広畑 智	558		むらかみ たかひろ	村上 賢宏	559
	たかた みのる	髙田 実	067		ながお ゆうすけ	長尾 裕介	548	ふ	ふくおか はすか	福岡 はすか	654		むらかみ たけし	村上 豪	367
	たかとう ちひろ	高藤 千尋	553		なががわ あやか	中川 彩香	539		ふくぐち ともこ	福口 朋子	433		むらかみ ひろゆき	村上 裕幸	368
	たかの ひとみ	髙野 日登実	611		ながしま あやこ	長島 綾子	177		ふくしま たくや	福島 巧也	564		むらた かなこ	村田 加奈子	215
	たかはし あきふみ	髙橋 明史	566		ながしま かおる	長島 薫	491		ふくだ えつこ	福田 悦子	061		むらた なほ	村田 奈穂	136
	たかはし すぐる	髙橋 卓	158		なかじま こうよう	中島 弘陽	604		ふくだ ひろし	福田 浩士	121		むらの てつや	村野 哲哉	251
	たかはし のぶあき	髙橋 伸明	733		なかじま なおこ	中島 直子	396		ふくだ わきこ	福田 和貴子	520		むらやま けい	村山 圭	304
	たかはし ひろし	髙橋 寛	571		なかじま よしのり	中島 義徳	150		ふくはら かずま	福原 一真	414	も	ももじ さんしろう	百々路 三視郎	496
	たかはし みのり	髙橋 農	112		ながの かえで	長野 楓	631		ふくはら こうた	福原 光太	315		もり じゅんぺい	森 純平	031
	たかむら きりん	高村 希鈴	440		ながの まさよし	永田 真義	293		ふくもと あや	福元 彩	511		もり みのる	森 稔	404
	たかやま けいいち	高山 慶一	334		なかみね ひろえ	中峰 宏恵	097		ふくもと りょう	福本 遼	021		もり ゆたか	森 豊	487
	たかやま ゆうき	高山 祐毅	585		なかむら ひろし	中村 洋志	751		ふじおか ゆうすけ	藤岡 佑介	253		もりた じゅん	森田 潤	332
	たきたに ゆみ	瀧谷 弓美	270		なかむら もえ	中村 萌	104		ふじかわ ゆうこ	藤川 裕子	693		もりわき ゆりな	森脇 由梨奈	193
	たきや だいすけ	滝谷 大輔	211		なかもり ゆうき	中森 雄規	626		ふじた さちお	藤田 幸男	280	や	やぐら だいち	矢倉 大地	577
	たけい たかし	武井 隆	432		ながやま ゆうき	永山 裕喜	356		ふじた のりこ	藤田 典子	285		やざき りょうた	矢崎 亮大	481
	たけつ ゆか	竹津 友香	663		なぎら かずや	柳楽 和哉	349		ふじた まさき	藤田 雅己	314		やすだ まさゆき	安田 将之	372
	たけもり こうへい	竹森 恒平	258		なつめ しょうへい	夏目 将平	008		ふじまき よしたか	藤巻 芳貴	106		やの こういちろう	矢野 晃一郎	199
	たじま ともひさ	田島 智久	622		なりた ゆうや	成田 佑弥	596		ふじもと あつし	藤本 篤	095		やの りょうた	矢野 龍太	197
	たしろ なおと	田代 直人	088		なりまつ ひとし	成松 仁志	250		ふじもと ゆかり	藤本 由香利	091		やはぎ さやか	矢作 沙也香	296
	たつき まさや	田附 昌也	587		なるせ こういち	成瀬 功一	729		ふじわら うみ	藤原 海	057		やまうち しょうご	山内 祥吾	214
	たなか けんと	田中 賢人	377	に	にい けんじろう	二井 賢治郎	442		ふちがみ たかよ	渕上 貴代	400		やまぎし ゆうた	山岸 勇太	088
	たなか さち	田中 沙知	437		にい さとこ	仁居 智子	249		ふでの のぞみ	筆野 望	117		やまぐち りょうこ	山口 亮子	391
	たなか しゅうへい	田中 修平	583		にいもり ゆうだい	新森 雄大	179		ふるいち のぞみ	古市 のぞみ	062		やまこし あゆみ	山越 あゆみ	312
	たなか ななこ	田中 奈々子	022		にかいどう しょう	二階堂 将	063	ほ	ほうざき しょうた	寶崎 祥太	254		やまざき やすひろ	山﨑 康弘	088
	たなか のりゆき	田中 規之	495		にしおか りょう	西岡 諒	149		ほし ゆき	星 優希	619		やまだ あい	山田 愛	569
	たなか ゆうた	田中 祐太	580		にしだ えま	西田 恵麻	615		ほしな わたる	保科 渉	497		やまだ こうすけ	山田 康介	028
	たなか りえ	田中 理恵	187		にしの やすか	西野 安香	057		ほそや しゅうたろう	細谷 脩太郎	289		やまだ しゅうへい	山田 周平	075
	たにぐち こうすけ	谷口 弘恭	252		にしもと ひかる	西本 光	525		ほりかわ るい	堀川 塁	210		やまだ はやと	山田 早斗	700
	たにぐち こうへい	谷口 幸平	716		にしもと りょうへい	西本 亮平	352		ほりた りょうじ	堀田 竜士	712		やまだ ひろこ	山田 浩子	043
	たにぐち せいき	谷口 誠規	706		にしや けんた	西屋 健太	324	ま	まえだ だいすけ	前田 大輔	587		やまだ まき	山田 真希	036
	たにぐち ゆうき	谷口 勇貴	551		にった まゆみ	新田 真弓	200		まきの まさゆき	牧野 正幸	208		やまなか けんいち	山中 賢一	160
	たぶち ひでかず	田渕 秀和	624		にほんやなぎ まりえ	二本柳 真里江	641		まさき かずみ	正木 和美	170		やまなか こうたろう	山中 浩太郎	262
	たまむら としひろ	玉置 俊浩	375	の	のうみ さき	野海 彩樹	439		ますだ しん	増田 晋	386		やまの けんた	山野 健太	466
	たむら あや	田村 彩	144		のざき たかし	野崎 尊	519		ますだ はやと	増田 隼人	443		やまもと こういち	山本 航一	255
	たむら さとし	田村 聡	670		のつ ゆうき	野津 佑紀	584		ますやま かずとら	増山 和虎	597		やまもと のりひろ	山本 倫広	747
	たむら じゅんいちろう	田村 潤一郎	677						まちだ たかひろ	町田 貴宏	672		やまもと ゆうすけ	山本 悠介	300
	たむら なおき	田村 直己	403	は	はが しょうた	芳賀 翔太	190		まちだ めぐみ	町田 芽久実	408	ゆ	ゆはら しょういち	湯原 彰一	501
	ためすえ じん	爲季 仁	119		はぎわら もりゆき	萩原 盛之	448		まつお やすひろ	松尾 康弘	471	よ	よこた じゅん	横田 純	111
	たんの こうへい	丹野 宏柄	027		はしもと かつや	橋本 克也	072		まつざわ ありさ	松澤 有紗	652		よこやま まさき	横山 将基	512
ち	ちば ひかる	千葉 光	171		はしもと けん	橋本 健	182		まつしま ゆうた	松島 雄太	284		よこやま ゆうこ	横山 裕子	378
	ちば まりえ	千葉 麻里江	018		はしもと しょうたろう	橋本 翔太郎	468		まつぞえ あいこ	松添 愛子	424		よしおか ゆうま	吉岡 祐馬	054
	ちば みゆき	千葉 美幸	050		はせがわ ちひろ	長谷川 千紘	645		まつもと しんご	松本 新吾	662		よしかわ こうじ	吉川 晃司	114
	ちば わたる	千葉 航	369		はた かずひろ	畑 和博	138		まつもと とうこ	松本 透子	219		よしかわ じゅん	吉川 潤	108
	ちはら あゆみ	茅原 愛弓	012		はたなか まみ	畑中 真美	057		まつやま しょうこ	松山 晶子	427		よしざわ けんいち	吉澤 健一	204
	ちはら こういち	千原 宏一	510		はたの げん	波多野 現	281		まとばゆきの	的場 弘之	384		よしだ はじめ	吉田 甫	502
つ	つかまえ あきこ	塚前 亜季子	124		はばた なおと	畑端 直翔	134		まなべ ゆり	真鍋 友理	383		よしまる きいちろう	吉丸 貴一郎	732
	つくうら まさよし	津久浦 政慶	257		はなはら ゆみこ	花原 裕美子	409		まるやま ひよし	丸山 日惠	260		よしもと のりお	吉本 憲生	303
	つちとこ たくや	土床 拓也	213		はなわ たかず	花輪 貴一	498		まんどころ けんご	政所 顯吾	276		よねくら なつ	米倉 夏	259
	つのかわ ゆうた	角川 雄太	664		はまだ くみ	濱田 くみ	581	み	みうら きょうすけ	三浦 鏡介	554		よねもり ことえ	米盛 琴絵	248
	つばき たくや	椿 拓也	039		はまの まゆみ	濱野 真由美	159		みかみ あんとんちあき	三上 安敦千暁	101		よねやま ゆい	米山 夢衣	691
	つばやま のりこ	坪山 紀子	701		はむら ゆうき	羽村 祐毅	618		みかみ たかき	三上 恭貴	754	り	りきまる たいき	力丸 大輝	398
	つばやま れい	坪山 励	010		はやし まゆみ	林 真弓	373		みき しんぺい	三木 真平	560		りゅうじん ゆうすけ	龍神 勇佑	538
	つるさき ひろし	鶴崎 洋志	632		はやし みな	林 実奈	361		みさわ ほたか	三澤 穂高	748	ろ	ろちせ	呂 知世	729
	つるみ てつや	鶴見 哲也	387		はやま きょうへい	羽山 恭平	429		みずぐち のりひろ	水口 朝博	541	わ	わかばやし かな	若林 可奈	096
て	でむら ゆきこ	出村 由貴子	244		はら かずき	原 一樹	348		みぞぶち しょうこ	溝渕 祥子	346		わかまつ けんたろう	若松 堅太郎	105
	てらお じゅん	寺尾 准	278		はらだ ともひろ	原田 智弘	634		みたむら さとし	三田村 聡	110		わき さとし	和気 聡志	470
	てらおか しゅんたろう	寺岡 俊太郎	665		はらだ ゆうじ	原田 雄次	132		みつづか はるか	三塚 悠	610		わきもと なつこ	脇本 夏子	389
	てらしま としはる	寺嶋 利治	162	ひ	ひきぢ せいこ	引地 靖子	333		みなかわ ごう	皆川 豪	221		わだ いくこ	和田 郁子	174
	てらだ しゅん	寺田 隼	154		ひげ たかまさ	髭 貴政	603		みの たかし	美濃 孝	151		わだ しょうた	和田 翔太	543
	てらにし まさたか	寺西 正貴	267		ひさた ゆういち	久田 勇一	505		みやぎしま たかひと	宮城島 崇人	648		わたなべ あかり	渡辺 明里	528
	てらまち なおたか	寺町 直峰	223		ひさなが まさゆき	久永 雅幸	142		みやざき めぐみ	宮崎 めぐみ	047		わたなべ あきひろ	渡邊 明弘	060
と	とうじょう いわお	東條 巖	594		ひしだ てつや	菱田 哲也	766		みやざき ゆい	宮崎 唯	463		わたなべ じゅんや	渡邉 純矢	164
	とうじょう りょうた	東條 良太	107		ひだか かな	日高 佳那	192		みやしげ たつや	宮重 達也	746		わたなべ たくや	渡邉 拓也	146
	とくだ なおゆき	徳田 直之	157		ひの こうたろう	日野 晃太朗	770		みやま たかひろ	三山 貴弘	233		わたなべ なつこ	渡辺 奈津子	500
	とくなが しんじょう	徳永 真丈	727		ひびの けいすけ	日比野 圭祐	038		みやもと ゆういち	宮本 裕一	600		わたなべ なな	渡邊 奈那	125
	ところ よしあき	所 芳昭	080		ひらい しんいちろう	平井 慎一郎	419	む	むかい まさのぶ	向井 正伸	297		わちりきつぐ	和知 力嗣	129
	とのさき こうよう	外崎 晃洋	540		ひらかわ こうじ	平川 紘司	225		むそ まさつぐ	武曽 雅嗣	316				
な	ないとう まみ	内藤 まみ	011		ひらくぼ たくろう	平木 雄一朗	066		むらい しょういち	村井 庄一	524				
					ひらた たくや	平田 拓也	633								
					ひらの ゆう	平野 悠	064								

155

APPENDIX

付篇

ファイナリスト 一問一答 インタビュー

質問

① 受賞の喜びをひとことでお願いします。
② この喜びを誰に伝えたいですか？
③ プレゼンテーションで強調したことは？
④ 勝因はなんだと思いますか？
⑤ 応募した理由は？
⑥ 一番苦労したことは？
⑦ 大学での評価はどうでしたか？
⑧ 来年の進路は？
⑨ どうやってこの会場まで来ましたか？
⑩ 影響を受けた建築家は？
⑪ 建築以外に今一番興味のあることは？
⑫ Mac or Windows?／CAD ソフトは何？
⑬ 建築を始めたきっかけは？
⑭ 建築の好きなところは？
⑮ この大会をどう思いますか？
⑯ あなたにとって SDL（せんだいデザインリーグ 卒業設計日本一決定戦）とは？

返答

日本一
081 石黒 卓（B型・牡牛座）

① すごくうれしいです。
② 同期の仲間と手伝ってくれた後輩、先輩、先生、家族に。
③ 具体的に例を挙げて説明するようにしました。
④ 自信をもって話したことだと思います。
⑤ 学生時代に1回限りのお祭りなので。
⑥ 前の日にいいと思っていたことが、翌日の朝見るとすごく陳腐に思えることが何度もあって、モチベーションを保つのに苦労しました。
⑦ 学内では1位でした。
⑧ 北大の大学院にいきます。
⑨ 飛行機で。
⑩ Rem Koolhaas、山本理顕さん、青木淳さん、アトリエワン。
⑪ ストリートダンス。
⑫ Windows／JWcad、Illustrator、Photoshop、Shade
⑬ 建築の写真が好きで、よく見てました。そのうちに、つくれたらおもしろそうだなと思うようになりました。
⑭ 実際にモノができ上がるところ。模型でも楽しいし、実物ができたらもっと楽しいと思う。それと、いろいろな人と議論できるところ。解答が出なくても、お互いに想像を膨らませながら話をできるのがいいと思う。どんな人とでもそうやって盛り上がって、結果的にいいものができてくるとベストだと思う。
⑮ やっぱりお祭りですね。実のある祭り。
⑯ こういう場があることにほんとうに感謝したいです。個人的に、この大会があって卒業設計が何倍も楽しかったので、ぜひ続いていってほしいと思います。

日本二
050 千葉 美幸（A型・射手座）

① たくさんの方に作品を見ていただけて、うれしかったです。
② お世話になった方すべてに、感謝の気持ちとともに伝えたいです。
③ 都市と、人と、建築の関係をもっと近づけたいということ。
④ （無回答でもいいでしょうか。）
⑤ たくさんの作品を見てみたかったし、たくさんの方に見ていただきたかったから。
⑥ 魅力的でカオティックな建築をどうシステマティックに解いていくか。
⑦ 2次に進めませんでした。
⑧ 京都大学大学院高松研究室。
⑨ 電車、フェリー、バスを乗り継いで。
⑩ 高松伸、ルイス・カーン、ピーター・ズントー、原広司、前田忠直、目に映るすべての建築をつくられた建築家の方々。
⑪ 文学。
⑫ Windows／formZ
⑬ 理系で、ものづくりをしたかったこと。
⑭ 建築を通じて、ほんとうにたくさんの世界に触れられるところに夢中です。
⑮ とてもおもしろい大会だと思います。
⑯ 1つの特殊なコンペティション。

日本三
165 卯月 裕貴（O型・水瓶座）

① とてもうれしいです。
② 手伝ってくれた後輩、先輩、指導してくださった先生、そして両親。
③ 壁の厚みを不均一にすることで、普段の生活と同じように壁で囲まれた四角い空間が、多様な空間となること。
④ プレゼン以外あまりしゃべれなかったこと。
⑤ 自分の作品を多くの人に見てもらいたいし、学校とは違う環境で、どのくらい評価されるのか気になったからです。
⑥ 僕たちの日常の生活に関わることなので、誰もがわかるよう、簡潔にわかりやすく伝えること。
⑦ 最終講評には残りました。
⑧ 武蔵野美術大学大学院。
⑨ 研究室の仲間と千葉からレンタカーで。
⑩ 建築を始めてから出会ったり、本などで知ったりする度に影響を受けてます。
⑪ ファッション。
⑫ Mac／Vectorworks
⑬ 友人に勧められたガウディの本を読んで、人生をかけて向き合う建築に感動、夢を持てたからです。
⑭ 毎回自分の限界を更新していくところ。
⑮ 多くの人に見てもらえ普段体験することがない貴重な機会だと思います。
⑯ 去年見に来て、「来年この大舞台で戦いたい」と思っていました。

特別賞
328 池田 隆志（O型・牡牛座）

① 反省することばかりですが、評価していただきありがとうございました。
② 宗本先生、吉田先生、松下先生、研究室の先輩、京大の同期、Diploma×KYOTOで知り合ったみんなに。
③ 人間の匂いというか、生活感だけでできているような建築をつくりたかったということです。
④ 敗因ならたくさん思いつくのですが……。一生懸命つくった模型を褒めてくださる人が多くてうれしいです。
⑤ 建築学生の特権だと思ったので。
⑥ 卒業設計をやりながら膨大な単位を揃えること。
⑦ 優秀賞でした。
⑧ 東京大学大学院です。
⑨ 酔い止めを2錠飲んで名古屋からフェリーで来ました。
⑩ ル・コルビュジエ、ルイス・カーン、石山修武。
⑪ 来年からの東京での生活が楽しみです。
⑫ Windowsですが、パソコンはほとんど使えません。／CADソフトはベクターです。
⑬ 高校1年の時にたまたま見た、ジャン・ヌーヴェルの展覧会。
⑭ 人の生活という、すごく身近なものを思い描けるところ。
⑮ 自分と同じ建築学生があんなにいるのかと、少なからず励まされました。卒業設計という一大イベントに相応しい、熱気のこもった素晴らしい大会だと思います。
⑯ 忘れたい過去。

特別賞
515 大野 麻衣（A型・乙女座）

① 不思議な感じです。
② すごく応援してくれた先生や先輩方、

お手伝いしてくれたみなさん、家族です。
③ 自分の世界観とそれを建築化しようとしたことです。
④ 難波和彦さんと五十嵐太郎さんに受け入れてもらえたことだと思います。
⑤ お手伝いのみんなと、この大会に来たかったからです。
⑥ みんなの力を借りるために、自分が計画的にきちんと段取りを組むことです。
⑦ 2番でした。
⑧ NYに行きたいです。
⑨ 車で来ました。
⑩ ル・コルビュジエ、ザハ・ハディッド、A.ガウディです。
⑪ 本をたくさん読みたいです。
⑫ Mac/Vectorworksです。
⑬ フランスのノートルダム大聖堂を訪れたことです。
⑭ 芸術なのだけれど、そうではないところです。
⑮ 全国規模で展開している、大学の枠も超えて、よりフラットな状態で自分の作品の評価をもらえる貴重な場なのではないかと思います。
⑯ 出展することが1つの目標でした。

182 橋本 健（A型・水瓶座）
① 奇跡です。
② 一生懸命手伝ってくれた後輩たちです。
③ 全体の構成の仕方。
④ 運がよかったのだと思います。
⑤ 全国の学生が何を考えているか知りたかったから、また知ってほしかったから。
⑥ 自分がやりたいことを形にすること。
⑦ 優秀賞でした。
⑧ 法政大学大学院に進学します。
⑨ 後輩の車で来ました。
⑩ 書ききれません。
⑪ 人と人のコミュニケーション。
⑫ Windows/Vectorworks
⑬ 家具が好きだったこと。
⑭ 多くの人と触れ合えること。
⑮ 同じ大学の人以外の作品を多く見られる貴重な場だと思います。実行委員の方、ほんとうにありがとうございます。
⑯ お祭り。

208 牧野 正幸（B型・蠍座）
① お〜。と。
② 穴に入ってくれた、吉村君と上谷君。と、素敵！なケンちゃん、はぎ、イコマくん、おりちゃん。と、とてつもなく支えてくれた僕の両親へ。と。
③ 僕は手をあげています！ということ。
④ 敗因ならたくさんあるのだと思うのですけれど。勝因は手をあげていたことに気づいていただけたことだと。
⑤ 足がガクガクして思わず膝をついてしまいそうになる程のデキゴトがあるかもと思い。
⑥ 木くずの襲来から身を守ること。とボールペンに罪悪感を覚えながら、紙に嫉妬すること。
⑦ 素敵な方からひっこ抜かれて奨励賞。
⑧ 神戸芸術工科大学大学院です。
⑨ 素敵な仲間と車で夜7時に神戸から寝ないまま仙台へと（僕はペーパードライバーなので運転していませんが）。
⑩ わかりませんが、ある意味では青木淳さんだと思うのですけれど。
⑪ ボールペンから逃れること（字はもちろん鉛筆）。
⑫ Mac/Vectorworks12です。
⑬ おそらくは幼い頃、ネズミを大量に描いた時に、ふと思ってしまったことがきっかけだと思います。
⑭ はっきりとした言葉が見当たらないので、まだよくわからないのだと思います。
⑮ いろんな人といろんなお話ができる、きっかけを与えて下さる大会だと思うのです。
⑯ 厚く、高くしてくれた存在のはずです。

226 鈴木 健史（B型・獅子座）
① 緊張しました。ありがとうございました。
② 手伝っていただいた荒木君、石川君、宇野君、鬼頭君、春日君、小田さん、後長さん、深澤さん。横から口を出してくれた岡慶一郎、下村和也、福元彩、金澤潤。それと私のワガママを許してくれた両親と最近結婚した姉。
③ 審査員の先生方に散々叩かれましたが、強調したいのは「建ち方」です。
④ あとでっかいマドとながいドマです。
⑤ 手伝っていただいた皆様や、今まで指導していただいた先生や先輩のおかげだと思います。
⑥ 自分の実力がどのくらいかを測るいい機会だと思ったからです。
⑦ 案を捨てる時と、梱包用のダンボールを運ぶ時です。
⑧ 僕を含め意匠系の学生の案は評価されませんでした。
⑨ 横浜国立大学大学院/Y-GSAです。
⑩ 同じ若山研究室の葛島さん、手島さん、岡慶一郎、金澤潤とレンタカーを借りて、車で来ました。
⑪ 若山滋、二川幸夫、山本理顕、伊東豊雄、古谷誠章、栗原健太郎、G.アスプルンド、L.カーン。
⑫ Windows/Vectorworksです。
⑬ もともとは「なんとなく」からですが、本気でやろうと思ったキッカケは若山滋教授に憧れたからです。
⑭ 何より、難しいところにおもしろみを感じます。人それぞれ解答が異なるところもおもしろいです。
⑮ 制作時のモチベーションを保つのによいと思います。それと大学よりも、しっかりと作品を見ていただけるのでありがたいです。
⑯ ここしばらくは目標でしたが、通過点であってほしいと思います。

585 高山 祐毅（A型・牡羊座）
① うれしいです。ありがとうございます。
② 手伝ってくれた人たち、一緒にやってきた研究室のみんなです。
③ その空間における体験や情景を伝えたかったのですが、完全に力不足です。
④ ポートフォリオの重さは誰よりもあったかもしれません。
⑤ 自分の作品をいろいろな人に見てほしいと思ったからです。
⑥ 「それぞれのシーンをどうやってつなげていけばいいのか？」ということにかなり悩まされました。
⑦ 優秀賞です。
⑧ 東京理科大学大学院小嶋研究室です。
⑨ 研究室のみんなとレンタカーで。
⑩ ジャン・ヌーヴェル、ル・コルビュジエ、安藤忠雄、小嶋一浩、阿部仁史。
⑪ 登山。
⑫ Windows/Vectorworks
⑬ これといったきっかけはなくて、ずっと好きだった気がします。
⑭ いろんな場所に、いろんなカタチであるところ。
⑮ 毎年すごい楽しみです。ずっと続けてほしいです。
⑯ 憧れ。

656 鈴木 舞（B型・蠍座）
① とても素敵な経験ができたと思ってます。
② 作品と、そして私と向き合ってくれた人々。家族。仲間。
③ 見たくないもの考えたくないものと向き合うことの大切さ。
④ 勝ってません。でも、負けず嫌いじゃなくて、常にマイペースな性格がよかったのかなと思ってます。
⑤ 学校という枠を飛び越えて、いろいろなヒトと話したかったからです。
⑥ 考えや、想いを建築化するまでの過程。世代によって違う感覚、そして考え方のギャップ。
⑦ 2位。優秀設計賞をいただきました。
⑧ 慶應義塾大学大学院理工学研究科開放環境科学専攻 妹島和世研究室。
⑨ 5時間くらい寝ているうちに着いていました。
⑩ 今まで触れたすべての建築家に、いろいろな意味で影響されてると思います。もちろん、建築家の卵たちにも。
⑪ 英語？（笑）あとは、現代アート以外の作品。
⑫ Macbook pro/ソフトはベクター。
⑬ 空から降ってきました。
⑭ 完全に自由じゃないところ。その不完全さが好きです。
⑮ 学外の人々に、どう自分の作品が映るのかを知ることができるチャンス。
⑯ 通過点。

157

Prize Winner 2003-2008

過去の入賞作品（2003-2008）

2008 神楽岡保育園
2007 kyabetsu 
2006 積層の小学校は動く 
2005 gernika"GUERNIKA" museum 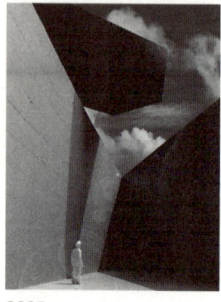
2004 都市は輝いているか 
2003 千住百面町 

2008
- 日本一　橋本 尚樹　京都大学『神楽岡保育園』
- 日本二　斧澤 未知子　大阪大学『私、私の家、教会、または牢獄』
- 日本三　平野 利樹　京都大学『祝祭都市』
- 特別賞　荒木 聡、熊谷 祥吾、平須賀 信洋　早稲田大学『余床解放──消せないインフラ』
- 　　　　植村 康平　愛知淑徳大学『Hoc・The Market ──ベトナムが目指す新しい国のスタイル』
- 　　　　花野 明奈　東北芸術工科大学『踊る身体』
- 審査員長　伊東 豊雄
- 審査員　新谷 眞人／五十嵐 太郎／遠藤 秀平／貝島 桃代

2007
- 日本一　藤田 桃子　京都大学『kyabetsu』
- 日本二　有原 寿典　筑波大学『おどる住宅地 ── A new suburbia』
- 日本三　桔川 卓也　日本大学『余白密集体』
- 特別賞　降矢 宜幸　明治大学『overdrive function』
- 　　　　木村 友彦　明治大学『都市の visual image』
- 審査員長　山本 理顕
- 審査員　古谷 誠章／永山 祐子／竹内 昌義／中田 千彦

2006
- 日本一　中田 裕一　武蔵工業大学『積層の小学校は動く』
- 日本二　瀬川 幸太　工学院大学『そこで人は暮らせるか』
- 日本三　大西 麻貴　京都大学『図書×住宅』
- 特別賞　三好 礼益　日本大学『KiRin Stitch──集合住宅再開発における森林共生建築群の提案』
- 　　　　戸井田 雄　武蔵野美術大学『断面』
- 審査員長　藤森 照信
- 審査員　小川 晋一／曽我部 昌史／小野田 泰明／五十嵐 太郎

2005
- 日本一　大室 佑介　多摩美術大学『gernika"GUERNIKA" museum』
- 日本二　須藤 直子　工学院大学『都市の原風景』
- 日本三　佐藤 桂火　東京大学『見上げた空』
- 特別賞　石沢 英之　東京理科大学『ダイナミックな建築──敷地：宮崎県都城市』
- 　　　　藤原 洋平　武蔵工業大学『地上──層高密度日当たり良好（庭付き）住戸群』
- 審査員長　石山 修武
- 審査員　青木 淳／宮本 佳明／竹内 昌義／本江 正茂

2004
- 日本一　宮内 義孝　東京大学『都市は輝いているか』
- 日本二　永尾 達也　東京大学『ヤマギハ／ヤマノハ』
- 日本三　岡田 朋子　早稲田大学『アンブレラ』
- 特別賞　稲垣 淳哉　早稲田大学『学校錦繍』
- 　　　　南 俊允　東京理科大学『OVER SIZE BUILDING──おおきいということ。その質。』
- 審査員長　伊東 豊雄
- 審査員　阿部 仁史／乾 久美子／小野田 泰明／竹山 聖

2003
- 日本一　庵原 義隆　東京大学『千住百面町』
- 日本二　井上 慎也　大阪大学『hedora』
- 日本三　秋山 隆浩　芝浦工業大学『SATO』
- 特別賞　小山 雅由　立命館大学『軍艦島古墳』
- 　　　　納見 健吾　神戸大学『Ray Trace…』
- 審査員長　伊東 豊雄
- 審査員　塚本 由晴／阿部 仁史／小野田 泰明／仲 隆介／槻橋 修／本江 正茂

仙台建築都市学生会議とは？

■ 仙台建築都市学生会議とは？

仙台建築都市学生会議とは、仙台を中心に建築を学ぶ学生の有志が大学の枠を超えて集まり、せんだいメディアテークを拠点として活動している団体です。東北大学、東北芸術工科大学、東北工業大学、宮城大学に、2008年から宮城学院女子大学の学生がメンバーとして加わり、活動を続けています。

主な活動は、年間を通して「せんだいデザインリーグ卒業設計日本一決定戦」の企画立案や運営、また設計スキル向上のためのテーマ設計や即日設計、建築家セミナー、勉強会、学生交流イベントなどです。

即日設計

建築学生の生活の中心となる設計。即日設計では、普段は共に活動することが少ない他大学のメンバーとグループを組んで、共同で設計します。

在籍する大学の教え方や個人によって設計に対する考え方は多種多様。決めたテーマに従って、複数の考え方を1つの案としてまとめあげることの難しさを経験しながら、ディスカションから模型制作、プレゼンテーションまでを1日で行ないます。

建築家セミナー

建築を学ぶ学生団体として、「主に学生に向けたレクチャーを開催しよう」と始まったのが建築家セミナーです。

「アットホームなレクチャー」をコンセプトに、建築家と学生の距離をできる限り近づけ、コミュニケーションの場としても有意義なイベントをめざしています。

第4回となる前回はTNAを招いて、ギャラリー・トンチクにて開催しました。

●ギャラリー・間 卒業設計日本一展

毎年、東京乃木坂の「ギャラリー・間」で行なわれている「卒業設計日本一展」が今年も開催されます。

2009年度のものはもちろん、過去の大会に出展されたほぼすべての作品のポートフォリオが一堂に集まります。

Sendai Student Network of
Architecture and Urbanism

テーマ設計

テーマ設計では、1つのキーワードから各々が自由な発想を膨らませて、設計に取り組みます。

はじまりは言葉1つでも、その言葉について深く研究をする人、その言葉を利用したインテリアを提案する人、その言葉から発生する空間を提案する人など、その内容は様々です。テーマ設計から受けたインスピレーションは、普段の設計でもきっと生きていくはずです。

■ 卒業設計日本一決定戦とは?

「せんだいデザインリーグ 卒業設計日本一決定戦」は、毎年、全国から応募された卒業設計を一堂に集め、公開審査によって日本一を決めるイベントです。

第1回開催の2003年から今年まで、全7回の出展者総数は2,500組以上を数えます。2008年からは1つの会場では収まりきらず、ついにせんだいメディアテークを飛び出し、2会場で審査が行なわれました。7回目を迎えた2009年も、引き続き審査会場は2カ所に。せんだいメディアテーク内の展示・イベント会場はさらに拡大。大会当日は2会場全体が卒業設計日本一決定戦の熱気に包まれました。

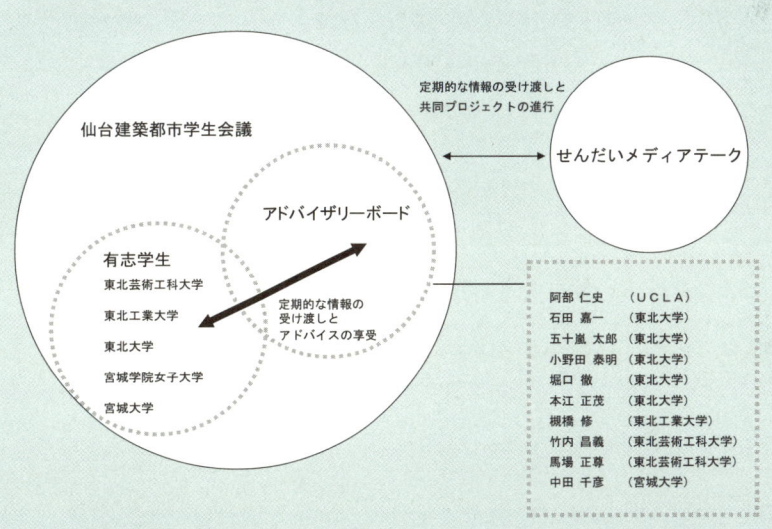

仙台建築都市学生会議
アドバイザリーボード
有志学生
　東北芸術工科大学
　東北工業大学
　東北大学
　宮城学院女子大学
　宮城大学

せんだいメディアテーク

定期的な情報の受け渡しと共同プロジェクトの進行

定期的な情報の受け渡しとアドバイスの享受

阿部 仁史　（UCLA）
石田 嘉一　（東北大学）
五十嵐 太郎　（東北大学）
小野田 泰明　（東北大学）
堀口 徹　（東北大学）
本江 正茂　（東北大学）
槻橋 修　（東北工業大学）
竹内 昌義　（東北芸術工科大学）
馬場 正尊　（東北芸術工科大学）
中田 千彦　（宮城大学）

せんだいデザインリーグ2009　卒業設計日本一決定戦　実行委員会

実行委員長　井上 湖奈美
副委員長　川辺 祥平

事務局
　局長　葛西 紗緒理
　搬入出　丹治 晃代
　　　　　椚座 基道
　登録システム　伊藤 寿幸
　web　細矢 杏子

審査局
　局長　斎藤 悠子
　アテンド　中恵 裕美
　　　　　　上原 由吏恵
　　　　　　及川 恵子
　　　　　　榮 利佳
　　　　　　本馬 奈緒
　　　　　　安藤 理恵
　　　　　　佐々木 幡

会場設営局
　局長　畠 和宏
　せんだいメディアテーク
　　　　　山本 将史
　　　　　青葉 勇樹
　　　　　中里 純
　　　　　高橋 香奈
　東北大学百周年記念館萩ホール
　　　　　後藤 真宏
　　　　　伊藤 幹

メディア局
　局長　岩城 和昭
　広報　斉藤 麻未
　出版　恋水 康俊
　テレビ　佐藤 綾香

企画局
　局長　遠藤 貴弘
　建築マップ　真田 菜正
　　　　　　軒 哲也
　　　　　　三宅 成美
　1F企画　畑山 美智子
　　　　　林 絵里子
　　　　　山本 恵
　5,6F企画　笹島 由加利
　　　　　　菅 拓哉
　梱包日本一　小畑 めぐみ
　　　　　　森 菜津子

会計局
　局長　遠藤 友美
　協賛　越田 淑子

デザイン制作局
　局長　大橋 秀允
　ポスター　桂淳 太朗
　　　　　　本山 幸子
　パンフレット　石井 勇貴
　　　　　　　桜井 聡之
　会場デザイン　小野寺 亜希
　　　　　　　丹下 奈美
　賞品　齋藤 直哉
　　　　石原 由梨
　　　　及川 茉莉子
　　　　齋藤 正幸
　　　　佐藤 詩織

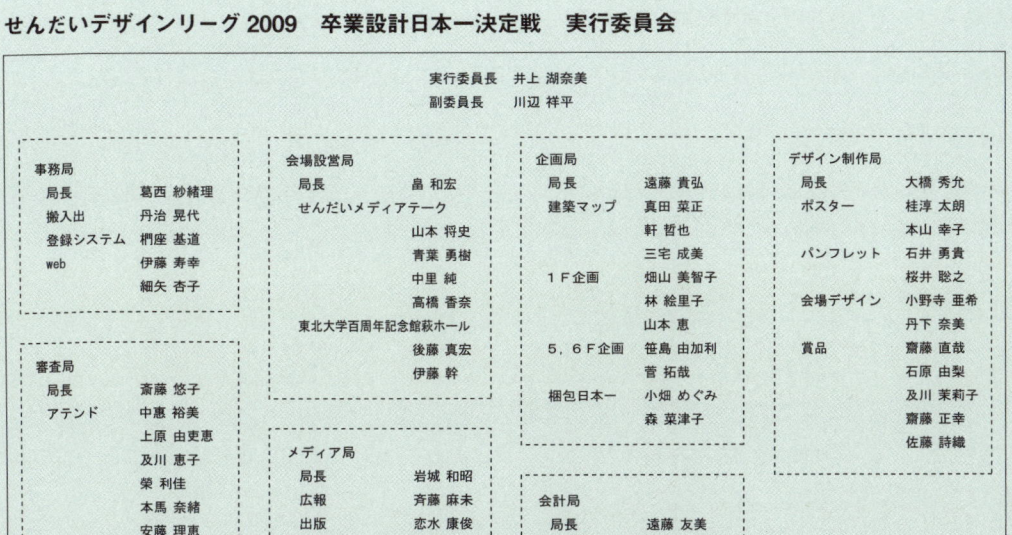

仙台建築都市学生会議
Sendai Student Network
of Architecture and Urbanism
URL:http://prj.smt.jp/~gakuseikaigi/

メンバー随時募集中!! 連絡は下記まで。
info@gakuseikaigi.com

せんだいデザインリーグ2009
卒業設計日本一決定戦
OFFICIAL BOOK

Collaborator
仙台建築都市学生会議アドバイザリーボード

阿部 仁史（UCLA）／石田 壽一・五十嵐 太郎・小野田 泰明・堀口 徹・本江 正茂（東北大学）

槻橋 修（東北工業大学）／竹内 昌義・馬場 正尊（東北芸術工科大学）／中田 千彦（宮城大学）

予選審査員

櫻井 一弥（東北大学）／厳 爽（宮城学院女子大学）

仙台建築都市学生会議

伊藤 幹・大橋 秀允・椚座 基道・恋水 康俊（東北大学）

伊藤 寿幸（東北工業大学）／山本 将史（東北芸術工科大学）／齋藤 麻美（宮城学院女子大学）

相田 茉美・井上 湖奈美・岩城 和昭・丹下 奈美・丹治 晃代・高橋 香奈・中惠 裕美（宮城大学）

せんだいメディアテーク

清水 有（企画・活動支援室）

伊東豊雄建築設計事務所、東北大学百周年記念会館 川内萩ホール、
東北大学、阿部仁史アトリエ、築嶋 秀幸

Editorial Director
鶴田 真秀子（あとりえP）

Co-Director
藤田 知史

Art Director & Designer
大坂 智（PAIGE）

Photographer
中川 敦玲／越後谷 出

Editorial Associates
山内 周孝／宮城 尚子／姜 明子

Producer
種橋 恒夫（建築資料研究社）

Co-Producer
吉岡 伸浩・石塚 有希（建築資料研究社）

Publisher
馬場 栄一（建築資料研究社）

せんだいデザインリーグ2009
卒業設計日本一決定戦 オフィシャルブック
仙台建築都市学生会議 + せんだいメディアテーク 編

2009年7月25日 初版第1刷発行

発行所：株式会社建築資料研究社
〒171-0014 東京都豊島区池袋2-68-1 日建サテライト館5F
Tel.03-3986-3239 Fax.03-3987-3256
http://www.ksknet.co.jp

印刷・製本：大日本印刷株式会社

©仙台建築都市学生会議 + せんだいメディアテーク 2009 Printed in Japan
ISBN978-4-86358-024-4

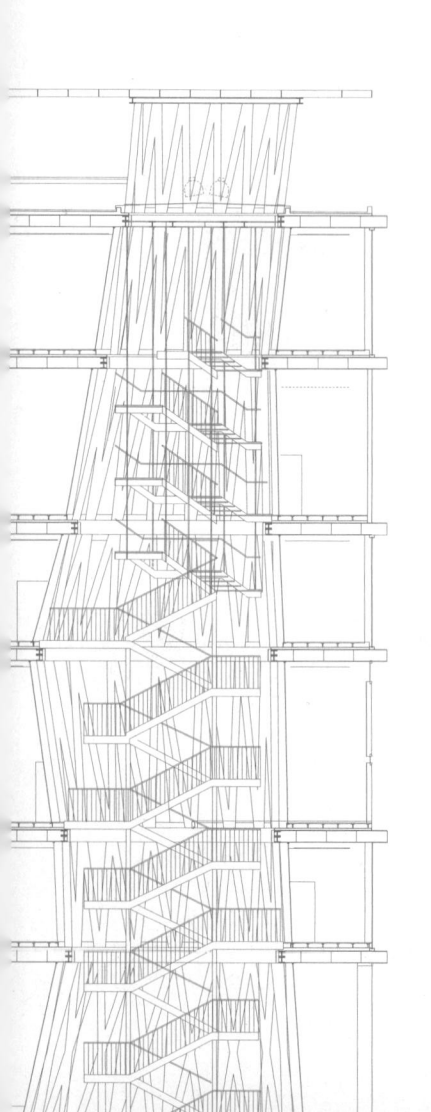